쏭내관의 재미있는

박물관 기행

쏭내관의 재미있는
박물관 기행

박물관에서 만나는 우리 역사와 문화재 이야기

송용진 지음

지식프레임

고리타분한 박물관에서
신나고 재미있는 박물관으로

"아휴, 고리타분해."

박물관에 가자고 하면 누구나 한 번쯤 했던 말일 것입니다. 박물관은 학교에서 단체로 가는 야외학습지 또는 숙제 때문에 어쩔 수 없이 가야 하는 곳 정도로 많이 인식되어 왔습니다.

저 역시 마찬가지였습니다. 정말 재미없는 나들이 장소 중 하나가 바로 박물관이라고 생각했으니까요.

그러던 중 언젠가 한 번 외국인 친구와 함께 박물관을 가게 되었습니다. 그런데 제 눈에는 늘 그 자리에 있던 박물관의 유물을 외국인 친구는 너무나 황홀하게 쳐다보고 있었습니다. 말을 거는 일조차 눈치가 보일 정도였습니다.

나는 이 도자기의 이름도 모르고 그 가치도 기억 나지 않는다. 하지만 보는 이로 하여금 마음을 편 하게 하고, 많은 상상력을 불러일으킨다.

유심히 도자기를 바라보던 그 친 구는 자신이 중국과 일본 등 많은 나라를 다녀보았지만 이렇게 마음 편하고 사람을 기분 좋게 만드는 도 자기는 본 적이 없다고 했습니다. "정말?" 하며 감탄을 했지만, 속으 로는 괜한 관심이겠거니 생각했습 니다. 그때까지만 해도 저에게 조선의 백자는 그저 밥을 먹는 사발 그 릇에 불과했으니까요.

그러다 얼마 지나지 않아 그 외국인 친구가 감탄했던 조선시대의 도자기를 유심히 볼 기회가 있었습니다. 그런데 이상하게도 그때의 기분은 달랐습니다. 그 친구 말대로 서로 잘났다고 뽐내는 일본이나 중국의 화려한 도자기에 비해, 조선의 도자기는 보는 사람으로 하여 금 마음을 편안하게 만들고, 무언가 상상력을 불러일으키는 듯한 분 위기를 자아내는 것이었습니다.

도자기 표면에 그려진 문양을 보고 있으니 나도 모르게 절로 미소 가 지어졌습니다. 너무나 편안해 보이고, 그러면서도 도자기가 마치 나에게 말을 걸고 있는 듯한 착각에 빠졌습니다.

이렇게 우연히 알게 된 우리 문화재의 또 다른 모습에 저는 조금씩 매료되기 시작했습니다. 이후 그런 문화재를 전시하고 있는 박물관에 빠지기 시작한 것이지요.

•• 세계 최고 수준의 대한민국 박물관

2002년부터 2004년까지, 영국 런던에서 유학생활을 하며 체류했던 기간 동안 저는 박물관을 돌아다니기로 마음먹었습니다. 그런데 과연 런던의 박물관 수는 얼마나 될까요? 어림잡아도 무려 160군데가 넘었습니다. 도시에 박물관이 있는 것이 아니라, 마치 박물관 속에 도시가 있는 듯했습니다.

저는 시간이 날 때마다 160여 개의 박물관을 모두 돌아다녔습니다. 그중 지금도 생생하게 기억나는 곳이 있습니다. 바로 나이팅게일박물관입니다. 나이팅게일은 영국인뿐만 아니라 전 세계인들이 존경을 표하는 세계 위인 중 한 명입니다.

그동안 위인전에서나 만났던 이 백의의 천사를 영국의 '나이팅게일 박물관'에서 만날 수 있었습니다. 위인전 속 그림이 아닌 실제 나이팅

나이팅게일이 생전에 입었던 간호복. 위인전에서 나 볼 수 있었던 나이팅게일을 영국의 박물관에서 만났다.

게일이 입었던 옷과 그녀의 유품들을 보면서 저는 박물관의 중요성을 다시 한 번 깨달을 수 있었죠.

이렇게 본격적으로 박물관 공부를 하다 보니 박물관은 단지 유물을 전시하고 보는 공간만이 아니라는 사실을 깨닫게 되었습니다. 박물관

런던에 있는 영국국립박물관.

영국국립박물관의 터치 프로그램. 관람객들이 복제된 유물을 직접 만져볼 수도 있다.

은 가족이나 연인들이 함께하는 휴식 공간이자 학교에서 접할 수 없는 많은 다양한 프로그램이 있는 학습 공간이기도 했습니다. 또 어떤 박물관은 지역 주민들을 위한 작은 음악회도 개최했습니다. 이처럼 런던의 박물관은 일반인들을 위한 문화, 예술, 학습의 공간이었습니다.

영국의 박물관에서 인상적이었던 점은 박물관을 통한 사회 학습이었습니다. 특히 시각장애인이나 청각장애인들을 위한 프로그램이 다양하게 마련되어 있었습니다. 그렇게 2년간의 영국 박물관 기행은 박물관에 대한 제 선입견을 180도 바꾸어놓기에 충분했습니다.

유학생활을 마치고 서울에 도착하니 문득 런던과 서울의 박물관을 비교해보고 싶어졌습니다. 런던만큼은 아니지만 서울 시내에도 정말 많은 박물관들이 있었습니다.

런던에 영국국립박물관이 있다면 서울에는 국립중앙박물관이 있고, 런던에 런던시티박물관이 있다면 서울에는 서울역사박물관이 있습니다. 런던에 전쟁박물관이 있다면 서울에는 전쟁기념관이 있습니다. 그리고 영국 왕실의 자랑인 왕실박물관에 견주어 우리에게는 국립고궁박물관이 있습니다.

대한민국의 대표 박물관인 국립중앙박물관 내부에 있는 〈경천사십층석탑〉(국보 제86호).

한국에 돌아와서도 저는 시간이 날 때마다 틈틈이 박물관 기행을
다녔습니다. 생각했던 것과 달리 너무나 훌륭한 박물관들이 많았습
니다. 박물관 선진국이라는 영국과 비교해도 손색이 없을 정도였으
니까요.

•• 박물관에서 만나는 우리 역사 이야기

고종 황제의 개혁 의지와 망국의 한이 고스란히 담겨져 있는 어보.

제가 지난 1년간 다녀온 박물관 수는 80여 곳이 됩니다. 한 가지 아쉬운 점은 이 책을 통해 소개된 박물관들의 소장 보물이 너무 많아 그것을 일일이 다 설명할 수 없다는 점입니다. 그래서 주요 박물관 별로 대표적인 유물 또는 인물에 대해 우리의 역사 이야기들을 풀어보았습니다. 때로는 박물관의 유물보다 박물관을 설립한 인물을 주로 설명하기도 했고, 어떤 박물관은 박물관 자체보다 박물관이 자리 잡은 터에 대한 이야기를 담아보았습니다. 또 어떤 인물은 일대기를 서술했고, 어떤 인물은 인생의 한 부분만을 묘사해보았습니다.

물론 이 책이 주는 정보 이외에도 박물관에 직접 가서 얻을 수 있는 재미있는 이야기와 감동은 훨씬 많을 것입니다. 조세박물관에서는 조선시대 세금의 역사를, 고려대학교박물관에서는 350년 전 최첨단 시계를 통해 조선의 과학을, 그리고 서대문형무소에서는 조국의 독립을 위해 목숨을 바친 애국지사들의 뜨거운 마음을 느낄 수 있을 것입니다.

2009년은 한국의 박물관 역사가 100년이 되는 해입니다. 250년이 넘은 영국 박물관의 역사에 비하면 짧은 시간이지만 지난 100년 동안 우리의 박물관은 많은 발전을 해왔습니다. 그 결과 다른 유럽의 어느 나라와 비교해도 우리의 박물관은 선진국 수준에 못지않습니다.

모쪼록 많은 분들이 이 책을 통해 우리 박물관에, 우리 문화재에, 그리고 우리 역사에 대해 좀 더 많은 관심을 가질 수 있기를 기대해봅니다. 끝으로 이 책이 나오기까지 도움을 주신 모든 박물관 관계자 분들께 깊은 감사를 드립니다.

2009년 5월

송용진

차례

박물관에서 만나는 조선시대 이야기 2

박물관에서 만나는
근대사 이야기 **3**

박물관보다 더 재미있는 박물관 뒷이야기 4

알고 보면 재미있는 박물관 이야기

1

01

박물관은 살아 있는 역사책이다

얼마 전까지만 해도 박물관은 유물 전시를 목적으로 만들어놓은 장소에 불과했습니다. 그러나 복합 문화공간으로 변화된 박물관은 이제 다양한 문화체험장으로 바뀌고 있습니다. 그래서 박물관에 가면 유물 전시뿐만 아니라 여러 가지 문화공연도 함께 만나볼 수 있답니다.

대한민국 국민이라면 누구나 한 번쯤 박물관이라는 곳을 가보았을 것입니다. 가족들의 나들이 장소로, 또는 학교에서 단체관람으로, 자의든 타의든 태어나서 박물관에 가보지 않은 사람은 없을 것입니다.

그만큼 박물관은 우리에게 친숙한 장소입니다. 하지만 박물관에 다녀와서 특별히 기억에 남는 유물이 얼마나 될까요? 시간과 비용을 들여 박물관에 가지만, 정작 박물관이 어떤 곳인지조차 잘 모른 채 다녀오는 경우가 많습니다.

그렇다면 먼저 박물관이 어떤 곳인지 알아야 하겠죠? 과연 '박물관'의 정확한 뜻은 무엇일까요?

박물관 개론서를 살펴보면, 박물관이란 '궁극적으로 현재와 과거의 문화유산과 자연유산을 미래에 전승하고 사회와 문화의 발전에 기여하기 위해 설립된 비영리기관이며, 인류에 의해 생산되는 유형의 문화유산과 자연유산을 수집, 보존, 조사, 연구하고 이를 일반 대중에게 제공하기 위해 전시, 교육하는 기능을 수행한다'고 되어 있습니다.

아, 너무 어렵고 지루하지 않나요? 박물관은 그렇게 어렵고 지루한 곳이 아닌데 말입니다. 그렇다면 쏭내관이 정의하는 박물관은 어떤 곳일까요? 이제부터 쏭내관이 박물관을 좀 더 쉽고 재미있게 설명해 보도록 하겠습니다.

•• 쏭내관이 말하는, 박물관은 이런 곳이다!

첫째, 박물관은 '살아 있는 역사책'입니다.

역사책은 역사학자들에 의해 씌어집니다. 역사학자들은 역사를 연구하고 그것을 책이란 매체를 통해 쉽게 풀어 우리에게 전달합니다. 박물관의 역할 역시 같습니다. 박물관은 문화재를 연구하고 그것을 보존해야 하며, 그런 역사를 유물 전시를 통해 일반인들에게 쉽게 전달해야 할 의무가 있습니다.

가끔 우리는 TV에서 다음과 같은 뉴스를 접합니다.

서울역사박물관의 자료실에서는 다양한 서적과 영상자료를 열람할 수 있다.

"오늘 아파트 건설현장에서 조선시대로 추정되는 무덤 터와 각종 유물들이 발굴되었습니다…."

뉴스를 전하는 기자 뒤에는 열심히 땅을 쓸고 파는 사람들의 분주한 모습이 보입니다. 바로 박물관 사람들입니다. 이처럼 유물이 발견되면 가장 먼저 달려가 작업을 하는 분들이 바로 박물관 학예사들입니다. 현장에서 출토된 모든 유물들이 가는 곳도 박물관입니다. 그곳에서 유물들은 분류되고 보존 처리되어 보관됩니다.

서울 강서구 방화동에 있는 허준박물관에서는 조선시대 최고의 의사였던 허준의 자료와 유물을 수집하고 보존하며, 조사하고 연구합니다. 그리고 허준이 집필했던 〈동의보감〉 등 의서들을 전시함으로써 허준이란 인물과 그를 통해 전통 한의학의 위대함을 알립니다.

둘째, 박물관은 '감동이 있는 곳' 입니다.

박물관은 정말 있어 보이는 곳입니다. 친구나 지인들이 주말을 어떻게 보냈는지 이야기할 때 놀이공원에 다녀왔다는 것보다 박물관 관람을 했다고 하면 왠지 멋있어 보이기까지 합니다.

또한 박물관에 다녀오면 책 한 권을 읽은 것 이상으로 많은 것을 보고 느끼게 됩니다. 대충대충 관람했다 하더라도 여러분 가슴 한쪽

서대문 자연사박물관에서 열린 박물관 음악회.

엔 분명 작은 감동이 남아 있을 것입니다.

어두운 국립중앙박물관 실내에는 작지만 강렬한 조명이 1,500년 만에 빛을 본 신라 금관을 비춥니다. 1,000년이 넘은 역사적 가치만큼이나 경제적인 가치가 수백억 원인 금관 앞에서 감탄하지 않을 사람은 없습니다. 신라 금관에 대해 전혀 모른다 하더라도 그 짧은 순간 느끼는 경외심은 몇 편의 영화보다도 더 감동적입니다.

셋째, 박물관은 '사랑과 재미를 만들어 주는 곳' 입니다.

얼마 전까지만 해도 박물관은 말 그대로 유물 전시를 목적으로 만들어놓은 장소에 불과했습니다. 그러나 복합 문화공간으로 변화된 박물관은 이제 다양한 문화체험장으로 바뀌고 있습니다. 그래서 박물관에 가면 유물 전시뿐만 아니라 여러 가지 문화공연도 만나볼 수 있답니다. 특히 규모가 큰 국립이나 시립박물관 같은 종합박물관들은 박물관 내에 분위기 좋은 레스토랑과 극장, 도서관 그리고 작은 휴식 공간까지 다양한 시설을 갖추고 있어 누구나 쉽고 편리하게 이용할 수 있습니다.

•• 우리가 잘 모르는 별난 박물관

부엉이를 매우 좋아하는 사람이 있었습니다. 그래서 그는 부엉이와 관련된 것들을 모으기 시작했습니다. 부엉이 장난감, 부엉이 머그컵, 부엉이 시계…. 이렇게 모으다보니 별의별 부엉이들을 다 모았다고 합니다. 그렇게 평생 모은 부엉이들로 그는 작은 '부엉이박물관'을 만들었습니다. '그것도 박물관인가?' 하고 의아해할 수도 있을 것입니다. 하지만 박물관, 맞습니다.

박물관에는 늘 고려청자가 있고 옛날 그림들이 있으며, 석기시대 그릇들만 있다고 생각하는 사람들이 많습니다. 하지만 박물관은 우리가 생각하는 것 이상으로 다양합니다.

서울 서대문에 있는 자연사박물관에는 희귀동물의 화석이나 박제 등이 잘 전시되어져 있으며, 작은 생물들을 직접 볼 수도 있습니다. 의학박물관이나 서울과학관처럼 과학에 관한 포괄적인 자료들을 전시하는 박물관도 있습니다.

색다른 테마의 박물관들도 있습니다. 예를 들면 중국으로부터 독립을 내세우며 국제적인 이슈가 되었던 역사적인 나라 티벳의 분위기와 느낌을 그대로 옮겨온 티벳박물관, 커피를 너무 좋아해 평생 동안 커피 관련 유물을 모아온 사람이 설립한

살아 있는 동식물을 직접 볼 수 있는 서대문 자연사박물관.

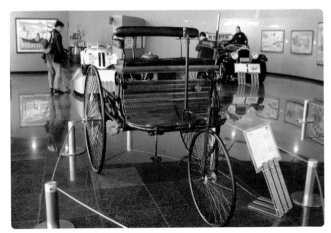
전 세계 자동차를 모두 볼 수 있는 삼성 교통박물관.

커피박물관, 전 세계의 자동차를 한 곳에 모아놓은 자동차박물관도
있습니다.

또한 박물관은 죽어 있는 박제나 무생물만을 전시하는 공간이 아닙
니다. 자연사박물관에서는 살아 있는 곤충이나 생물들을 직접 기르고
그것을 관찰할 수도 있습니다. 또 산림박물관에서는 수백 종의 살아
있는 식물들을 직접 볼 수 있습니다.

이처럼 우리가 알고 있는 역사 관련 박물관 이외에도 우리나라에는
다양한 테마를 주제로 한 많은 박물관들이 운영되고 있습니다.

우리가 살고 있는
이 땅이 박물관이다

02

_ 박물관의 영역

궁궐에 가면 유독 눈에 띄는 장소가 있습니다. 바로 잔디밭입니다. 사람들은 잔디밭을 보며 시원하고 편안함을 느낄지 모르겠습니다. 그러나 그 잔디밭 속에는 많은 역사의 비밀이 숨겨져 있답니다.

'박물관' 이라고 이름 붙여진 곳은 당연히 박물관입니다. 그러나 박물관이란 이름을 사용하지는 않지만 박물관의 역할을 하는 곳도 있습니다. 바로 기념관입니다. 안중근의사기념관, 백범기념관, 전쟁기념관처럼 말입니다.

　궁궐과 왕릉 같은 유적지 역시 박물관의 영역에 속합니다. 일종의 야외 박물관인 셈이죠. 경복궁의 〈근정전〉은 지난 150여 년 동안 역사의 소용돌이 속에서도 꿋꿋이 버틴 국보 제223호입니다. 이렇게 국보는 실내에서만 볼 수 있는 것이 아니라 야외에서도 볼 수 있습니다. 그러니 경복궁도 엄밀히 말하면 매우 중요한 박물관이 되겠죠.

이외에도 우리가 밟고 서 있는 이 땅, 산천 모두가 박물관이 될 수 있습니다. 삼국시대와 고려시대를 거쳐 조선시대에 이르기까지 수많은 우리 선조들은 이 땅에서 태어나고 이 땅으로 돌아가기를 수천 년 동안 반복했습니다. 그런데 그 세월 동안 세상의 변화는 그리 빠르지 않았답니다. 모든 것들이 시간을 두고 아주 서서히 변해왔지요. 예를 들어, 지금의 전통한옥은 삼국시대부터 조선시대까지 수천 년 동안 조금씩 발전해온 우리의 전통가옥입니다.

그런데 1945년 해방 이후, 한반도에는 급격한 변화가 생겼습니다. 시간을 두고 서서히 변해왔던 우리의 모든 것이 불과 반세기 만에 180도 달라져버린 것입니다. 그 결과 전통한옥은 콘크리트 건물로 인해 대부분 사라지고 말았습니다. 또한 우리 조상들이 걸었던 골목과 달구지, 말들이 달리던 도로 역시 모두 아스팔트와 콘크리트로 뒤덮여버렸습니다. 이는 지금의 콘크리트 아래 땅 속에 우리 선조들의 삶이 그대로 남아 있다는 것을 의미합니다.

●● **광화문과 동대문운동장에서 발견된 조선시대의 흔적**

조선왕조 500년 동안 경복궁 광화문 앞 도로는 많은 관원들이 근무하던 건물(오늘날의 정부종합청사)과 행인들로 북적대던 곳이었습니다. 그런데 광화문 앞 육조거리는 1928년 일제시대 때 전차가 다니면서 대부분의 건물이 헐렸습니다. 그러다 1968년에 전찻길이 없어지고 이곳에 아스팔트가 덮히면서 지금의 세종로가 된 것입니다.

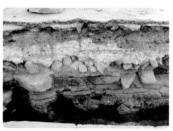

조선왕조 500년의 역사가 그대로 남아 있는 아스팔트 밑의 토층.

동대문운동장 철거 공사 때 발굴된 한성 성곽 터와 물이 흐를 수 있게 만든 이간수문.

그러나 최근 들어 광화문 앞 세종로에 광화문광장을 조성하면서 50년 동안 덮여 있던 아스팔트를 걷어내니 밑에 묻혀 있던 조선시대 건물들의 터가 나타나기 시작했습니다. 100년 전 달렸던 전차의 도로 흔적은 물론이고, 태조 이성계가 서울을 도읍으로 정하면서 도로로 쓰기 위해 다졌던 토층이 500년 역사의 시간대별로 눈앞에 들어온 것입니다.

또한 2008년 동대문운동장 철거 공사 도중에는 성곽의 흔적이 그대로 발견되기도 했습니다. 동대문과 남대문을 잇는 한성의 성곽이 1926년에 일제에 의해 헐리고 그 자리에 동대문운동장이 들어서게 되었는데, 당시 동대문운동장은 지하 시설이 없었기 때문에 성곽을 허물고 그 위에 바로 땅을 다진 뒤 운동장 공사를 했습니다. 그러다 지난 2008년, 동대문운동장이 헐리자 80여 년간 감추어져 있었던 성곽의 흔적이 고스란히 드러나게 된 것입니다.

운동장을 헐고 땅 밑을 파자 역사학자들의 눈을 휘둥그렇게 만든 광경이 펼쳐졌습니다. 땅속 풍경이 마치 우리가 타임머신을 타고 몇 백 년 전 조선시대로 돌아간 듯 생생한 모습을 간직하고 있었던 것이지요.

우선 동대문과 남대문을 연결하는 서울 성곽의 바닥이 그대로 남아 있었습니다. 또한 당시 남산에서 흘러나온 물을 성곽 밑으로 흘려보내는 수문도 거의 원형 그대로 발견되었습니다. 마치 시간이 멈춘 듯 그렇게 고스란히 남겨져 있었던 것입니다.

우리나라의 근대화 속도는 전 세계적으로 유래를 찾아볼 수 없을 만큼 빨랐습니다. 물론 가난을 벗고 지금의 대한민국을 만든 원동력이었지만 이런 근대화의 물결은 문화의 단절을 야기하기도 했습니다. 500여 년 동안 서울을 보호했던 성곽이 있다면 그것을 허물어서도 안 되었을 것이고, 설령 개발된다 하더라도 최대한 보존을 원칙으로 진행이 되었어야 했을 것입니다. 하지만 우리는 불행히도 그것을 순식간에 허물어버리고 콘크리트로 덮어버리는 우를 범했던 것입니다. 더욱 안타까운 것은 '근대화'라는 이유로 그 흔적은 물론이고, 역사마저도 망각해버렸다는 것입니다. 이렇게 땅속에 숨겨진 선조들의 삶의 흔적은 박물관 안에 있는 고려청자만큼이나 중요한 가치를 지녔다는 것을 우리는 잊지 말아야 할 것입니다.

궁궐 터의 흔적을 간직하고 있는 경복궁 내 잔디밭.

•• 경복궁 잔디밭 밑에 감춰진 500년 전의 신비

많은 사람들이 경복궁 혹은 서울의 다른 궁궐에 가본 적이 있을 것입니다. 그런데 궁궐에 가면 유독 눈에 띄는 장소가 있습니다. 바로 잔디밭입니다.

사람들은 잔디밭을 보며 시원함과 편안함을 느낄지 모르겠습니다. 그러나 그 잔디밭 속에는 많은 역사의 비밀이 숨겨져 있답니다.

조선왕조의 정궁으로 엄청난 규모를 자랑하던 경복궁은 일제에 의해 건물의 90%가 사라졌고, 사라진 궁궐 건물 터에는 잔디가 깔리게

잔디밭을 걷어내니 수백 년 전 경복궁 궁궐의 흔적이 그대로 남아 있다.

경복궁 광화문 발굴 현장에서 출토된 500년 된 항아리.

되었습니다.

그런데 몇 해 전, 경복궁 경회루 뒤쪽에 있는 넓은 잔디밭을 걷어내고 발굴 조사가 이루어졌습니다. 그리고 조금씩 조심스레 땅을 파내려 가자 수백 년 전에 있었던 수많은 궁궐 건물들의 흔적이 발견되었습니다. 누군가에 의해 다듬어진 돌들이 발견된 것이었습니다.

발견된 돌은 건물의 형태인 직사각형, 기역자형 등 대부분이 건물의 형태를 띠었습니다. 그리고 그 주변으로는 수로 모양의 홈이 파여 길게 연결되어 있었습니다. 이외에 수백 년 전 궁중에서 사용했던 도자기 파편, 숟가락 등 다양한 유물도 함께 출토되었습니다.

광화문 복원사업 도중에는 일제시대 때 사라진 광화문 궁성(궁궐의 담) 터가 발굴되기도 했습니다. 150여 년 전 고종 황제 때 중건된 경복궁의 궁성이었습니다. 그런데 더욱 놀라운 사실은 그 궁성 밑에 600여 년 전 태조 이성계가 처음 경복궁을 만들 때의 궁성 기초가 그대로 남아 있다는 것이었습니다. 즉, 고종의 아버지인 흥선대원군이 경복궁을 다시 지을 때 600년 전에 세웠던 경복궁 궁성 자리 바로 위에 다시 궁성을 쌓았던 것입니다. 물론 이 발굴 과정에서 500~600

년 전 궁궐 안 사람들이 사용했던 각종 도자기, 벼루, 청기와 등 많은 유물들이 발굴되어 학자들을 또 한 번 흥분시켰습니다.

이외에도 2009년 5월에는 탑골공원 근처에 새로운 건물을 짓기 위해 문화재 발굴 조사를 의뢰했는데, 바로 그 장소에서 조선시대 육의전(시장) 일대의 유적이 그대로 발굴되었습니다. 건물을 지을 장소에서 유적이 발굴되었으니 법에 따라 건축에 많은 제약이 따랐을 것입니다. 이에 건물주는 육의전 자리를 그대로 보존하면서 그 위에 건물을 짓고, 육의전 자리는 강화 유리로 덮어 건물의 한 층을 육의전박물관으로 만들 계획이라고 합니다. 이는 민간인이 자비를 들여 전시관을 만들고 유적을 보존한다는 점에서 대표적인 모범 사례로 기록될 만할 것입니다.

문화재를 알아야
박물관이 보인다

_ 문화재 이해하기

국보, 보물, 사적, 중요민속자료, 시도지정문화재 등 문화재 관련 단어들은 많기도 합니다. 이는 많은 문화재 종류만큼이나 우리의 문화재 보존관리 능력 역시 선진국화 되었다는 증거입니다.

우리가 박물관에 가는 목적은 여러 가지가 있습니다. 그러나 무엇보다도 궁극적인 목적은 유물을 보기 위한 것입니다.

박물관에 전시되어 있는 유물들은 모두가 문화재입니다. 그러니 문화재를 모르고 간다면 유물은 그저 단순한 옛 물건으로밖에 보이지 않을 것입니다.

우리 주변에는 수많은 유적들과 유물들이 있습니다. 할아버지가 쓰섰다는 곰방대, 할머니가 쓰셨다는 자기 그릇 등 많은 옛것들이 있습니다. 그렇다면 이런 것들도 모두 문화재일까요?

사전을 보면, 문화재란 '역사적, 예술적, 시대적으로 보존할 가치가 있는 문화유산'이라고 정의되어 있습니다. 한마디로 고귀한 옛것을 말합니다. 그리고 우리가 익히 들어왔던 국보, 보물, 사적, 명승, 천연기념물 같은 말들은 모두 문화재를 분류하는 단어들입니다.

그동안 수없이 들어왔던 문화재의 뜻을 좀 더 알고 간다면 박물관에 가서 보는 유물들이 달라 보일 것입니다. 과연 문화재란 무엇이고, 어떤 종류의 문화재들이 있을까요?

●● 새도 문화재가 될 수 있다?

문화재는 크게 유형문화재와 무형문화재로 나뉩니다. 박물관에 가면 볼 수 있는, 즉 눈으로 보고 만질 수 있는 유형문화재와 〈종묘제례악〉이나 〈남사당놀이〉처럼 공연을 하면 눈으로 볼 수 있으나 막상 손으로는 만질 수 없는 무형문화재가 있습니다. 그리고 이런 유형문화재와 무형문화재를 전승하는 분들을 우리는 '인간문화재'라고 부릅니다.

우리나라 전통한옥의 기와를 잇

중요무형문화재 121호 번와장 이근복 선생.

는 장인 이근복 선생님은 지난 2008년 10월에 국가 중요무형문화재 121호로 지정되었습니다. 물론 그분이 문화재가 아니라, 그분이 갖고 있는 전통기술이 문화재가 되는 것이지요.

인간문화재가 된다는 것은 결코 쉬운 일이 아닙니다. 문화재청에서는 이근복 선생님의 인간문화재 지정 이유를 다음과 같이 밝혔습니다.

"이근복 선생은 스승으로부터 배운 번와기술(기와를 잇는 기술)을 지속적으로 보존, 전승, 활용하고, 전통 번와기법의 보존을 위해 전수 교육장을 마련해 후계자 양성에도 힘쓰고 있는 등 번와장 보유자로서 충분한 자질을 갖춘 것으로 판단하여 무형문화재로 지정을 했습니다."

거의 사라져간 우리의 소중한 전통 양식들은 이렇게 몇몇 분들의 손끝에서 소중히 보존되고 있습니다.

그런데 사람이 문화재가 된다는 것은 이해하겠지만, 새도 문화재가 될 수 있을까요? 여기서의 문화재는 바로 천연기념물을 의미합니다. 우리가 잘 아는 천연기념물 역시 문화재에 속하기 때문이죠. 비록 문화적인 가치는 없지만 학술적으로 가치가 있고 꼭 보호해야 하기 때문에 그 동물이나 식물(자생지 포함) 또는 광물까지 포함한 것들을 천연기념물이라 부릅니다.

한 예로, 쇠부엉이는 한국에서 겨울을 나는 철새로 희귀종이기 때문에 천연기념물 324호로 지정되어 있습니다. 이런 천연기념물을 실

사적 제122호로 지정된 창덕궁에는 《인정전》 등 많은 국보급 건물이 있다.

제로 본다는 것은 거의 불가능한 일이기 때문에 자연사박물관 등에
가면 박제로 만들어진 천연기념물을 볼 수가 있답니다.

●● 알쏭달쏭한 문화재 종류

국보, 보물, 사적, 중요민속자료, 시도지정문화재 등 문화재 관련
단어들은 많기도 합니다. 이는 많은 문화재 종류만큼이나 우리의 문
화재 보존관리 능력 역시 선진국화 되었다는 증거입니다.
우선 문화재를 지정하는 주체에 따라 크게 정부, 즉 국가가 지정해

서울 종로구의 파고다공원에 있는 〈원각사지 십층석탑〉(국보 제2호).

서울 종로6가에 있는 〈흥인지문〉(보물 제1호).

주는 국가지정문화재와 지방 정부가 정하는 시도지정문화재가 있습니다.

'국가지정문화재'는 문화재청이라는 국가기관에서 지정하는 문화재를 말합니다.

이런 국가지정문화재 중에서 역사적, 예술적 가치와 더불어 보존 상태 등 여러 면에서 중요시해야 할 문화재를 '보물'이라고 하고, 이런 보물들 중 더욱더 엄격한 심사를 통해 결정되는 문화재들을 '국보'라고 부릅니다. 이 둘은 최근 들어서 구분 기준이 애매해 굳이 그 두 가지를 나눌 이유가 있는가 하는 회의론이 제기되고 있기도 합니다.

'시도지정문화재'는 국가가 아닌 지방자치제, 예를 들면 서울시에서 지정하는 문화재들을 말합니다. 문화재에 객관적인 가치를 둔다는 것은 매우 힘든 일이지만, 어쨌든 국가에서 지정하기에는 2% 부족한 문화재들을 각 시도에서 지정해 관리하는 문화재들입니다. 예를 들어 서울역사박물관에 가면 〈경수연도〉라는 그림을 볼 수 있습니다. 1691년 숙종 임금이 70세 이상의 노모를 모시고 있는 신하들에게 잔치를 베푸는 장면을 그린 것으로, 이 그림은 2003년에 서울시유형문화재 제173호로 지정되었습니다.

'사적'이란 보존할 가치가 있는 유적지, 즉 하나의 개체가 아닌 넓은 영역을 말합니다. 예를 들면 창덕궁은 사적 제122호로 지정된 곳입니다. 실제로 창덕궁이란 구체적인 문화재는 없습니다. 그러나 창덕궁 영역 안에는 〈인정전〉(국보 제225호) 등 역사적, 예술적으로 가치가 있는 여러 건물들이 있기 때문에 창덕궁을 바로 사적이라 부르는 것입니다.

안동 하회마을(중요민속자료 제122호).

구 서북학회 회관(등록문화재 제53호).

'중요민속자료'란 우리 선조들의 의식주 및 생업, 신앙 등과 연관된 생활문화 중 특히 보존가치가 있다고 판단되는 문화재를 말합니다. 우리가 잘 아는 '안동 하회마을'은 중요민속자료 제122호로 지정되어 있습니다. 안동 하회마을에는 우리 선조들이 어떻게 생활하고 어떻게 농사를 지었으며 어떤 신앙을 믿었는지까지 생생하게 보존되어 있기 때문이죠.

마지막으로, 가끔 도로를 지나다보면 '등록문화재'라는 푯말을 볼 때가 있습니다. 등록문화재란 문화재위원회의 심의를 거쳐 지정된 문화재가 아닌, 문화재 중에서 보존과 활용을 위해 어떤 조치를 필요로 하는 문화재를 말합니다.

등록문화재는 대부분 일제강점기 이후 근대에 만들어진 유물이나 유적이 많습니다. 문화재라고 하면 조선시대나 고려시대의 오래된 것들만을 떠올리지만, 잠깐만 눈을 돌려 근대의 문화유산을 보면 가치 있는 것들이 매우 많습니다. 예를 들어, 등록문화재 제53호로 지정된 '서북학회 회관'이 그 예입니다. 현재 건국대학교박물관으로 사용되고 있는 이 건물은 일제시대 때 서북학회(1908년 도산 안창호 등이 중심이 되어 조직한 문화계몽운동 단체) 회원들이 사용했던 건물로 더 유명하지요. 이렇듯 우리가 잠시 잊고 있었던 지난 100여 년 사이에 만들어진 유물 중 문화재로서의 가치가 충분히 있는 문화재를 등록문화재라고 합니다.

04

바늘구멍 통과하기보다 힘든 국보 지정

_국보 이야기

국보는 말 그대로 최고의 보물입니다. 그렇다면 국보라는 이름을 지어주는 사람들은 과연 누구일까요? 국보를 지정하는 사람들은 바로 문화재위원회로, 한 문화재가 국보의 타이틀을 얻는다는 것은 낙타가 바늘구멍을 통과하는 것만큼이나 까다롭고 어려운 일입니다.

얼마 전 우리를 안타깝게 했던 국보 제1호 〈숭례문〉 화재 사건이 있었습니다. 온 국민이 생방송으로 사고현장을 보고 있던 그 순간, 서울을 지켰던 국보 제1호 〈숭례문〉은 단 몇 시간 만에 힘없이 주저앉고 말았습니다.

  그렇다면 왜 그토록 많은 사람들이 〈숭례문〉 화재 사건을 슬퍼하고 가슴 아파했을까요? 그건 아마도 〈숭례문〉이 지닌 '국보 제1호'

한국전쟁의 폭격 속에서도 꿋꿋이 견딘 〈숭례문〉.

숭례문 2층 전소, 완전 붕괴

600여 년 동안 서울을 지켜온 〈숭례문〉은 불과
몇 시간 만에 전소되는 비운을 겪었다.

라는 명칭의 특수성 때문이 아닐까
합니다. 우리 마음속에는 〈숭례문〉
이 우리나라 보물 중 으뜸인 국보,
그중에서도 국보 제1호라는 중요
성을 지니고 있다고 생각하기 때문
이지요.

600년 동안 서울의 관문이었던
〈숭례문〉은 분명 길이길이 보존해
야 할 최고의 보물임에 틀림없습니
다. 그러나 여기서 우리가 잠깐 생
각해보아야 할 점은 '국보1호'가 갖고 있는 의미입니다. 당시 해외
언론들은 "South Korea Number One National Treasure…"라는
헤드라인을 내걸었습니다. 여기서 'Number One' 이란 무엇을 뜻하
는 것일까요?

이 외신을 접한 많은 외국인들은 한국의 국가 보물 중 가장 중요
하고 가치 있는 문화재가 화재로 붕괴되었다고 생각할 수 있을 것
입니다. 그러나 엄밀히 말해서 '국보1호'란 국보 중 가장 중요하다
는 의미가 아닙니다. 단지 국보로 지정된 수백 개의 문화재를 부를
때 붙여진 하나의 번호에 불과할 뿐이지요. 예를 들면 같은 면적의
아파트 4층 1호가 4층 2호보다 더 값어치 있거나 중요한 집이 아니
듯, 국보나 보물에 붙여진 번호는 단지 구분을 위한 숫자에 불과합
니다.

그런데 화재로 소실된 〈숭례문〉이 복원되고 나면 우리나라의 국보 제1호는 여전히 〈숭례문〉이 될 수 있을까요?

실례로 2005년 식목일에 강원도 낙산사에서는 큰불이 났었습니다. 불행하게도 이 화재로 인해 〈낙산사 범종〉(당시 보물 제479호)이 불길에 휩싸여 녹아버리고 말았습니다.

〈낙산사 범종〉은 1469년에 예종이 아버지인 세조 임금을 위해 낙산사에 보시한 종입니다. 그리고 지금의 낙산사에는 1400년대 범종이 아닌, 2000년대 범종이 있습니다. 복원된 범종은 보물의 지위를 잃어버렸고, 결국 대한민국 보물 제479호는 비어 있는 상태입니다.

•• 국보가 되기 위한 네 가지 조건

국보는 말 그대로 최고의 보물입니다. 그런 국보라는 이름을 지어주는 이들은 과연 누구일까요?

국보를 지정하는 사람들은 바로 문화재위원들입니다. 이분들은 자타가 공인하는 우리나라 최고의 학자들입니다.

어떤 문화재를 보물로 승격할 때에는 일정기간을 거쳐 재차, 삼차 심의를 거쳐 최종 공고가 나가게 됩니다. 또한 국보 지정은 국보지정분과위원회의 심의를 한 번 더 거쳐 결정이 됩니다. 이처럼 한 문화재가 국보의 타이틀을 얻는다는 것은 낙타가 바늘구멍을 통과하는 것만큼이나 까다롭고 어려운 일입니다.

박물관에 가면 소중히 보존되어 있는 수많은 문화재들을 만날 수 있습니다. 그렇게 보관되고 있는 수만 점의 문화재 중 어느 하나 중요하지 않은 것이 없습니다. 하지만 그 소중한 문화재들 중에서도 더 가치가 있는 것이 있게 마련입니다. 예를 들어 100년 전 평민들이 입었던 한복과 임금이 입었던 곤룡포를 단순히 비교한다면 당연히 곤룡포가 더 값진 유물일 것입니다. 이처럼 문화재 중 좀 더 가치가 있다고 판단되는 것이 바로 국보와 보물로 불리는 문화재들입니다.

그렇다면 국보와 보물은 어떻게 구분되는 것일까요?

문화재보호법을 보면 '보물 및 국보의 지정은 유형문화재 중 중요한 것을 보물, 그 보물들 중에서 인류 문화의 관점에서 볼 때 그 가치가 크고 희귀한 것을 국보로 지정할 수 있다'라고 되어 있습니다. 하지만 이러한 지정은 객관적인 기준에 의한 것이 아니므로 엄밀히 말하면 정확한 기준(예를 들어 300년 이상 된 것은 국보, 그 이하는 보물이라든지 하는 객관적 기준)이 없다고 할 수 있습니다. 물론 대한민국의 대표 보물인 국보가 되기 위해서는 다음과 같은 몇 가지 요건을 충족시킬 수 있어야 합니다.

첫째, 보물에 해당하는 문화재 중 역사적, 학술적, 예술적 가치가 높은 것이어야 합니다.

고려대학교박물관에 전시된 〈동궐도〉(국보 제256호)는 조선 후기에 정궁이었던 창덕궁과 창경궁을 묘사한 그림입니다. 궁궐의 모든 것이 묘사된 이 그림은 임금이 사는 궁궐 지도이므로 보안이 매우 엄격하

역사적, 학술적, 예술적 가치가 매우 높은 문화재 〈동궐도〉.

였을 것이고, 국가 최고의 기밀문서에 해당하기 때문에 역사적으로
가치가 높습니다.

학술적으로 보면, 일제에 의해 많은 부분이 헐린 창덕궁과 창경궁
의 원형을 찾을 수 있고, 조선 후기 궁궐의 건축양식을 잘 보여주고
있기 때문에 이 또한 가치가 매우 높습니다.

마지막으로 이 그림은 우리의 전통 구도법인 부감법(위에서 내려다보
는 구도)과 서양의 원근법(가까운 곳은 크게, 먼 곳은 작게 그리는 기법)이 잘
조화되어 있기 때문에 예술적으로도 최고의 가치를 자랑합니다.

둘째, 보물에 해당하는 문화재 중 제작 연대가 오래되고 그 시대의 대표적인 것이어야 합니다.

〈울산대곡리반구대암각화〉(국보 제285호)는 원시시대의 우리 조상들이 어떤 생활을 했는지 잘 보여주고 있습니다. 우리는 막연히 원시시대 사람들을 상상하지만 이 암각화가 발견되면서 좀 더 구체적으로 그들의 생활을 알 수 있게 된 것이지요.

암각화에는 새끼를 밴 호랑이의 모습, 배를 타고 고래를 잡는 풍경 등 수천 년 전에 새겨졌다는 것이 믿기지 않을 정도로 선명하게 묘사되어 있습니다.

그러나 안타깝게도 이 거대한 암각화를 쉽게 볼 수는 없습니다. 이 암각화는 울산시 울주군 언양면 대곡리에 위치하고 있는데, 하루에 반은 물에 잠겨 있는 경우가 많기 때문입니다. 다행히 암각화가 있는 울주군에는 2008년에 암각화전시관이 건립되었고, 국민대학교박물관에서도 실제 암각화를 그대로 탁본해서 정확히 제작해놓은 조형물이 전시되고 있습니다.

셋째, 보물에 해당하는 문화재 중 제작의장이나 제작기술이 특히 우수하여 그 유례가 적은 것이어야 합니다.

고려대학교박물관에 소장된 〈혼천시계〉(국보 제230호)는 조선 현종 10년인 1669년에 천문학 교수였던 송이영이 만들었으며, 조선시대에 만든 천문(天文)시계로는 유일하게 남아 있는 유물입니다. 또한 이 시계는 조선시대의 전통적인 모델이었던 물레바퀴의 원리를 동력으로

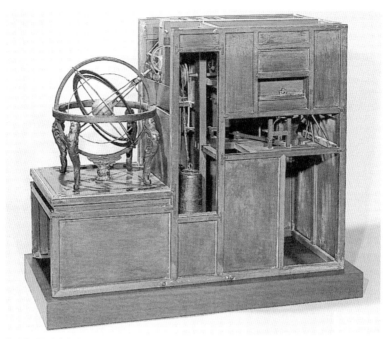

우리의 전통 방식과 서양의 자명종 원리를 조화시켜 만든 걸작품 〈혼천시계〉.

한 시계 장치와 서양식 기계 시계인 자명종의 원리를 조화시켜 만든 새로운 천문시계입니다. 이는 우리나라뿐만 아니라 세계 시계역사에서도 독창적인 천문시계로 높이 평가받고 있습니다.

넷째, 보물에 해당하는 문화재 중 특히 저명한 인물과 관련이 깊거나 그가 제작한 것이어야 합니다.

이에 해당하는 대표적인 예는 바로 우리글 〈훈민정음〉입니다. 국보 제70호인 이 책은 '훈민정음 해례본'이라고도 합니다. 이 해례본에

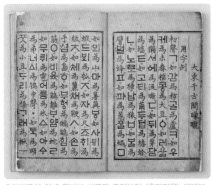
훈민정음의 창제 원리가 기록된 유일본인 〈훈민정음〉 해례본.

는 한글 한 자 한 자가 입과 목의 구조에서 가져온 것이라고 자세히 설명되어져 있습니다.

언어학의 관점에서 보면 세계가 인정하는 가장 과학적인 글자인 한글의 제작 원리가 그대로 들어 있으니 그 자체만으로도 국보급 보물임엔 틀림없습니다. 더욱이 세종실록에는 〈훈민정음〉이 1443년에 세종대왕이 직접 만들었다는 내용이 나옵니다. 다시 말해 〈훈민정음〉은 그 자체도 대단하지만, 그것이 우리 역사상 최고의 위인 중 한 명인 세종대왕이 직접 명하여 완성한 책이어서 문화적, 역사적 가치가 매우 높은 것입니다.

●● 〈금동미륵보살반가상〉의 가격은 최고급 승용차 수백 대?

이처럼 보물이 되고 국보가 되는 것은 쉬운 일이 아닙니다. 그렇다면 이런 치열한 경쟁을 뚫고 국보나 보물이란 명예를 얻은 문화재에는 어떤 혜택이 있을까요?

아마도 국가에서 지정한 보물들이니 국가에서 많은 지원이 있으리라 생각할 수 있을 것입니다. 하지만 국보나 보물은 나라에서 지정을 해준다는 상징적인 의미가 있을 뿐, 그 외에 특별한 지원은 거의 없다고 합니다. 물론 그것을 소유하고 있는 곳이 국민의 세금으로 운영되는 국립중앙박물관이나 서울대학교박물관 같은 곳이라면 간접적으로 지원을 받겠지만, 우리가 생각하는 것처럼 국가에서 전적으로 특별한 지원을 해주는 것은 아닙니다.

직접적인 지원은 아니어도 국보나 보물로 지정한 것 자체가 매우 큰 간접적 이익을 준다고 생각할 수도 있을 것입니다. 예를 들어 어떤 문화재가 국보가 되었는데, 그 문화재가 경매장에 출연했다고 가정한다면 아마도 경매장 안은 몇 백 억을 부르는 사람들로 난리가 날지도 모르겠습니다.

그렇다면 도대체 이런 국보들의 가격은 얼마나 될까요? 아마도 쉽게 상상이 가지 않는 금액일 것입니다. 다만 우리가 굳이 돈으로 문화재의 가치를 따진다면, 그 기준은 먼저 해당 문화재의 이름으로 계약된 보험료를 생각해볼 수 있을 것입니다.

국립중앙박물관의 업무 중 하나는 우리 국보나 보물급 문화재의 해외 전시인데, 지난 2008년 10월부터 2009년 2월까지 벨기에 브뤼셀에서 열린 한국 페스티벌을 위해 우

돈으로 가치를 따질 수 없을 만큼 뛰어난 우리 문화재 〈금동미륵보살반가상〉.

리의 국보급 문화재 다수가 초대되어 여행을 떠난 적이 있습니다. 당시 유럽인들의 관심을 한눈에 받았던 문화재가 바로 〈금동미륵보살반가상〉(국보 제83호)입니다.

이런 국보급 문화재가 해외로 나갈 때는 상대방 국가에서 직접 지불 보증을 서는 등 국가와 국가 간의 계약이 체결됩니다. 그렇다면 이 〈금동미륵보살반가상〉의 보험료는 얼마일까요?

10여 년 전인 1996년 미국 애틀란타 올림픽 문화 교류전 당시 보험료가 무려 400억 원이었다고 합니다. 10여 년 전에 보험료가 400억 원이었으니 지금의 물가를 반영한다면 그 가치는 우리의 상상을 초월할 것입니다.

•• 대한민국은 문화재 포장의 달인

가끔 신문을 보면 국보급 문화재들이 해외 전시에 초빙되어 외국 나들이를 하는 경우가 있습니다. 수백 억의 몸값을 자랑하는 문화재들이 박물관 밖으로 나간다는 것은 그 자체가 뉴스거리고 엄청난 노력과 돈과 시간이 들어가는 프로젝트입니다.

이런 국가적 프로젝트의 꽃은 바로 문화재의 포장에 있습니다. 물론 문화재 포장은 단순한 포장 작업이 아닙니다. 몸값이 수백 억인 〈금동미륵보살반가상〉은 포장만 하는 데도 며칠이 걸립니다.

우리나라의 문화재 포장 기술은 이미 세계가 인정하고 있습니다.

몇 해 전 해외 전시 중에 〈금동미륵보살반가상〉의 완벽한 포장 상태를 보고 세계 박물관 전문가들은 탄성을 자아냈다고 합니다. 그도 그럴 것이 우리나라 국립중앙박물관은 현재의 용산 국립중앙박물관에 들어서기까지 수차례 이사를 해야 했던 아픈 역사를 갖고 있습니다. 한 번 이사할 때마다 국보급 문화재를 하나하나 포장해야 했던 것이죠. 웃어야 할지 울어야 할지 모르겠지만, 어쨌든 대한민국의 문화재 포장 기술은 세계 최고랍니다.

〈금동미륵보살반가상〉의 포장 과정

문화재의 포장은 매우 세밀하고 한 치의 여유도 없이 해야 하며, 장인에 의해 완성되는 또 하나의 예술 작업입니다. 중요한 문화재를 포장할 때는 솜과 중성 한지 그리고 습기 조절이 가능한 나무상자, 가벼우면서도 튼튼한 알루미늄 상자 등이 필요합니다.

1. 나무 받침대에 유물을 올리고 중성 한지로 여러 차례 감싸는 과정을 거칩니다. 중성 한지는 유물 피해를 최소화하기 위해 화학약품을 전혀 사용하지 않고 특수 제작한 한지입니다.

2. 중성 한지로 꼼꼼히 포장한 유물은 한지로 두껍게 만든 솜포를 이용해 다시 한 번 포장합니다.

3. 완전히 포장된 유물은 유물의 외형선을 따라 특수하게 만들어진 목재 틀로 고정시킨 뒤 알루미늄 상자에 담겨집니다(주형포장기법). 이 주형포장기법은 포장 후 상자를 360도 회전해도 유물이 움직이지 않는다고 합니다.

•• 007작전을 방불케 하는 문화재 이송 작전

대대적인 이송 작전이 필요했던 〈춘궁리철조석가
여래좌상〉.

2004년 4월 19일, 경복궁 국립중앙박물관에는 묘한 긴장감이 감돌았습니다. 건국 이래 최대의 보물 이송 작전이 펼쳐지는 날이었습니다. 그날로부터 8개월간, 10만 점에 이르는 소중한 문화재를 약 10km 떨어진 용산의 국립중앙박물관으로 이송해야 했습니다.

잘 포장된 우리나라 최고의 국보급 보물들은 조심스럽게 옮겨져 5톤 규모의 무진동 차량에 실렸습니다. 무장호송원이 탑승한 수송차량은 앞뒤로 경찰의 호위를 받으며 30여 분간 이동해 용산에 지어진 새 박물관 수장고에 도착했습니다.

이처럼 국립중앙박물관의 이사는 총 8개월 동안 이송 문화재 수 약 10만여 점(전체 유물의 보험평가액 7,000억 원), 이전 비용 52억 원, 동원된 연 인원 7,700여 명, 5톤 무진동 차량 490여 대 등이 투입된 대대적인 이송 작전이었습니다.

특히 경복궁 내 국립중앙박물관 지하에 전시되어 있었던 〈춘궁리철조석가여래좌상〉(보물 제332호)을 옮기는 일은 매우 큰 작업이었습니다. 높이가 3m에 이르고 무게가 6톤인 이 거대한 불상을 엘리베이

터로 옮기는 일은 불가능했기 때문이었죠.

　결국 5월 어느 화창한 봄날, 동쪽 땅을 파내고 가로세로 3m, 두께 53cm인 벽면을 부수고 특수 크레인에 의해 이 거대한 보물은 지상으로 옮겨졌습니다. 화창한 봄날에 이러한 작업이 진행된 것은 혹시라도 비가 올 경우 빗물이 지하 수장고로 들어가 다른 수장품이 훼손될 수도 있다는 우려 때문이었습니다.

　이 같은 오랜 시간과 비용, 노력을 들인 결과, 지금의 국립중앙박물관은 세계 어느 박물관과 비교해도 손색 없는 대한민국을 대표하는 박물관으로서의 위용을 갖추게 되었습니다.

박물관에서 만나는 조선시대 이야기

2

조선 최고의
예술과 과학

_고려대학교박물관

〈동궐도〉는 역사나 궁궐을 연구하는 학자들에게 매우 소중한 보물입니다. 화재 전 창덕궁
〈대조전〉의 모습을 추정하는 단서가 바로 〈동궐도〉에 있기 때문입니다. 과거의 찬란했던 궁
궐 모습이 모두 전해지는 타임캡슐, 그것이 바로 〈동궐도〉입니다.

쏭내관이 〈동궐도〉(국보 제249호)를 처음 본 것은 2001년이었습니다.
지금껏 많은 그림들을 봐왔지만 〈동궐도〉처럼 마음을 울컥하게 만든
그림은 없었습니다. 그 멋지다는 김홍도의 작품이나 겸재의 작품도
솔직히 말하자면 그리 큰 감동은 없었지요. 하지만 〈동궐도〉는 달랐
습니다. 물론 궁궐에 관심이 많아 그런 점도 있겠지만 꼭 그 때문만은
아니었습니다. 거기엔 그 이상이 있었으니까요.

처음 본 〈동궐도〉의 크기는 공책보다도 작았습니다. 도록에서 본
것이니 당연하겠지요. 하지만 고려대학교박물관에서 직접 〈동궐도〉
를 보기 전까지만 해도 그렇게까지 크다고는 절대 생각하지 못했습
니다.

〈동궐도〉의 실제 크기는 상상을 초월할 만큼 컸습니다. 그림 한 장
한 장을 보고 있으면 마치 궁궐 속을 걷고 있는 듯한 착각이 들 정도
입니다. 궁궐 속 건물들의 모습, 그림 속에 묘사된 조선의 과학기구
등 〈동궐도〉는 미술사적, 건축사적, 과학사적으로 최고의 작품이라
할 만합니다.

고려대학교박물관에서 살펴볼 또 하나의 작품은 〈혼천시계〉(국보 제
230호)입니다. 조선 현종 때 천문학 교수였던 송이영이 만든 천문시계
로, 홍문관에 설치하여 시간 측정과 천문학 교습용으로 쓰였던 것입
니다. 태엽시계처럼 추의 힘에 의해 해와 달의 위치가 자동으로 표시
되고 시간마다 종을 치는 시계가 이미 350여 년 전 조선에 있었다는
사실을 여러분은 알고 계셨나요?

•• 조선의 궁궐을 한눈으로 보여주는 그림책 〈동궐도〉

〈동궐도〉는 임진왜란(1592~1598) 이후 조선 후기 300여 년 동안 조
선왕조의 정궁으로 쓰였던 창덕궁과 창경궁 그리고 왕실의 휴식공간
인 후원을 그려놓은 그림책입니다. 〈동궐도〉의 제작 연도를 정확히

알 수는 없지만, 〈조선왕조실록〉에 나타난 궁궐 건물 관련 기록을 보면 대략 1820년대 후반에서 1830년대 초반에 그려진 것으로 추정됩니다.

동궐이란 조선시대 경복궁을 중심으로 동쪽에 위치해 있는 궁궐인 창덕궁과 창경궁을 말합니다. 또한 서쪽으로 자리 잡은 경희궁은 서궐이라 불렀죠.

우리는 임금이 한 명이니 궁궐도 한 곳이라 생각할 수 있습니다. 그러나 어느 시대건 궁궐은 절대 하나일 수가 없습니다. 돌림병이나 화재 등 갑작스런 사건이나 사고가 일어날 수 있기 때문입니다. 그래서 이를 대비하기 위해 궁궐은 반드시 2~3개 이상 존재했습니다.

조선 초기의 정궁은 경복궁이었고, 창덕궁과 창경궁은 이궁(보조 궁궐)으로 존재했습니다. 그러나 임진왜란 때 모든 궁궐이 불타버리면서 경복궁을 제외한 창덕궁과 창경궁은 당시에 바로 재건립되었습니다. 특히 창덕궁은 임진왜란 이후인 1609년 1차 중건 때부터 1868년 경복궁을 다시 건립할 때(고종5년)까지 조선왕조의 정궁으로 사용되었습니다.

◦◦ 자연과 융화된 조선의 궁궐

창덕궁이나 창경궁의 건물들은 중국과 일본에 비해 크지 않습니다. 즉 사치스럽지 않다는 뜻이죠. 이는 백성에게 큰 피해를 주지 않으려는 유교정치의 정신이 담겨 있는 것으로 보입니다.

또한 창덕궁은 세계문화유산으로도 등재되어 있습니다. 세계에는 많은 궁궐들이 있는데, 그중 세계문화유산으로 등록된 궁궐은 창덕궁을 비롯해 그리 많지 않습니다.

그렇다면 창덕궁은 어떤 경쟁력을 갖추고 있기에 세계문화유산으로 등록되었을까요? 그것은 창덕궁이 비록 규모는 작지만 자연을 거스르지 않고, 말 그대로 자연에 순응해 자연 속에 건립된, 전 세계적으로 그 유래를 찾아볼 수 없는 궁궐이기 때문입니다.

궁궐은 왕과 신하들이 일을 하는 공간이며, 하루아침에 만들어진 공간이 절대 아닙니다. 하나의 궁궐 안에는 왕부터 잡일을 하는 무수리까지 무려 1,000명이 넘는 인원이 생활을 했고, 조선왕조의 행정과 정치, 사법의 중심이었습니다. 지금으로 치면 국회의사당과 정부종합청사, 대법원 그리고 청와대가 궁궐이라는 한 공간 안에 있었던 것이지요.

궁궐 건물은 때로는 화재로, 때로는 너무 오래 되어서 재건축을 하기도 했고, 때로는 규모를 더 늘리거나 줄이기도 하면서 시대와 주인에 따라 조금씩 형태가 변해왔습니다. 그리고 지금 보고 있는 〈동궐도〉 속의 창덕궁과 창경궁 역시 500년 역사 동안 그렇게 조금씩 발전해왔던 것입니다.

•• 〈동궐도〉의 위대한 가치

〈동궐도〉는 1989년에 국보 제249호로 지정되었습니다. 이 그림책이 국보급 보물로 지정된 가장 큰 이유는 크기에 있습니다.

〈동궐도〉는 가로 세로가 45.5cm ×36.5cm 크기인 책이 총 16권으로 구성되어 있습니다. 책 한 권에는 5장의 그림이 연이어 붙어 있는데, 16권의 책을 왼쪽에서 오른쪽으로 펼치면 가로가 5.84m, 세로가 2.73m인 작품이 됩니다.

경복궁 〈근정전〉을 그린 〈중묘조서연관사연도〉. 위에서 내려다보는 듯한 부감법으로 구도를 잡았다.

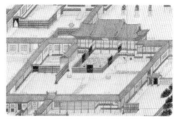

〈동궐도〉를 통해 알 수 있는 1917년 화재 전 창덕궁 〈대조전〉의 모습.

두 번째는 〈동궐도〉의 뛰어난 예술적 가치에 있습니다. 〈동궐도〉는 우리나라의 전통 구도법인 부감법과 서양의 구도법인 원근법이 교묘히 잘 조화되어 있습니다.

부감법이란 전체적으로 위에서 아래로 내려다보는 듯한 구도로 그

현재의 창덕궁 〈대조전〉 모습. 화재 후 일제가 경복궁 교태전 건물을 헐어 이곳에 지었다.

림을 그리는 방법을 말합니다. 즉 보는 사람이 정면이 아니라 위에서 아래로 내려다보는 듯하게 그려진 구도입니다. 그래서 〈동궐도〉를 보

〈동궐도〉에 묘사된 조선의 과학기구들. 바람의 방향과 세기를 가늠하는 풍기대, 혼천의, 측우기 등이 보인다.

면 마치 앞산 위에서 궁궐을 내려다본 듯한 느낌이 듭니다.

　원근법이란 18세기에 중국을 통해 들어온 구도법으로 가까운 사물
은 크게 멀리 있는 사물은 작게 그리는 기법을 말합니다. 1535년에
경복궁 〈근정전〉을 그린 〈중묘조서연관사연도〉는 분명 위에서 내려
다보는 듯한 부감법이 나타나지만 사물의 크기는 앞쪽이나 뒤쪽 모두
같습니다. 그래서 이미 서양의 투시도법에 익숙한 우리 눈엔 뭔가 어
색해 보입니다.

　반면 〈동궐도〉를 보면 앞쪽의 건물과 뒤쪽 산중턱에 있는 건물의
크기는 분명 차이가 있습니다. 뒤쪽은 작고 앞쪽은 전반적으로 크게
그려져 있죠. 이런 원근법은 200여 년 전에는 획기적인 기법이었으
며 파격적인 시도였습니다. 이렇듯 〈동궐도〉는 우리 전통의 부감법

과 서양에서 건너온 투시도법이 적절히 녹아 있는 걸작이라 할 수 있습니다.

세 번째는 그 내용에 있습니다. 실제 전시된 〈동궐도〉를 보면 정교함에 감탄사가 절로 나옵니다. 기왓장 하나, 창살 하나, 마당의 박석 하나까지도 세필로 묘사되었고, 궁궐 안 나무의 까치집까지도 자세히 묘사되어 있습니다.

또한 〈동궐도〉에는 측우기, 간의, 해시계, 풍기대와 같은 과학기기들이 자세히 묘사되어져 있습니다. 관천대 관련 건물 등도 확인할 수 있어 이는 조선 중·후기의 과학과 산업기술을 연구하는 데 매우 중요한 자료가 됩니다. 물론 측우기 등의 과학기기는 〈조선왕조실록〉을 비롯한 다양한 기록에서도 그 증거를 찾을 수 있으나, 글만으로 추측하기엔 한계가 있다는 점에서 〈동궐도〉의 가치는 매우 높습니다.

마지막으로 〈동궐도〉의 가장 큰 가치는 바로 궁궐 건물을 한눈에 볼 수 있다는 것입니다. 일제강점기 36년 동안 우리나라의 궁궐 건물은 손에 꼽을 정도만 남았고 일제에 의해 모두 헐렸습니다. 단적인 예로 경복궁은 남은 건물이 전체의 10%도 안 되고, 경희궁은 99%가 헐렸습니다. 〈동궐도〉의 주인공인 창덕궁, 창경궁 후원도 대부분 건물이 사라졌는데, 〈동궐도〉는 훼손 전 궁궐의 건축양식을 추적할 수 있는 아주 중요한 단서들을 제공하고 있습니다. 예를 들면 현 창덕궁 내 왕비의 처소인 〈대조전〉은 1917년에 큰 화재로 소실되었는데, 당시 일제는 경복궁의 왕비 처소인 교태전을 헐어 창덕궁으로 옮겨왔습니다. 그래서 지금 남아 있는 창덕궁 〈대조전〉(보물 제816호)은 원래의 〈대조전〉이 아니라, 엄밀히 말해 경복궁의 교태전 건물이라고 볼 수 있습니다.

만약 〈동궐도〉가 없었다면 역사학자들이나 궁궐을 연구하는 학자들이 화재 전의 창덕궁 〈대조전〉 모습을 추정하기란 거의 불가능했을 것입니다. 이처럼 과거의 찬란했던 궁궐 모습이 모두 전해지는 타임캡슐이 바로 〈동궐도〉입니다.

•• 세계가 놀란 조선의 〈혼천시계〉

고려대학교박물관의 웅장한 〈동궐도〉 그림 바로 앞에는 〈혼천시계〉가 전시되어 있습니다. '혼천(渾天)'은 둥근 하늘이란 뜻으로 하늘의 모양이 둥글고 끝없이 일주한다는 의미를 담고 있습니다. 이 시계는 조선왕조 500년 동안 만들어진 천문시계 중 유일하게 남아 있는 것으로, 한 영국인 교수는 "조선의 혼천시계는 동아시아 시계학사에서 획기적인 유물로 전 세계에 알릴 만한 가치가 있다"라고 극찬을 하기도 했습니다.

〈혼천시계〉는 조선시대의 전통적인 방법인 물레바퀴의 원리를 이용해 동력으로 움직이는 시계 장치와 서양식 기계시계인 자명종의 원리가 조화된 독창적인 천문시계로 전 세계에 하나밖에 없는 매우 가치있는 보물입니다.

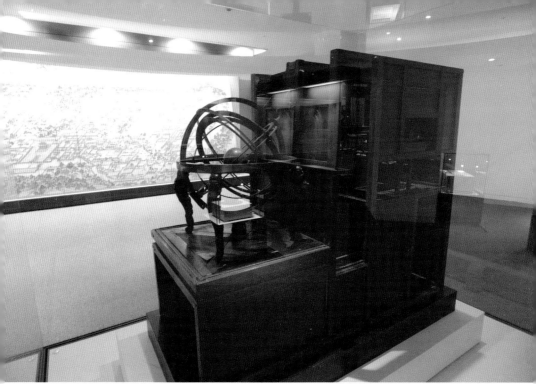
〈혼천시계〉는 우리나라뿐만 아니라 세계 시계역사에서도 매우 중요한 가치를 지니고 있다.

원래 〈혼천시계〉는 1930년대 초 서울 인사동 골동품 가게 한쪽 구
석에 먼지가 쌓인 채 놓여져 있었다고 합니다. 어느 누구도 이를 국보
급 보물이라 생각하지 못했던 것이죠. 다행히 이를 알아본 사람이 이
보물을 구입해 지금의 고려대학교박물관에 기증했다고 합니다.

〈혼천시계〉는 크게 혼천의 부분과 시계장치 부분으로 나뉘어집니
다. 시계를 자세히 들여다보면 혼천의 바로 옆에 길게 내려뜨려진 것
이 추인데 두 개가 있습니다. 이 중 위에 있는 추가 시계를 운행하는
에너지를 만들어냅니다. 즉 태엽을 감아 쓰던 괘종시계의 태엽에 해
당한다고 할 수 있습니다. 추에서 만들어진 에너지는 왼쪽의 혼천의,

오른쪽의 시계장치에 각각 전달되어 두 기구를 동시에 움직이게 합니다.

왼쪽의 혼천의에는 입춘, 하지, 동지 등의 계절을 나타내는 24절기가 표시되어 있습니다. 즉 태양과 달의 위치를 알려주기 때문에 오늘날의 달력으로 생각할 수 있고, 오른쪽은 추에 의해 작동되는 시계에 해당합니다. 오른쪽 아래 수평으로 되어 있는 상자가 시보장치(시간이 표시된 시계판)인데, 중력에 의해 추가 아래로 내려가면 추에 달린 축이 빙글 돌게 됩니다. 이 힘은 가장 아래에 있는 톱니바퀴에 전달되어 지금의 시계처럼 여러 개의 톱니바퀴가 돌게 됩니다. 톱니바퀴는 시보장치에 연결되어 정확한 시간을 알려줍니다. 그리고 시간이 되면 구슬이 아래로 떨어져 나무상자 안의 막대기를 건드리게 되고 이 막대기가 종을 울립니다.

조선시대의 시계는 사람의 띠, 즉 12지신의 이름을 따서 시간을 진시, 사시, 오시, 묘시 등으로 나타냈습니다. 예를 들어 〈혼천시계〉에서 축시라는 시패가 나타나면 그것은 오늘날 새벽 1시에서 3시를 뜻하며, 자동으로 축시에 맞는 종을 울리게 됩니다.

원래 이곳 박물관에 전시된 〈혼천시계〉는 일부 부품이 없어지고 낡아 실제로는 작동되지 않는다고 합니다. 그래서 이 시계가 실제로 얼마나 정확한지에 대한 실험은 불가능했습니다. 그런데 2005년 한 연구팀이 끈질기게 노력한 결과 〈혼천시계〉의 복원과 동시에 실제 작동까지 성공했습니다. 바로 세계적인 과학기구가 350년 만에 부활한 순간이었습니다.

박물관 둘러보기

    고려대학교박물관은 크게 역사민속전시실, 고미술전시실 그리고 현대미술전시실로 나뉘어집니다.

    역사민속전시실의 첫 번째 테마는 '조선시대의 하늘, 땅, 사람'입니다. 조선시대 우리 선조들은 우주와 인간세계의 기본적인 구성 요소를 천(天), 지(地), 인(人)으로 간주했다고 합니다. '하늘'을 대표하는 유물은 국보 제230호인 〈혼천시계〉, '땅'을 의미하는 대표적인 유물은 보물 제853호인 〈수선전도〉(1840년 김정호가 제작한 서울 지도) 그리고 국보 제249호인 〈동궐도〉는 '사람'을 의미합니다.

    조선의 문양과 상징 전시관에서는 화목을 의미하는 원앙 베갯모, 장수를 의미하는 십장생 사발, 다산을 의미하는 석류 모양의 자물쇠 등 다양한 유물을 볼 수 있습니다.

    '조선시대의 사회와 제도'에서는 호패 등 조선시대 사회제도를 대표할 수 있는 유물들이 전시되어 있는데, 특히 영조의 둘째딸인 화순옹주의 유품인 원삼(궁중 여성들이 입은 예복)은 꼭 볼 만한 유물입니다.

    이외에도 불교미술, 도자기, 서화 등이 전시된 고미술전시관에서는 우리가 미술책이나 역사책에서 보았던 조선 후기 최고의 화가인 겸재 정선의 〈금강산도〉, 김홍도의 〈송하선인취생도〉, 강세황의 〈산수도〉, 흥선대원군의 〈석란도〉 등 수많은 명품을 볼 수 있습니다.

1 고려대학교박물관 전경.
2 김홍도의 〈송하선인취생도〉가 있는 고미술전시실.
3 우리나라 최초의 미국 유학생 구당 유길준 선생의 유품과 그의 역작 〈서유견문록〉.
4 고미술전시실에 있는 정선의 〈금강산도〉.
5 김병기(1818~1875)의 단령과 화순옹주의 유품인 원삼.

임금의
하루를 엿보다

_ 국립고궁박물관

즉위식 내내 이산의 눈에는 눈물이 마르질 않았습니다. 좌의정 신회가 옥새를 받들어 올리자
이산은 감히 옥새를 받지 못하였다고 합니다. 그러나 신하들이 계속 간청을 하자 그제서야
옥새를 받드니, 드디어 조선 제21대 영조의 손자 이산이 22대 임금으로 등극하는 순간이 되
었습니다.

왕실 문화는 한 나라의 대표 문화이며 국가의 문화유산을 보여주는
척도입니다. 조선시대 왕실 및 대한제국 유물 4만 점을 보유하고 있
는 국립고궁박물관은 조선왕조의 정치와 생활, 문화, 예술 등 모든 것
을 느낄 수 있는 곳입니다.

　하지만 500년 전통의 역사를 간직한 왕조 치고는 유물의 수가 너무
나 초라합니다. 그 이유는 일본, 중국 등으로 인한 끊임없는 외난과

한국전쟁 때문입니다.

　임진왜란과 일본 제국주의자들의 36년 무단통치기간 동안 우리 왕실의 수많은 유물은 불타거나 일본으로 밀반출되었으며, 한국전쟁 당시에도 역대 임금의 어진이 거의 모두 불타버리는 등 많은 수난을 겪어야 했습니다.

　조선은 국왕을 중심으로 한 왕조국가지만 우리가 알고 있는 것처럼 왕이 절대권력을 행사하고 독재자로 군림한 것은 아니었습니다. 신하의 권력인 신권은 왕권과 거의 동등한 입장이었죠. 다른 나라에도 많은 왕조국가들이 존재해왔지만 조선처럼 왕권과 신권이 균형을 맞춰가며 정치를 펼쳤던 왕조는 찾아보기가 힘듭니다. 이 두 세력은 때로는 대립하고 때로는 융화하면서 그렇게 500년 동안 조선을 이끌어온 것입니다.

●● 세손 이산, 왕위에 오르다

　"전하, 경하 드리옵니다. 세자빈께서 드디어 아기씨를 잉태를 하셨사옵니다."

　"뭐라 지금 뭐라 했느냐? 그게 정말인가? 오, 이런 경사스러울 때가…."

　왕손이 귀해 종묘사직을 바로 세울 수 있을까 늘 고심했던 영조 임금은 혜경궁 홍씨의 처소로 향합니다. 영조 임금이 40세가 넘어

영조가 정조에게 내린 은인.

힘들게 얻은 아들이 바로 사도세자이고 며느리가 혜경궁 홍씨였습니다.

이렇게 영조 임금의 손자이면서 조선 제22대 왕인 정조 임금은 모든 사람들의 축복을 받으면서 태어났습니다.

워낙 장수를 했던 영조 임금은 손자인 세손을 얻고도 24년을 더 살았습니다. 훗날 정치적 소용돌이 속에서 당신 스스로 아들인 사도세자를 죽이는 비극이 벌어지지만 손자인 정조는 적극적으로 임금의 자리에 올렸습니다.

세손 이산의 나이가 8살 되던 해인 1759년, 할아버지 영조 임금은 이손을 다음 다음 세대의 왕으로 인정하는 왕세손에 임명하였습니다. 이렇게 해서 1759년 조선의 왕실은 향후 100년의 굳건한 기반을 다지게 됩니다. 현 임금(영조)과 다음을 이을 세자(사도세자) 그리고 그 다음 세대를 이끌 세손(이산)까지 당시 조정은 평온해 보이기만 했습니다. 그러나 3년 후인 1762년, 사도세자가 정치적 소용돌이에 휘말려 죽음으로써 정조 이산은 할아버지인 영조로부터 바로 왕위를 이어받게 됩니다.

1776년, 영조는 세손인 정조 이산을 부릅니다. 자식(사도세자)이 뒤

주에 갇혀 죽은 지 10년의 세월이 흐른 뒤였습니다. 영조 임금은 세손 이산에게 은인(은으로 만든 도장)을 선물합니다. 이 도장은 당시 자신의 왕위 계승을 반대했던 신하들(노론 세력들)에 대항해 자신이 할아버지 영조에게 정당하게 왕통을 이어받았다는 증거가 되는 것이었습니다. 그래서 훗날 왕이 된 후에도 정조는 거동을 할 때마다 늘 이 도장과 글을 앞세웠다고 합니다.

영조가 손자인 이산에게 내린 글을 요약해 보면 다음과 같습니다.

아! 300백 년 우리 조선은 85세 임금이 25세 세손에게 의지를 한다. 오늘날 혈통을 바르게 하니 큰 산 위의 넓은 바위처럼 나라가 평온하다. 우리 세손의 효는 그 마음을 세상 모두에게 알리고 그 행동은 후세에 모범이 되게 알려야 하겠기에 이 글을 내린다.

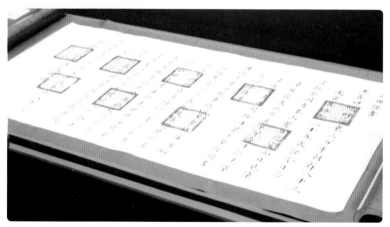

영조가 손자인 이산에게 내린 글.

내 손자야, 이 할아버지의 뜻을 알고 늘 겸손하고 조심하는 마음으로 섬기어 우리 300년 종묘사직을 보존할지어다. 내 즉위 오십이 년 나이 팔십삼 세에 이십오 세 되는 내 세손에게 이르노라.

그렇게 세손 정조를 남기고 영조는 세상을 뜨게 됩니다.

1776년 3월 10일, 경희궁 숭정문 앞에서는 영조 임금이 승하한 지 6일 만에 왕위 즉위식이 열렸습니다. 하지만 즉위식장의 분위기는 매우 우울했습니다. 그 이유는 바로 이전 왕이 승하한 지 얼마 지나지 않아 즉위식을 하기 때문이었습니다. 정확히 말하면 국상 중에 열리는 행사이기 때문에 대부분의 왕들은 무거운 분위기에서 즉위식을 치르게 됩니다.

정조 임금도 예외는 아니었습니다. 할아버지였던 영조 임금이 죽어 상복을 입고 곡을 하는 중에 잠시 대례복으로 갈아입고 즉위식에 참여하게 됩니다.

즉위식 내내 이산의 눈에는 눈물이 마르질 않았습니다. 좌의정 신회가 옥새를 받들어 올리자 이산은 감히 옥새를 받지 못하였다고 합니다. 그러나 신하들이 계속 간청을 하자 그제서야 옥새를 받드니, 드디어 조선 제21대 영조의 손자 이산이 22대 임금으로 등극하는 순간이 되었습니다.

•• 세상에서 가장 바쁘고 힘든 임금의 하루

  임금이란 위치는 우리가 흔히 생각하는 것처럼 그리 만만한 자리가 아닙니다. 늘 호의호식을 하고 후궁을 거느리며 모두에게 존경만 받는 것처럼 보이지만 실상은 전혀 그렇지 못한 것이 임금의 운명이기도 합니다. 다음은 정조 임금의 하루를 가상으로 꾸며본 이야기입니다.

  새벽 4시에 33번의 종이 울리면 정조 임금의 하루가 시작됩니다. 더 자고 싶지만 만백성에게 모범을 보여야 하는 임금은 결코 게으름을 피울 수가 없습니다. 임금의 기상과 동시에 지밀상궁, 내시 그리고 대전차비들(식사, 세숫물, 옷 등을 준비하는 사람들)은 분주히 움직여야 합

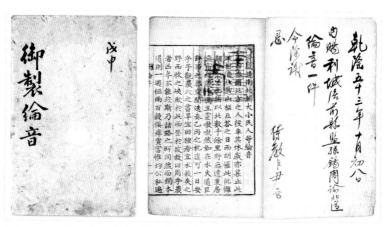

정조 임금이 가뭄으로 고생하던 함경도 백성을 위해 내린 글.

조선시대 임금의 하루 일상

아침	해 뜨기 전 기상 문안인사 간단한 식사(죽) 신하들과 학문 및 정치 토론(조강) 아침식사 조회(매일 약식 조회 / 월 4회 정식 조회) 신료, 승지(비서실장)의 업무보고(조계) 행정부서 관료들의 업무보고(윤대)
점심	점심식사 학문 및 정치 토론(주강) 지방관리 접견 및 민원접수(윤대) 숙직관료 명단 확인 및 야간 암호 정하기
저녁	저녁 토론(석강) 저녁식사 및 휴식 야간업무-낮에 처리하지 못한 업무 마무리 웃어른께 문안인사 책이나 상소문 등을 읽음(9시~11시경)

니다.

자릿조반을 간단히 한 정조 임금은 서둘러 의관을 정제하고 어마마마가 계신 창경궁 자경전으로 향합니다. 어릴 적 정치적 소용돌이에 휘말려 지아비를 잃은 어마마마의 눈물을 정조 임금은 잊지 않고 있습니다.

문안을 마친 정조 임금은 침전으로 돌아와 아침 수라를 한 뒤 나라의 수장으로서 일을 시작합니다. 임금은 8도에서 올라온 크고 작은 사건들을 때로는 직접 지시하기도 하고 때로는 피해 백성들을 위해 애정 어린 위로의 편지를 보내기도 합니다. 또한 어려운 결정은 신하들과 서로 협의하기도 합니다.

정조 임금의 말 한 마디 한 마디는 두 명의 사관들에 의해 모두 기록이 됩니다. 조선이란 나라가 전 세계 학자들의 주목을 받는 이유는 바로 이런 기록문화에 있습니다. 아무리 왕이지만 감히 어떻게 하지 못하는 게 바로 역사를 기록하는 사관들이고, 그랬기에 지금 우리가 이렇게 생생하게 정조 임금의 하루를 들여다볼 수 있는 것입니다.

점심 식사를 마친 정조 임금은 다음 일정을 수행하게 됩니다. 혹시라도 몸이 아파 자리에 눕게 되면 밀린 일들이 금세 산더미처럼 쌓이게 됩니다.

하루 일과가 끝날 무렵이면 잠깐 휴식을 취한 뒤 다음 스케줄을 준비합니다. 오늘은 과거에 합격한 자들에게 합격증 수여가 있으며 그들과 함께하는 연회가 예정되어 있기 때문입니다. 이 자리에서 임금이 직접 증서를 하사하고 연회도 베풉니다.

그렇게 행사를 끝내고 정조가 침전으로 돌아왔을 땐 벌써 늦은 저녁이었습니다. 침전으로 돌아온 정조 임금은 밀려오는 피로감에 잠이 듭니다. 그런데 그때 내관 한 명이 조용히 임금의 선잠을 깨웁니다.

영조의 어진

"전하, 망극하옵니다. 탕제를 드실 시간이옵니다."

"들라 하라."

"잠자리는 편안하셨습니까?"

어의는 임금의 용안을 살피며 묻습니다.

"어젯밤도 편히 눈을 붙이지 못했다. 자꾸 피고름이 옷을 적시는구나."

"수라도 자주 드셨습니까?"

"수라는 완전하게 다 맛보지 못하고 원미만 조금 먹었다."

정조의 어진.

"원미라도 자주 드시면 반드시 유익할 것입니다."

"그래, 차도가 보이느냐?"

"송구하옵니다. 종기의 뿌리가 아직 뽑히지 않은지라 조금 더 지켜봐야 할 듯하옵니다."

"요 근래 정신이 혼미해지고 온몸에 힘이 없어지곤 한다. 자고로 병은 그 뿌리를 뽑아야 다 나았다고 할 것이다. 어의는 주변의 말들에 개의치 말고 완치할 때까지 지금의 시술을 행하라…."

그러나 정조 임금의 종기는 나을 기세를 보이지 않았습니다.

결국 정조는 1800년 6월 28일 유시(오후 5시~7시 사이)에 파란만장했던 49년의 인생을 마감하였습니다. 아버지인 사도세자의 억울한 죽음을 두 눈으로 봐야 했고, 세손 시절에도 아버지 사도세자를 죽음에 이르게 한 정치세력으로부터 많은 공격을 받으며 임금의 자리에 오른 인물입니다. 정조는 임금의 자리에 오른 뒤에도 기득권을 지키려는 보수세력들에 맞서 과감하게 개혁을 행하고 문화적으로도 많은 업적을 남긴 조선 후기 최고의 성군으로 역사에서 기록하고 있습니다.

	임금	주요 업적 및 사건	재위기간
1	태조(1335~1408)	조선을 개국한 조선왕조 초대 임금	1392~1398
2	정종(1357~1419)	왕위에 올랐지만 동생 이방원(태종)에게 실권을 넘겨줌	1398~1400
3	태종(1367~1422)	초기 약했던 왕권을 강화시켜 아들 세종이 최고의 성군이 될 수 있도록 기반을 마련해줌	1400~1418
4	세종(1397~1450)	문화, 예술, 과학, 국방 등 전 영역에서 조선을 발전시킨 조선왕조 최고의 성군	1418~1450
5	문종(1414~1452)	병약해서 왕위에 오르고 2년여 만에 승하	1450~1452
6	단종(1441~1457)	삼촌인 수양대군에게 왕위를 물려주지만 결국 그에 의해 살해된 비극의 왕	1452~1455
7	세조(1417~1468)	왕권 강화와 직전법 실시, 〈경국대전〉 편찬 시작	1455~1468
8	예종(1450~1469)	〈경국대전〉을 완성했으나 일찍 승하함	1468~1469
9	성종(1457~1494)	완성된 〈경국대전〉을 부분 수정해 정식 반포하며 조선의 법과 제도 등을 완성함	1469~1494
10	연산군(1476~1506)	두 번의 사화와 실정으로 왕위에서 쫓겨남	1494~1506
11	중종(1488~1544)	주변의 신하들에 의해 왕위에 오름으로써 점점 왕권이 약화되는 계기가 됨	1506~1544
12	인종(1515~1545)	효성이 지극하고 성군이 될 수 있는 자질이 있었으나 병약해 일찍 생을 마감	1544~1545
13	명종(1534~1567)	신하들과의 갈등이 심해서 을사사화 발생	1545~1567
14	선조(1552~1608)	재위기간 동안 임진왜란 발발	1568~1608
15	광해군(1575~1641)	실리외교와 과감한 현실정치를 추구하였으나 인조반정으로 왕위에서 쫓겨남	1608~1623
16	인조(1595~1649)	반정으로 왕위에 올랐으나 청나라에 의한 병자호란 발발	1623~1649
17	효종(1619~1659)	청을 치려는 북벌정책을 실시했으나 좌절	1649~1659
18	현종(1641~1674)	평화로운 시대였으나 남인과 서인 사이의 예송논쟁 발생	1659~1674
19	숙종(1661~1720)	환국정치와 왕권의 안정	1674~1720
20	경종(1688~1724)	노론과 소론의 당쟁 격화	1720~1724
21	영조(1694~1776)	노론과 소론을 고루 등용하려는 당평책 실시와 왕권 강화, 사회의 안정	1724~1776
22	정조(1752~1800)	다양한 문화정치와 개혁정치 단행	1776~1800
23	순조(1790~1834)	왕권의 약화와 외척세력의 등장, 세도정치 시작	1800~1834
24	헌종(1827~1849)	정치적 혼란과 조선사회의 붕괴 시작	1834~1849
25	철종(1831~1863)	강화도령으로 농부에서 임금이 됨(세도정치가 극에 달함)	1849~1863
26	고종(1852~1919)	조선왕조의 몰락과 대한제국 개국	1863~1907
27	순종(1874~1926)	망국의 황제, 그리고 대한제국의 식민지화	1907~1910

1 국립고궁박물관 전경.
2 대한제국실에 있는 궁궐 내부의 모습.
3 등록문화재 제318호인 〈순종어차〉.

국립고궁박물관은 조선의 정궁이었던 경복궁 내에 있습니다. 박물관은 총 3층으로 나뉘어져 있는데, 입구가 3층이므로 관람객들은 2층 제왕기록실을 시작으로 지하 자격루실까지 총 11곳의 테마 전시실을 관람할 수 있습니다.

제왕기록실에는 세계기록문화유산인 〈조선왕조실록〉과 조선왕조 〈의궤〉, 임금의 초상화인 '어진' 그리고 왕실을 상징하는 병풍, 옥새 등 다양한 왕실 관련 기록물들이 전시되어 있습니다.

국가의례실에서는 유교를 통치이념으로 하여 운영된 조선왕조의 모습을 엿볼 수 있습니다. 조선의 국왕은 '예절'에서 태어나 '예절'에서 죽는다고 할 정도로 예를 중시하였다고 하니 그와 관련된 많은 기록물들이 전해집니다.

국가의례실을 지나면 왕의 생활공간이자 조선왕조 정치행정의 중심이었던 궁궐 관련 전시실이 나옵니다. 조선의 궁궐은 지금의 청와대처럼 국가 최고 통치자의 공간이자, 정부종합청사 같은 행정기관의 중심이며, 국회의사당의 기능인 입법기관으로서의 정치행정 핵심 공간이었습니다.

궁궐건축실을 나오면 바로 과학문화실이 있습니다. 조선시대 과학의 산실은 궁궐 안이었습니다. 즉 왕실이 주도하여 과학기구를 만들고 과학을 발전시켰던 것입니다.

왕실생활실은 임금이기 이전에 한 개인으로서의 모습을 엿볼 수 있는 공간입니다. 조선왕실의 문화는 최고의 공인들이 만들어내는 화려함과 고귀함, 그러면서 슬며시 드러나는 위엄까지 당대 문화의 정수를 보여줍니다.

이외에도 왕실의 출산과 세자의 교육 등 세자와 관련된 많은 유물들을 관람할 수 있는 탄생과 교육실, 고종 황제를 중심으로 한 대한제국실, 조선시대 최고의 화가와 궁중 음악을 접할 수 있는 궁중회화실과 궁중음악실 등이 있습니다.

03

조선시대 사람들은 어떻게 살았을까?

_ 국립민속박물관

조선시대는 유교가 국교였습니다. 유교는 예를 중시하는 윤리교육, 즉 도덕 과목이 지금의 '국영수' 보다 훨씬 중요한 과목이었습니다. 국가는 효자나 충신 또는 열녀 등에게 상을 내리고 그 행실을 글로 남겼으며 기념비도 만들었습니다.

'민속' 이란 단어를 사전에서 찾아보면 '민간인들 사이에서 전승되어 온 생활과 풍습' 이란 뜻이 있습니다. 이를 쉽게 표현하자면 '우리의 삶' 정도가 되지 않을까 싶습니다.

사람은 태어나서 엄마 품을 나와 스스로 걷고 사람들과 어울리며 무언가를 깨닫고 배우며 성숙해집니다. 때론 슬프고 때론 화가 나는 일도 있고 억울한 일도 경험하면서 그렇게 사람은 나이가 들고 다시

03   조선시대 사람들은 어떻게 살았을까?

77

흙으로 돌아갑니다. 그리고 자식들은 자기를 낳아준 어버이의 죽음에 예를 갖추어 부모님을 보내드립니다.

이렇게 한 사람의 희로애락과 그 흔적이 민속이란 단어 속에 축약되어 있습니다. 그렇다면 민속은 우리에게 어떤 의미가 있을까요?

우리에게 민속이란 단어는 왠지 호랑이 담배 피던 시절의 먼 과거 속 이야기로 다가오지만 민속은 바로 우리 옆, 우리 앞에 있습니다.

2008년 8월말, 국립민속박물관에서는 서울의 마지막 달동네 아현동 재개발 지역을 사진으로 찍고 주민들의 삶 속 이야기들을 녹음기에 담고 있었습니다. 아현동 달동네는 1940년대부터 무작정 돈을 벌기 위해 서울로 상경한 이들이 정착해왔던 서울의 대표적인 서민 공간이었습니다. 아현동에서 뿌리를 내리고 반세기 동안 격동의 시대를 보낸 이들은 벌써 칠팔십 대의 할아버지, 할머니가 되었습니다. 그래서 그들의 삶과 삶터는 우리에게 많은 것을 보여주고 들려줍니다.

조선의 역사는 국립고궁박물관에 전시된 왕실가족들과 지배층의 유물이 전부가 아닙니다. 그보다는 오히려 일제강점기와 해방 그리고 산업화를 거치며 평범한 사람들의 삶과 삶터가 어쩌면 우리에게 더 중요한 역사적, 민속학적 가치를 지니고 있습니다. 그래서 국립민속박물관의 답사는 우리 자신을 돌아보는 좋은 기회가 됩니다.

　조선시대에는 아버지에서 아들로 이어지는 가계 계승이 사회적 관습이었기 때문에 어느 집안에서나 남자 아이의 출생을 바랐을 것입니다. 이를 위해 출산 전에는 쌀과 미역, 정화수를 방안 윗목에 두었고, 출산 직후에는 이 쌀과 미역으로 밥과 미역국을 지어 산모에게 먹였습니다. 지금처럼 산부인과나 산후조리원이 없었기 때문에 모든 산모들은 집 안에서 출산을 했습니다. 출산 역시 그리 쉬운 일이 아니어서 많은 수의 산모나 아이가 출산 중에 사망하기도 했습니다.

　출산을 하면 부정한 잡귀의 출입을 막기 위해 대문에 금줄(새끼줄)을 걸고 숯을 달았는데, 남자아이면 고추를 여자아이면 솔가지를 매달았습니다. 금줄은 안과 밖, 즉 신성한 곳과 세속의 경계선인 셈이었

조선시대의 돌잔치 전통은 지금까지도 이어지고 있다.

죠. 또한 갓 출산한 산모와 아기는 면역력이 매우 떨어졌기 때문에 금줄은 위생을 위한 최소한의 안전선이기도 했습니다. 실제로 아무리 가까운 사람일지라도 최소한 20일 정도의 시간이 지나야 아기를 볼 수 있었다고 하니까요.

유아사망률이 높았던 조선시대에 아기가 1년을 살아 생일을 맞는다는 것은 매우 큰 경사였습니다. 돌상에는 아이의 장수를 기원하는 백설기와 실타래 이외에도 돌잡이 물건을 놓고 아이의 장래를 점쳤다고 합니다. 돌잡이에서 남자아이가 돈이나 곡식을 잡으면 부자, 책을 잡으면 문관, 활과 화살을 잡으면 무관이 된다고 믿었고, 여자아이가 실패 등을 잡으면 바느질을 잘할 것이라고 여겼습니다.

•• 국영수보다 중요한 윤리 교육

조선시대는 유교가 국교였습니다. 유교는 예를 중시하는 윤리교육, 즉 도덕 과목이 지금의 '국영수' 보다 훨씬 중요한 과목이었습니다. 국가는 효자나 충신 또는 열녀 등에게 상을 내리고 그 행실을 글로 남겼으며 기념비 등도 만들어 윤리가 중요하다는 사회적 분위기를 조성했습니다.

아이들은 마을 서당에서 천자문 등의 기본 공부를 시작하고 과거 등을 준비하기 위해 오늘날의 사립학원에 해당하는 서원에 입학해 유교 경전이나 역사, 철학, 천문학 등 다양한 공부를 했습니다. 특히 사

글을 쓰거나 책을 읽을 때 사용하던 학용품으로 글방이나 서재에 갖추어 놓는 물건을 '문방구'라 한다.

대부 집안은 어릴 적부터 아이의 방에 문방구를 두어 아이가 빨리 책과 공부에 친해지게 했는데, 아마 지금의 사교육 열풍은 이미 조선시대 때부터 시작된 것인지도 모르겠습니다.

•• 과거시험 합격은 가문의 영광

조선시대는 어머니의 신분을 따르는 철저한 신분사회였습니다. 그러나 다른 나라들처럼 천한 출신이라고 해서 절대 신분이 상승될 수 없는 사회는 아니었습니다. 법적으로 과거시험을 통해 신분 상승이 가

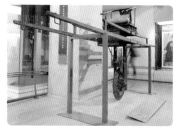

종2품 이상의 관리가 타던 '초헌'.

능했고, 때로는 자신의 능력을 인정해주는 윗사람들의 천거 등으로 벼슬길에 오르기도 했습니다.

조선은 또한 무관보다는 문관들을 더 예우했는데, 학문이 뛰어난 이는 임금도 존경을 표할 만큼 학문을 숭상했었습니다. 그래서 문관으로의 출세는 개인의 출세이자 가문의 영광으로 여겼습니다. 조선시대 가문의 영광은 오늘날처럼 돈이 아니라 바로 과거시험의 합격이었던 것입니다.

●● 조선시대의 성인식

요즘의 성인식은 하나의 이벤트지만 과거 우리 조상들의 성인식은 말 그대로 성인으로서의 막중한 책임이 주어지는 엄숙한 의식이었습니다.

성인식 날이 되면 남자는 지금껏 길렀던 머리를 묶어 올려 상투를 틀고 치포관과 유건, 갓 등을 차례로 쓰게 되는데, 갓을 쓰는 날이라 해서 '갓 관' 자의 '관례(冠禮)'라 했습니다. 여자의 경우는 길게 늘어뜨린 머리를 틀어 올려 비녀를 꽂는 의식을 행했습니다. 그래서 여자의 성인식을 '비녀 계' 자를 써서 '계례(笄禮)'라 했습니다. 그러나 여자의 경우 혼례로 성인식을 대신했기 때문에 보통 비녀를 꽂았다는 것은 시집을 갔다는 의미이기도 했죠.

●● 조선시대의 혼례

조선시대에서는 대부분 중매를 통해 결혼을 했습니다. 남자와 여자의 생년월일을 적은 사주단자로 궁합을 맞추고, 혼사가 정해지면 약혼증명서 같은 혼서지와 신부 치맛감 등 예물을 담은 납폐함을 보내 약혼을 증명했습니다. 납폐함은 혼인을 상징하기 때문에 자손 번창과 복을 뜻하는 문자 등으로 장식한 함을 썼습니다. 지금도 그 풍속이 그대로 전해지고 있는 함지기는 원래 '함진아비'라 하여 보통 첫아들을 낳

신부가 탔던 가마로 4명의 가마꾼이 들었다 해서 '사인교'라 한다.

전통 혼례 의식은 오늘날 결혼식장에서도 행해지는 우리 고유의 민속이다.

은 복 많은 사람이 지게 하였습니다.

예식에서 신랑은 동쪽에 신부는 서쪽에 섰고, 가운데 상에는 음양의 화합을 상징하는 청색 홍색의 촛대, 솔가지와 대나무, 수탉, 암탉, 밤, 대추, 붉은 팥, 검은 콩 등을 차렸습니다. 혼인 절차는 신부집으로 가서 나무기러기를 바치는 전안례, 신랑과 신부가 맞절을 하는 교배례, 신랑과 신부가 같은 잔으로 술을 마시는 합근례 순으로 진행되었습니다.

•• 현대 의학을 넘어서는 조선시대의 민간요법

속이 더부룩하거나 소화가 안 될 때 손을 따면 시원하다고 합니다. 발목이 삐면 정형외과를 가기보다 동네의 한의원을 먼저 찾습니다. 또 무릎이 아프면 쑥으로 뜸을 뜨기도 합니다. 이 모든 치료 방법은 조선시대 이전부터 우리 선조들이 행했던 치료 방법들입니다.

이렇게 조선시대에는 병이 들거나 몸이 허약해지면 약방에서 치료를 하였는데, 조선 전기까지만 해도 중국의 의학서를 기본으로 진찰하고 약을 조제했지만 허준의 〈동의보감〉이 편찬된 이후에는 병의 증상에 따라 우리나라 고유의 치료 방법이 계발되어 침이나 뜸을 뜨고 약재를 조제하여 병을 치료하였습니다.

또한 한방으로 치료가 불가능하거나 약방을 갈 형편이 못 될 경우에는 굿이나 부적과 같은 주술 등의 초자연적 힘에 의지해 병을 낫고자 하기도 했습니다. 특히 천연두나 홍역 같은 돌림병이 돌면 사람들은 무당을 불러 굿을 했는데 홍역을 다스리기 위한 호구굿을 할 때 무당은 오른손에 부채를, 왼손에는 방울을 흔들며 굿을 했습니다.

•• 60세 생일은 최고의 잔칫날

조선시대의 평균 수명은 고작 40~50세였습니다. 그러니 60세 생일은 잔치 중에 잔치일 것입니다. 당시 부모님의 나이가 60세가 된다는 것은 자손들이 그만큼 부모를 잘 모셨다는 의미도 되기 때문에 집안에선 더할 나위 없이 영광스럽게 생각했습니다.

이날에는 친구들과 친척들을 초대하고 생일을 기념했는데, '백수백복도'라는 병풍을 치고 회갑 상을 차려 집안 어른의 장수를 축하하고, 자손들은 연령순으로 술과 잔을 올리고 큰절을 하며 만수무강을 기원하였습니다. 회갑 상에는 특히 자식들의 효성을 나타내고자 밤, 대추 등의 과일을 높이 쌓아올려 장수를 기원했으며, 이런 전통은 오늘날까지 이어지고 있습니다.

●● 조선시대의 장례 풍경

상례는 죽은 이를 떠나보내는 의례로 자식들에게는 더 이상 효를 행할 수 없는 아주 슬픈 날이기도 했습니다. 부모님께서 돌아가시면 정성껏 시신을 목욕시키고(이를 '습'이라 함) 수의(죽은 이에게 입히는 옷)를 정성스레 입힙니다. 수의는 생전에 입었던 예복을 사용하기도 하고 별도의 새 옷으로 만들기도 합니다.

집에서 장례 절차를 마치면 상여를 통해 관을 무덤까지 운반합니다. 가끔 TV에서 나오는 조선시대 상여 행렬의 앞에는 여러 깃발들을 들고 가는 사람들을 볼 수 있는데, 이 깃발을 '만장'이라고 하며 만장은 죽은 이를 애도하고 그 슬픈 마음을 적은 글입니다. 또한 만장의 수는 죽은 이의 사회적 신분을 말해주기도 합니다.

시신을 묘지까지 운반하는 기구인 상여.

장지에 도착하면 땅을 파고 매장을 합니다. 부모님을 땅에 묻고도 자식은 여전히 죄인입니다. 그래서 돌아가신 이후에도 자신을 낳아주고 길러준 부모님의 은덕에 대해 효도하고자 3년간 묘소 앞에 움막을 만들어 아침저녁으로 예를 행했습니다.

또한 외출할 때도 자식은 부모님을 떠나보낸 죄인으로 하늘을 볼수 없다고 하여 방갓을 쓰고 다녔습니다. 우리가 아는 방갓은 무협영화에서 칼잡이나 풍류를 즐기는 방랑객이 쓰는 모자로 알고 있지만, 원래의 의미는 바로 이 효 정신에서 나온 것입니다.

●● **부모에 대한 마지막 효**

부모님을 하늘나라로 보낸 자식은 불효를 했다는 죄책감으로 3년

집 안에 사당이 없을 경우 사당이 그려진 '사당도'를 붙이고 제사를 지냈다.

상을 치르고 나머지 효는 제사를 통해 행했습니다. 제례는 돌아가신 조상을 사당에 모시고 때마다 추모하는 의례를 말합니다.

왕실의 조상에게 왕이 제례를 올리는 곳이 종묘라면, 각 집에는 작은 사당이 있어 이곳에서 부모, 조부모, 증조부모, 고조부모 이렇게 4대 조상의 신주를 모셨습니다. 사당을 둘 수 없었던 사람들은 집에 사당을 그린 그림을 붙여놓고 그 아래에서 제사를 지냈다고 합니다.

제기는 제사에 사용되는 각종 그릇 및 도구를 일컫는데, 보통은 나무, 사기, 놋쇠 등으로 만들었습니다. 제기는 조상을 위한 그릇으로 평상시에는 제기고나 특별히 만든 나무 궤에 보관했습니다. 또한 남에겐 절대 빌려주지도 팔지도 못했으며 제기가 못쓰게 되면 땅에 파묻고 다른 용도로는 사용하지 않았다고 합니다.

1 한국인의 일상을 보여주는 전시실 전경.
2 한국인의 일생실 전경(서당 내부).
3 한민족생활사실 전경.

경복궁 내에 위치한 국립민속박물관은 상설전시관과 기획전시관으로 나뉘는데, 기획전시는 연중 4회 이상 다양한 테마로 운영되고 있습니다.

상설전시장은 한민족생활문화사관, 한국인의 일상, 한국인의 일생 등 크게 3개의 테마로 전시 공간이 구분되어 있습니다.

한민족생활사관에서는 우리 민족의 역사와 문화에 대해 선사시대부터 현대에 이르기까지 대표적인 생활사 관련 자료를 중심으로 소개하고 있습니다. 도입부에서는 한민족생활사 연대기에 대한 간략한 소개와 자료에 나타난 한국인의 다양한 모습을 전시하고 있는데, 이를 통해 우리 삶의 터전을 일군 사람들과 그들이 만들어낸 역사의 흔적들을 엿볼 수 있습니다.

제2전시실 '한국인의 일상'에서는 우리 조상들의 생업과 공예 그리고 의식주 이야기를 다루고 있습니다. 생업이란 사람이 생활에 필요한 여러 가지 물자를 얻기 위해 행하는 일을 말하는 것으로 농삿일, 고기잡이, 수렵과 채집 등이 포함되어 있습니다.

마지막으로 세 번째 전시실의 테마인 '한국인의 일생'에서는 우리 조상들이 태어나서 죽을 때까지의 일생을 탄생에서 관례, 혼례, 상례, 제례 등 주요 의례를 통해 볼 수 있습니다.

보인소의궤 寶印所儀軌
Manual of the Office of Royal Seals

04

세계인의 찬사를 받은 〈조선왕조실록〉과 〈의궤〉

〈조선왕조실록〉은 단순히 왕의 일상적인 언행만을 기록한 책이 아닙니다. 또 한 시대, 몇 가지 사건에 국한되어 기록된 책이 아닙니다. 〈조선왕조실록〉에는 인간이 태어나면서 죽을 때까지 겪을 수 있는 모든 인생사가 담겨져 있습니다.

규장각이란 이름이 쓰인 것은 지금으로부터 약 600년 전인 세조 때입니다. 그러나 규장각이 제 기능을 한 것은 300년 후인 정조 임금 때였습니다.

정조는 즉위와 동시에 규장각을 설립하였습니다. 1776년 9월 25일자 정조실록에 "즉위년에 규장각을 창덕궁 후원의 북쪽에 세우는 제학, 직제학 등의 관원을 두었다"라고 기록되어 있는 것으로 보아

정조는 규장각 설치를 세손 시절부터 준비했던 것으로 보입니다.

정조는 즉위와 더불어 규장각을 설치하고 그와 뜻을 같이 할 수 있는 젊은 인재들을 모았습니다. 규장각 학자들이라 부르는 이들 중 대표적인 사람으로는 박제가(1750~1805), 이덕무(1741~1793), 유득공(1749~1807) 등이 있는데, 이들의 공통점은 서얼 출신이란 점입니다. 모두가 신분의 한계로 몇 번의 피눈물을 흘렸던 인물들이었죠. 이런 인물들이 정조의 측근으로 부상했으니 당시 정조의 개혁 정도가 얼마나 대단했는지를 보여줍니다.

또 한 가지 공통점이 있다면 이들은 북학(청나라 및 서양의 학술과 문물)에 많은 관심을 보였다는 것입니다. 안으로는 신분제도를 철폐하고 농업만큼 상공업도 장려해서 나라를 부강하게 만들어야 하고, 밖으로는 서양 및 청나라의 선진 문물과 제도를 받아들여 하며 그것은 조선의 미래를 위해 숙명적인 일이라 믿고 개혁을 주장했던 인물들이었죠. 정조는 이들로 하여금 효과적인 개혁정치를 위한 정책을 연구하게 하였고 그런 개혁세력들에게 규장각은 최적의 베이스캠프가 되었던 것입니다.

이후 국립도서관의 역할을 했던 규장각은 일제시대 때 경성제국대학교로 이관되고 해방 후 경성제국대학이 서울대학교로 바뀌면서 지금의 서울대학교규장각이 되었습니다. 서울대학교규장각은 〈조선왕조실록〉, 〈승정원일기〉, 〈의궤〉 등 조선 왕조 최고의 기록 문서들을 소장하고 있는 박물관이자 한국학 전문 연구기관이기도 합니다.

정조 임금의 즉위년 때 세운 창덕궁 후원의 규장각. 정조의 개혁은 바로 이곳 규장각에서 시작되었다.

•• 〈조선왕조실록〉은 남산보다 세 배나 높다?

〈조선왕조실록〉은 태조에서부터 철종 때까지 25명 임금이 재위했던 472년간(1392~1863)의 역사적 사실을 일어난 순서대로 기술하는 편년체 방식으로 기록한 책입니다(고종과 순종실록은 일제에 의해 편협적으로 제작되었기 때문에 대개 순수한 실록의 범위는 철종 때까지로 봅니다). 이 〈조선왕조실록〉은 조선시대 사회, 경제, 문화, 정치 등 다방면에 걸쳐 기록되어 있는 조선왕조 500년의 모든 것이 기록되어 있는 최고의 역사서이기도 합니다. 그리고 서울대학교규장각에는 태조실록과 세종실록이 전시되어 있으며, 나머지 실록은 모두 지하 수장고에 보관되어져 있습니다.

〈조선왕조실록〉은 총 1,893권으로 이루어져 있으며, 총 6,400만 자

〈조선왕조실록〉은 1997년 유네스코 지정 세계기록유산으로 등록되어 세계적으로도 그 가치를 인정받고 있다.

의 방대한 내용을 포함하고 있습니다. 6,400만 자는 우리가 잘 아는 천자문 책이 무려 64,000권의 분량에 달합니다. 또한 실록의 원본은 한문이기 때문에 이를 오늘날 한글로 번역한 번역본의 분량으로 비교를 해보면 한 권에 평균 320페이지 정도로 그 권수가 무려 413권이나 됩니다. 하루에 100쪽씩 읽는다 하더라도 4년이 걸리고, 2백자 원고지로 옮겨 적는다면 원고지 높이가 750m가 넘으니 해발 243m인 서울 남산 높이의 세 배가 넘는 엄청난 분량입니다.

1968년부터 세종대왕기념사업회와 민족문화추진회 등에서 시작한 한글번역사업은 지난 1994년 4월에 이르러 완성이 되었는데, 당대 최고의 학자 3,000여 명이 25년에 걸쳐 번역을 완성했습니다. 그 덕에 지난 1996년에는 한글번역본의 디지털 작업이 완료되면서 3장의 CD에 조선왕조 500년의 역사를 담을 수 있었고, 지금은 인터넷을 통해 모든 내용을 검색할 수 있게 되었습니다.

〈조선왕조실록〉은 단순히 왕의 일상적인 언행만을 기록한 책이 아닙니다. 또 한 시대, 몇 가지 사건에 국한되어 기록된 책이 아닙니다. 그런 책은 중국이나 일본에도 헤아릴 수 없이 많습니다. 그러나 〈조선왕조실록〉에는 인간이 태어나면서 죽을 때까지 겪을 수 있는 모든 인생사가 담겨져 있습니다. 그 안에는 국왕도 있고 이름 모를 백정도 있고, 어린 소녀도 있으며 백발의 노인도 있습니다. 우리가 신문을 통해 국민의 정서와 사회사 등 그 나라의 모든 것을 알 수 있듯, 〈조선왕조실록〉에는 조선왕조 500년 왕실과 백성의 정서, 사회상을 각 분야별, 시대별로 파악할 수 있는 세계가 인정하는 최고의 기록물인 것입니다.

•• 폭군 연산군도 무서워 한 사관의 붓

500년 역사를 서술한 기록서로서 〈조선왕조실록〉은 매우 객관적이라 할 수 있습니다. 이는 역사를 기록하는 사람인 사관을 선발하는 과정과 선발 후 그들이 최대한 냉정한 역사를 쓸 수 있도록 하는 제도가 있었기 때문에 가능했습니다. 그렇다면 사관은 어떤 사람들이었고 그 뒤엔 어떤 제도가 숨어 있었을까요?

500년 전인 1506년 1월 8일 연산군 일기에는 "전교하기를, 임금이 두려워하는 것은 사관들의 붓끝이다. 《춘추》(공자가 쓴 역사서)에 이르기를 '어버이를 위하는 자는 어버이의 큰 허물은 고하되 작은 허물은 덮는다' 하였으니, 사관은 임금의 정치와 행정 등 공적인 것만 기록해야지 임금의 사사로운 일을 기록하는 것은 마땅치 못하다. 근래 사관들은 임금의 일이라면 남김없이 기록하려 하면서 아랫사람의 일은 감추어 쓰지 않으니 죄가 또한 크다"고 하였습니다.

위의 기록에서 우리는 실록의 객관성을 볼 수 있습니다. 조선의 역사 중 절대적인 왕권을 행사했던 폭군 연산군도 유일하게 두려워했던 것이 바로 역사였고, 그 역사를 쓰는 사관들의 붓끝이었습니다.

사관들은 어떠한 사건이든 객관적인 시각에서 보려고 노력했고 실록에는 실제의 사건과 함께 사관들의 생각, 즉 논평을 함께 적기도 했는데, 이 논평은 때론 관료들, 때론 국왕을 비판하기도 하였습니다. 왕조국가에서 감히 왕의 언행을 꾸짖다니 상상도 못할 일이라 생각하지만 조선시대 사관들의 비평에는 국왕도 예외일 수 없었습니다.

이처럼 역사를 기록하는 사관은 선발에도 아주 엄격한 기준을 적용하였습니다. 그래서 재, 학, 식, 즉 학문과 지혜 그리고 글재주를 두루 갖춘 자들만이 붓을 들 수 있었습니다.

•• 〈조선왕조실록〉이 성군을 만들다

사극에서 임금이 정사를 논하는 과정에 꼭 빠지지 않고 앉아 있는 이들이 바로 사관입니다. 사관의 입장에서야 개관적으로 쓰면 그뿐이겠지만, 임금의 입장에서는 그런 사관이 매우 큰 부담이었을 것입니다.

1404년 2월 8일 태종실록 기록을 보면, "임금께서 친히 활과 화살을 가지고 말을 달려 노루를 쏘다가 말이 거꾸러짐으로 인하여 말에서 떨어졌으나 다치시진 않으셨다. 좌우를 돌아보며 말하기를, 사관이 알게 하지 말라"는 기록이 나옵니다. 이렇듯 사관을 의식한다는 것은 역사에 자신이 어떻게 남는가 하는 문제였고 이를 늘 걱정했던 조선의 임금과 신하들은 말 한 마디, 행동 하나에도 조심을 해야 했으며 이는 바른 정치, 바른 정책이 다른 어느 왕조보다 많이 나오는 동기가 되기도 하였습니다. 또한 이런 조선의 기록문화는 500년 동안 지속할 수 있는 왕조의 바탕이 되기도 하였습니다.

그렇다면 실록은 어떻게 제작되고 보관되어졌을까요?

실록 제작의 시작은 사초입니다. 사초란 한마디로 표현하면 '사관

역사를 기록하는 사관의 냉정함을 느낄 수 있는 인조 무인년 사초.

일기'라 할 수 있습니다. 회의 때 왕과 신하들 사이에는 얼마나 많은
얘기들이 오갔을까요? 사관들은 그 수많은 단어들을 즉석에서 적어
야 했는데 그것이 바로 '사초'입니다.

  사초는 매우 민감한 문서로, 때로는 임금을 비평할 수도 있었기 때
문에 어느 누구도 봐서는 안 되고 보여줘서도 안 되는 것이었습니다.
그렇게 철저히 개인에 의해 보관되는 사초는 임금의 승하 후 바로 설
치되는 실록청(실록 제작을 위해 만들어지는 임시기관)에 제출하게 됩니다.
제출된 사초와 각종 기록물 등을 근거로 실록이 제작되는데 실록 편
찬이 끝나면 지금까지 작성한 모든 사초는 물로 빨아서 글씨를 씻었
고, 이를 '세초'라 합니다. 그 이유는 내용 공개를 차단하기 위해서이
기도 했지만 사초에 워낙 많은 종이가 사용되니 종이를 재생하여 사
용하기 위해서였다고 합니다. 서울시 평창동에 있는 세검정 앞 차일
암이란 바위는 바로 세초를 하였던 장소입니다.

지금까지 현존하는 사초들은 거의 없습니다. 단 몇 개의 사초가 전해지며 그중 정태제(1621~?, 조선 중기 문신)의 묘에서 나온 사초는 그의 묘를 이장할 때 관 속에서 발견되었는데, 죽어서까지 가지고 가야 할 정도로 철저히 비밀리에 유지되어야 했던 사초의 성격을 잘 알 수 있는 사건이었습니다.

사관들이 작성한 사초를 씻었다는 세검정의 차일암.

또 하나의 가치 있는 사초는 '인조 무인년 사초'입니다. 이는 인조가 승하한 뒤 실록청에 제출 전 개

한국전쟁 때 아군에 의해 불태워진 것을 다시 복원한 오대산 사고.

인적으로 만든 필사본으로 추정됩니다. 인조 무인년인 1638년은 병자호란 다음 해이기 때문에 국가 기강이 해이해져 갖가지 폐단 등 당시의 정치, 사회상이 잘 묘사되어 있으며, 이 사초는 현재 서울대학교 규장각에 전시되어 있습니다.

사초를 바탕으로 정리된 실록은 궁궐 내 춘추관 사고에 보관되었고 화재 등의 여러 재해를 대비해 실록의 복사본을 산속 깊은 곳에 사고를 만들어 보관하였습니다.

그러나 이렇게 지켜진 실록은 일제강점기 시절 일제의 조선 역사 왜곡의 자료로 사용되는 시련을 겪었고, 오대산 사고에 보관된 실록은 일본의 동경제국대학으로 옮겨져 보관되다 1923년 관동대지진으

04　세계인의 찬사를 받은 《조선왕조실록》과 《의궤》

97

로 거의 불타버렸습니다. 또한 해방 후 한국전쟁 때는 피난열차에 실려 소실의 위기를 넘기기도 하였는데, 그래서 실록을 담은 일부 궤짝에는 'US ARMY'라는 도장이 찍혀 있기도 합니다.

이런 역사적 수난을 견뎌낸 〈조선왕조실록〉은 1997년 10월에 유네스코 세계기록유산으로 등록되는 영광을 얻었습니다. 이제 〈조선왕조실록〉은 우리나라의 자랑이자 세계인이 보존하는 세계적인 보물이 된 것입니다.

●● 국가의 행사를 정리한 조선왕조 〈의궤〉

임금이 승하하면 왕릉까지의 장례행렬에 동원되는 인원만 1,500명에서 2,000명에 이르니 그 형식과 절차 규모는 우리의 상상을 초월하고도 남습니다. 이런 대규모 행사이다 보니 단지 구두로 전해 내려오는 형식으로 장례를 치른다는 건 거의 불가능한 일입니다. 그래서 조선왕실은 행사에 사용되는 그릇 하나, 숟가락 하나까지 기록하고 그림으로 남겼습니다. 바로 이것이 또 하나의 자랑스러운 세계의 보물 조선왕조 〈의궤〉입니다.

'의궤'란 의식과 궤범(어떤 일을 판단하거나 행동하는 데 본보기가 되는 규범이나 법도), 즉 의식의 모범이 되는 책이란 뜻입니다. 단어의 뜻에서 알 수 있듯 〈의궤〉는 주요한 국가 행사를 정리해 남김으로써 후대에 시행착오를 최소화하고 의복 등 당대의 문화형식을 남긴다는 목적을

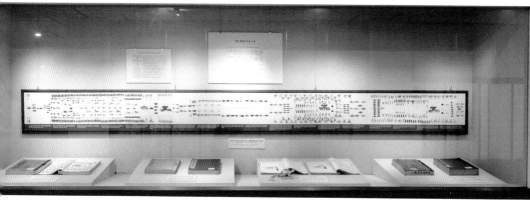

갖고 있습니다.

　〈의궤〉는 서양을 포함해 같은 문화권인 중국이나 일본에서도 좀처럼 발견되지 않는 우리나라만의 독특한 전통입니다. 〈의궤〉의 그림을 통해 우리는 시대별 복식문화를 볼 수 있으며, 궁중음식을 연구하는 이들에게는 어떤 음식이 어떻게 요리되어지는지 알 수 있는 중요한 자료가 되며, 국악을 공부하는 이들은 선조들이 쓰던 악장, 악기의 편성 및 악기 모양 등을 공부할 수 있습니다. 또한 건축을 공부하는 사람들에게 〈의궤〉는 최고의 교과서가 될 수 있으며, 언어를 공부하는 학자들은 조선조 시대별로 어떤 단어들이 어떻게 쓰였는지 아주 구체적으로 알 수가 있고, 경제를 공부하는 이들에게는 몇 백 년 전의 물가를 파악할 수 있는 소중한 자료가 됩니다. 또한 이렇게 보이는 유형의 가치만큼 우리는 〈의궤〉를 통해 조선왕실의 철저한 기록정신도 엿볼 수 있습니다.

이외에도 행사에 동원된 한 명 한 명의 이름과 그들이 받은 급료까지 모든 기록은 물론 사용 후 남은 물품을 되돌려주었다는 사실까지 기록된 것이 바로 조선왕조 〈의궤〉입니다. 이런 〈의궤〉는 왕실과 국책사업 등의 큰 사업들 또는 중요한 사업들이 이루어질 때마다 만들어졌습니다.

서울대학교규장각에는 각 분야별 〈의궤〉가 전시되어져 있는데, 왕자가 태어나면서 탯줄을 보관하는 작업을 기록한 태실의궤, 왕실결혼 행사를 기록한 가례의궤, 왕실의 국새를 만들 때의 보인의궤, 종묘나 궁궐의 증건축을 기록한 영건도감의궤, 국왕의 궁궐 밖 행차를 기록한 행차도감의궤 그리고 임금이 죽었을 때의 장례 절차를 기록한 국장도감의궤, 왕릉을 건축하는 산릉도감의궤 등이 있습니다.

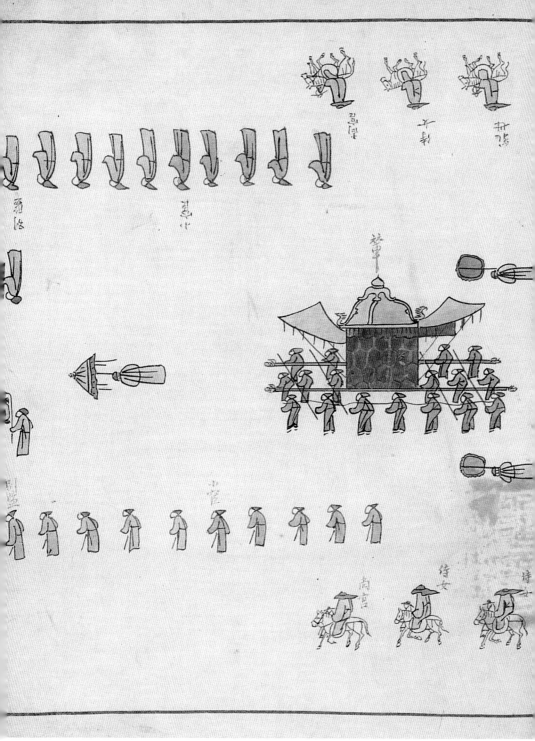

소현세자가례도감의궤(1628년). 가마 속 주인공이 바로 조선왕조 역사 중 유일하게 외국을 다녀온 왕실 여성 소현세자비 강씨(1611~1646)이다.

박물관 둘러보기

1 500년 역사의 〈조선왕조실록〉이 있는 서울대학교규장각.
2 규장각 전시실의 내부 전경.
3 〈조선왕조실록〉을 담은 궤짝.

서울대학교규장각은 우리나라의 중요 서책들을 보관, 연구하고 있는 최고의 학술기관이자 박물관입니다. 전시는 크게 〈조선왕조실록〉, 조선왕조 〈의궤〉, 고지도 그리고 중국과 일본 관련 고서적으로 분류됩니다.

입구의 왼쪽에는 조선 후기 〈대동여지도〉의 부분도와 18세기 전후의 세계지도 및 한반도 지도, 〈천하도지도〉, 김정호가 만든 〈혼천전도〉 등이 전시되어 있습니다. 또한 조선 후기 중국과 일본과의 만남이란 주제 하에 우리가 국사 교과서에서 많이 봐왔던 박지원의 《열하일기》, 박제가의 《북학의》 등 관련 서적들이 전시되어 있습니다.

전시장 오른쪽으로는 정조의 수원 화성 공사 내역을 적은 화성성역의궤, 정조의 탯줄이 보관된 태실의궤, 명성황후의 결혼식을 정리한 가례도감의궤, 조선시대 옥새 제작 기록이 담긴 보인의궤, 정조의 장례의식을 정리한 정조대왕국장도감의궤 등 다양한 의궤들이 전시되어 있습니다. 그리고 출구 쪽으로는 규장각의 핵심 전시물인 〈조선왕조실록〉 관련 유물(실록을 담는 궤짝, 사초 등)이 실록 보존처의 변천사와 함께 전시되어 있습니다.

05

서울은 언제 만들어진
도시일까?

_ 서울역사박물관

태조 이성계는 "예로부터 왕조가 바뀌면 반드시 도읍을 옮기기 마련이다"라며 수도 이전을 강행했습니다. 그러나 도라산을 둘러보고 "이렇게 더럽고 습한 곳이 어떻게 새로운 도읍이 될 수 있단 말인가"라며 매우 실망했다고 합니다.

'말은 태어나면 제주도로 보내고 사람은 태어나면 서울로 보내라'는 속담이 있습니다. 그만큼 서울은 중요한 도시였고 지금도 대한민국 최고의 도시로 발전하고 있습니다.

서울은 위치상 한반도의 중심에 있습니다. 한강이라는 거대한 강이 있으며 그 강은 서해안으로 연결되어 있죠. 옛 한성은 북악산, 남산 등 사방으로 산이 둘러싸여 있으며, 중심에는 청계천이 있어 수도로

서의 완벽한 지형을 갖추고 있습니다.

지금의 대한민국 수도 서울의 역사는 삼국시대로 거슬러 올라갑니다. 삼국시대 때는 서울을 탈환하기 위해 수많은 전쟁이 벌어졌고, 고려시대에는 남경이라 하여 개성(송도) 인근의 주요 도시로 발전을 했습니다. 이후 본격적인 발전은 서울이 새 도읍으로 정해진 조선시대부터였습니다.

조선의 수도 한성은 지리, 문화, 경제, 정치, 역사의 중심지로 오늘날까지 이어지고 있습니다. 그래서 서울의 역사는 단순한 일개 도시의 역사가 아닙니다. 서울의 역사는 곧 조선의 역사이고 대한민국의 역사입니다.

•• 경희궁의 슬픔을 안고 있는 박물관 터

서울역사박물관은 그 위치를 먼저 살펴볼 필요가 있습니다. 그만큼 서울역사박물관 자리는 우리 민족에게 아픈 역사가 스며 있는 곳이기 때문입니다.

서울역사박물관은 세종로 사거리 서쪽에 위치합니다. 지금의 서울역사박물관 자리는 조선 후기 이궁으로 사용되었던 경희궁이 있던 자리입니다. 1592년 임진왜란 당시 소실된 궁궐을 복원하면서 조선 전기 때의 정궁인 경복궁 대신 이곳 서울역사박물관 터에 새로운 궁궐을 짓게 되는데, 그것이 바로 경희궁입니다.

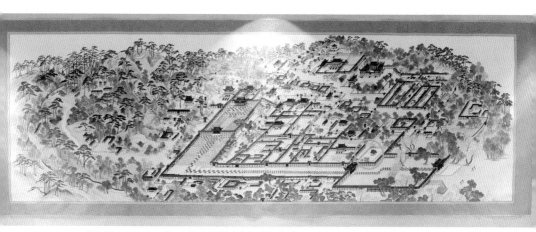

경희궁의 모습을 담고 있는 〈서궐도〉. 서울역사박물관은 옛 경희궁 자리에 지어졌다.(○부분은 현재 서울역사박물관의 위치)

경희궁은 숙종이 태어난 곳이고 조선 후기 르네상스를 이끈 임금 영조가 이곳에서 정사를 보살폈으며, 그의 손자인 정조 이산이 이곳 경희궁에서 옥새를 넘겨받아 조선 제22대 왕으로 등극한 역사적인 곳이기도 합니다. 그러나 1910년 8월 한일병탄으로 경희궁은 일제에 의해 철저히 파괴되기 시작합니다. 일제는 자금 마련을 위해 대부분의 경희궁 건물들을 매각하고 그 자리에 일본인 학교인 경성중학교를 지

박문사의 정문으로 쓰이게 된 경희궁의 정문 흥화문.

경희궁의 금천교. 지금은 박물관 앞 조경처럼 되어버렸지만 원래 경희궁 내에 위치한 금천교였다.

었습니다. 그리고 정문인 홍화문은 우리 민족의 원흉인 이토 히로부미를 추모하기 위해 남산에 지은 박문사라는 절의 정문으로 사용됩니다.

2차세계대전 때에는 경희궁 자리에 거대한 방공호를 만들기까지 했습니다. 결국 지금까지 남아 있는 경희궁 건물은 정문인 홍화문과 황학정 정도인데(숭정전 등 나머지는 최근 복원된 건물임), 돌아온 홍화문 역시 원래의 자리에 앉지 못하고(원래 자리에는 현재 구세군 건물이 있음) 어쩔 수 없이 다른 곳에 위치해 있어 지금은 박물관 앞 구세군 건물 앞을 지나면 작은 비석만이 이곳이 옛날 경희궁의 정문 자리라는 사실을 말해주고 있습니다.

이 경희궁의 슬픔은 서울역사박물관 입구의 돌다리에도 묻어 있습니다. 대부분의 사람들이 궁금해하며 지나치는 이 다리는 경희궁의 금천교입니다. 조선의 궁궐 건축에는 여러 가지 원칙이 있는데 그중 하나가 정문을 통과하면 반드시 금천교를 만드는 일이었습니다. 이 금천교는 백성과 임금을 연결시켜주는 의미를 지니기도 합니다. 그리고 현재 서울역사박물관 앞에 있는 돌다리는 원래 경희궁 궐 내에 있었던 금천교로 일제시대 때 사라진 것을 최근에 복원한 것입니다.

•• 조선의 시작은 서울의 시작이었다

600여 년 전 고려는 비대해진 권문세가들과 결탁한 불교의 부패 등

조선시대 수도인 한성의 주요 시설과 지형을 표시한 〈수선전도〉.

사회 전반적으로 망국의 기운이 감돌고 있었고, 이때를 놓치지 않고
이성계는 새로운 나라 조선을 건국하게 됩니다. 그는 새로운 나라를
개국하고 개국공신들의 강력한 반대에도 불구하고 즉위한 지 1개월
도 안 돼 수도 이전을 명령했습니다. 당시 개경은 500년간 고려의 수
도로 이성계의 조선 건국을 부정하는 수많은 반대세력들의 근거지이
기도 했습니다. 따라서 이성계는 누구보다도 새로운 도읍의 결정과
천도를 서두르게 되죠.

태조 이성계는 "예로부터 왕조가 바뀌면 반드시 도읍을 옮기기 마
련이다"라며 수도 이전을 강행했습니다. 그리고 1393년 2월, 당시 수

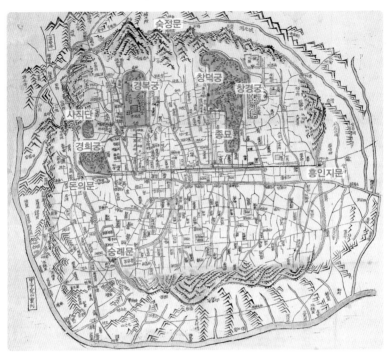

한성의 사대문과 궁궐 그리고 종묘사직을 보여주는 〈수선전도〉.

도 후보지 중 하나인 공주 계룡산을 둘러본 뒤 이곳을 새로운 도읍지로 정하게 됩니다. 그러나 공사는 10개월도 못 가 중단되는데, 당시 계룡산의 위치가 너무 남쪽으로 치우쳐 있고 풍수지리상으로 좋지 않다는 하륜(1347~1416)의 상소 때문이었습니다. 아마도 당시 하륜의 상소가 없었다면 지금 대한민국의 수도는 서울이 아니라 공주 일대가 될 수도 있었을 것입니다.

이로 인해 이성계는 다시 도읍터를 물색하는데 그중 한 곳이 현 북한으로 가는 열차역으로 유명한 도라산이었습니다. 수도 이전에 대한

강한 의지를 보였던 태조 이성계는 이곳도 직접 둘러보지만 그는 도라산을 둘러보고 "이렇게 더럽고 습한 곳이 어떻게 새로운 도읍이 될 수 있단 말인가!"라며 매우 실망했다고 합니다.

이외에도 신하들은 지금의 경기도 양주 지역인 적성과 서울 신촌과 연희동 쪽인 무악 등을 추천했으나, 태조는 적성은 배가 쉽게 드나들 수 없다는 이유로, 무악은 수도로 너무 좁다는 이유로 모두 퇴짜를 놓았습니다. 당시 이성계의 신하들은 500년 고려왕조의 수도로서 모든 시설이 갖춰진 개경을 버리고 새로운 도시를 만드는 것이 국력 낭비라고 생각했습니다. 그래서 수도 이전을 달갑지 않게 생각했고 수도 후보지를 당시 수도였던 개경보다 못한 곳으로 추천한 듯합니다. 그러나 새로운 도읍을 정하는 데 많은 열정을 보인 태조 이성계는 결국 그해인 1394년 8월, 지금의 수도인 한양을 새로운 도읍지로 결정하게 됩니다.

우여곡절 끝에 결정된 천도로 한양은 본격적인 수도 정비에 들어갑니다. 당시 정도전 등의 신진사대부 세력들은 고려왕조에 만연된 불교의 폐단에 대항해 조선의 건국이념을 유교로 정하여 유교를 숭상하고 불교를 배척하는 숭유억불정책을 펴게 되는데, 이 같은 건국이념은 새 도읍인 한양 건설에도 철저히 반영됩니다. 우선 궁궐인 경복궁이란 이름은 유교 경전인 《시경》에서 가져왔고, 도성의 4대문 역시 유교의 기본 덕목인 '인의예지(정)신'을 중심으로 대문 이름을 지었습니다. '인' 의 흥인지문(동대문), '의' 의 돈의문(서대문), '예' 의 숭례문, '정' 의 숙정문(북대문)이 그 예입니다.

본격적인 한양 건설의 시작은 궁궐 건립이었습니다. 정궁인 경복궁과 보조 궁궐인 창덕궁을 짓고 왕실의 사당인 종묘, 하늘에 제사를 지내는 사직단을 건립합니다. 그런데 여기서 흥미로운 점은 왕조의 핵심 건물인 경복궁, 종묘 그리고 사직단은 모두 서울에 있는 산 끝자락에 위치해 있다는 것입니다. 예로부터 산줄기의 끝자락은 기운이 모여 에너지가 발산되는 곳을 의미하기 때문에 가장 중요한 건물을 바로 이처럼 지맥의 끝자락에 건설했던 것이지요. 지도를 보면 경복궁은 북악산 끝자락에, 종묘는 응봉산 끝자락에, 그리고 사직단은 인왕산 끝자락에 위치해 있습니다.

주요 건물과 함께 사대문과 사대문을 잇는 도성도 건립되는데, 한양을 둘러싼 4개의 산, 즉 북쪽의 북악산, 남쪽의 남산, 동쪽의 낙산, 서쪽에 인왕산을 중심으로 사대문을 세웠고, 이를 서로 잇는 성곽의 길이는 무려 18km나 되었다고 합니다. 이렇게 조선왕조의 수도 한양은 한성(漢城)이란 새로운 이름으로 600여 년이 지난 오늘날까지 경제, 문화, 정치 등 모든 면에서 중심이 되는 도시로 발전하게 됩니다.

•• 조선을 통치했던 기본법 〈경국대전〉

서울역사박물관에서 볼 수 있는 중요한 유물 중 하나가 바로 〈경국대전〉(보물 제1521호)입니다. 법전에는 한 나라의 모든 것들이 담겨져 있는데, 〈경국대전〉 역시 우리가 생각하는 것보다 훨씬 체계적이고 구체적인 조선의 법률이 담겨져 있습니다.

조선의 법전 〈경국대전〉.

〈경국대전〉은 조선이 건국된 지 약 100년 후인 성종 때 완성되어 반포되었습니다. 그렇다고 〈경국대전〉이 100년에 걸쳐 만들어진 것은 아닙니다. 조선의 법전은 이성계를 도와 조선을 건국한 정도전이 만든 《조선경국전》《경제문감》을 시작으로, 태종 때는 《속육전》, 세종 때는 《육전등록》 등 임금이 바뀌면서 법전들도 계속 만들어지고 보완되었습니다. 그러다가 세종의 둘째 아들인 세조는 지금까지 만든 여러 법전을 분석하고 연구하여 항구적으로 쓸 수 있는 법전 편찬사업에 착수합니다.

역대 어느 임금보다 법전 편찬사업에 온 힘을 기울인 세조의 노력으로 〈경국대전〉은 그 뼈대를 잡아갔습니다. 조카인 단종으로부터 왕위를 찬탈한 세조는 자신의 정치적 콤플렉스 때문에 더욱더 새로운 법전 편찬사업에 몰두했는지도 모릅니다. 그러나 정작 세조는 〈경국대전〉의 완성을 보지 못한 채 눈을 감고 손자인 성종 때(1470년) 완성이 됩니다.

이로써 조선은 독자적인 법전을 가진 나라가 되었고 〈경국대전〉은 그 후 400년간 조선을 통치하는 기본법으로 자리 잡았습니다. 일제가 조선을 침략했을 때 가장 먼저 입수한 책이 바로 이 〈경국대전〉이라고 하니, 그만큼 〈경국대전〉에는 조선의 사회, 경제, 정치, 문화, 풍습 등 모든 것이 들어 있었다는 증거입니다.

〈경국대전〉은 행정기관인 6조에 맞춰 6전으로 구성되고, 총 319개 조항으로 되어 있습니다.

〈경국대전〉의 구성 및 내용

육조	현재기관	법전	내용
이조	인사	이전	관제, 관직의 종류와 임명 등 통치기구와 조직체제 등
호조	재경부	호전	재정, 토지, 조세, 녹봉, 공물, 양전, 부역, 토지매매, 상속 등
예조	문화부	예전	시험규정, 외교, 의장, 의례, 음악, 구호사업 등(민법)
병조	국방부	병전	군사기구 및 무과 규정, 군사기구검열, 비상소집, 순찰규정 등
형조	법무부	형전	형벌과 금령, 각종 형구와 형집행 방법, 노비 규정(형법) 등
공조	건설교통부	공전	도로, 건축 등 산업에 관련된 법

〈경국대전〉은 오늘날 적용해도 무방할 만큼 합리적인 법 조항들이 들어 있습니다. 예를 들면 살인사건의 경우 1차 판결은 관찰사가, 2차 판결은 오늘날 법무부 격인 형조, 그리고 마지막 3차는 임금과 대신들이 최종 판결을 하는 오늘날의 3심제를 채택하고 있습니다. 또한 아무리 중죄인이라도 15세 이하와 70세 이상은 구속을 하지 않았고, 곤장을 칠 때도 1회 30대 이상은 때리지 못하게 했습니다. 또한 출산 휴가와 동시에 남편에게도 15일 휴가를 주어 아내의 출산을 돕게 하기도 했습니다.

무엇보다도 〈경국대전〉에는 관리들에 대한 처벌 조항이 매우 많습니다. 관리가 바로 서야 나라가 바로 선다는 조선왕조의 기본 통치이

넘이 잘 반영된 것입니다. 이외에도 〈경국대전〉의 흥미로운 내용을 보면 다음과 같습니다.

1. 땅과 집을 팔거나 사면 100일 이내에 관청에 보고해야 한다.
2. 남자는 15세, 여자는 14세가 되어야 혼인이 가능하다(관리 집안의 딸로 가난해서 30세가 넘어도 시집을 못 가면 나라에서 혼인비용을 줌).
3. 부모가 많이 아프거나, 부모 나이가 70세 이상이면 그 아들은 국방의 의무를 지니지 않는다.
4. 돈을 위조한 사람을 고발하면 관청에서 베 250필을 상으로 준다.
5. 나룻배는 5년이 되면 수리하고, 10년이 되면 새로 만든다.
6. 계절별 땔감의 종류를 지정한다(봄 느릅나무/여름 대추나무/가을 떡갈나무/겨울 느티나무).
7. 호패를 위조하면 사형에 처하고 가지고 있지 않은 경우에는 곤장 100대를 친다.

법은 그 시대의 사회상을 가장 잘 반영한다고 합니다. 이렇듯 〈경국대전〉은 최고의 권력자인 임금이 지켜야 할 법부터 힘 없는 한 명의 백성을 보호하기 위한 법까지 자세히 규정하고 있습니다.

서울역사박물관은 특별전시관과 상설전시관, 기증유물전시관 등으로 나뉘어집니다.

특별전시관은 특별한 주제를 바탕으로 정기적으로 전시를 하는 공간입니다. 상설전시관에는 조선의 수도 서울, 서울 사람들의 생활, 서울의 문화, 그리고 도시 서울의 발달로 구분되어 관련 유물과 자료를 전시하고 있습니다.

상설전시장 반대편에는 매우 큰 규모의 기증유물실이 있는데, 서울역사박물관은 소장품의 70% 이상이 이처럼 기증을 통해 전시된 유물이라고 합니다.

기증유물전시실은 4개의 전시실로 구성되어 있는데, 제1전시실은 과학기술과 고지도를 주제로 해시계, 천문도 등이 전시되어 있고, 제2전시실은 고문서를 주제로 전성 이씨, 동래 정씨, 의성 김씨 등의 가문에서 기증한 유물 위주로 전시하고 있습니다.

제3전시실에는 그림, 복식, 공예, 민속품과 근대생활사의 변천을 보여주는 다양한 유물이 전시되어 있고, 제4전시실은 운현궁 유물과 명품 유물이 전시되어 있습니다. 특히 운현궁 유물은 흥선대원군과 그 후손들의 유품으로, 왕실과 관련된 귀중한 유물이 많이 있습니다.

1 서울역사박물관 전경.
2 서울의 문화실.
3 기증유물전시실에 있는 흥선대원군 영정.
4 서울 사람의 생활실

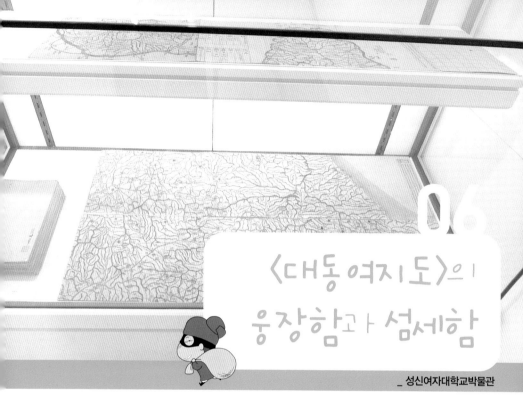

〈대동여지도〉의
웅장함과 섬세함

_ 성신여자대학교박물관

"세상이 어지러우면 쳐들어오는 적을 막고 사나운 무리들을 제거하며, 시절이 평화로우면 나
라를 경영하고 백성을 다스리는 데 필요한 것이 바로 지도다."
- 〈대동여지도〉 제작 취지문 중에서

현대인들에게 지도란 인터넷만 있으면 언제 어디서든 접할 수 있는
아주 흔한 물건이 되었습니다. 심지어는 우주에서 지구를 촬영해 보
여주는 위성지도까지 등장했으니까요.

조선시대에는 지도를 만드는 일 자체가 매우 힘든 작업이었겠지만,
그렇게 만들어진 지도는 철저하게 국가에 의해 관리되었던 일급비밀
문서였다고 합니다. 관리들은 지도를 통해 세금을 거둬들이고 지도를

통해 군사훈련을 계획했을 것입니다. 따라서 만약 지도가 다른 나라로 넘어간다면 그것은 국가안보에 매우 큰 타격을 줄 수 있기 때문에 지도의 관리는 매우 신중했습니다.

그렇다면 현대를 사는 우리들에게 고지도는 어떤 의미가 있을까요? 만약 500년 후 우리 후손들이 500년 전 지금의 지도를 보고 있다고 가정해볼까요? 그들은 지도를 분석해 지금 우리가 살고 있는 이 시대의 문화나 사회현상 등을 추정할 수 있을 것입니다. 이를테면, '500년 전 서울의 가구 수가 300만 호 정도이니 인구는 약 1,000만 명 정도 되겠다' 든가, '서울에는 박물관, 미술관, 극장 수가 이 정도 되는 걸로 봐서 이런 식으로 문화생활을 했겠다' 든가 하는 추측 말이지요. 이처럼 지도란 지도가 만들어진 당시의 사회상을 모두 담고 있는 블랙박스 같은 존재입니다.

그런 의미에서 성신여자대학교박물관이 소장한 〈대동여지도〉(보물 제850호)는 150여 년 전 조선시대를 파악하는 매우 중요한 자료가 됩니다. 현재 〈대동여지도〉는 10본 정도가 현존하는데, 인쇄 후 채색까지 마무리 된 지도로 예술적 가치와 보존 정도 면에서 가장 뛰어난 자료가 바로 성신여자대학교박물관에 보관되어 있습니다.

그렇다면 조선왕조 500년 동안 만들어진 수많은 지도들 중 왜 〈대동여지도〉를 최고의 지도로 뽑을까요? 그리고 김정호는 어떻게 〈대동여지도〉를 그려낼 수 있었을까요?

•• 김정호에 대한 진실, 혹은 거짓

김정호(?~1866)가 백두산에 몇 번을 오
르고 전국을 세 번이나 돌면서 우리나라 산
천을 일일이 종이에 옮겨 이를 목판에 조각
해 지금의 〈대동여지도〉를 만들었다는 이
야기를 들어본 적이 있을 것입니다. 하지만
그것이 과연 사실일까 하는 의문을 갖게 됩
니다.

고산자 김정호의 표준영정.

조선시대에 전국을 세 번이나 일주한다
는 일은, 더욱이 해안선을 따라가는 행보가 아니라 모든 산천과 수천
개의 섬을 돌면서 답사를 했다는 것은 아무리 김정호의 다리가 빨라
도 족히 20여 년은 걸릴 여정입니다. 또한 20여 년이 가능하다 치더
라도 단지 붓 하나 들고 혼자서 모든 산천을 그린다는 것은 왠지 허무
맹랑한 이야기로만 들립니다.

백두산을 여덟 번이나 올랐다는 이야기는 믿을 만할까요? 최신 측
량기술을 자랑하는 현대에도 백두산을 혼자 오른다는 것은 목숨을 거
는 일이나 다름없습니다. 또한 백두산 해발고도가 워낙 높아 연중 맑
은 날을 손으로 꼽을 정도라고 하니, 그런 거친 산을 맨몸으로 붓 하
나 들고 여덟 번이나 올랐다는 것은 아무래도 비현실적인 허구임이
명백할 것입니다.

그럼에도 불구하고 지금까지 이런 이야기들이 전해지는 것은 왜일

까요? 아마도 〈대동여지도〉의 위대함에 비해 그것을 만든 김정호의 자료가 거의 없어서 많은 부분이 미화되었을 것이라는 생각입니다.

그렇다면 어떻게 조선시대 한 사람의 힘으로 그렇게 정확한 지도를 만들어낼 수 있었을까요? 이에 대해 많은 학자들은 그가 수많은 기록들, 즉 다양한 8도의 지도들을 모아 그것을 정리해 지금의 〈대동여지도〉를 만들었을 것이라고 주장합니다. 이는 그의 주변 인물들이 남긴 기록에서도 잘 나타납니다.

김정호의 절친한 친구이면서 당시 병조판서까지 지낸 신헌(1810~1888)의 기록에는 "김정호는 오로지 기존에 만들어진 지도들을 모두 모아 좋은 점을 따서 집대성시켜 〈대동여지도〉를 만들었다"라는 기록이 나옵니다. 신헌은 김정호가 지도를 만들 수 있게 물질적으로 많은 도움을 준 친구이기도 하죠. 병조판서는 오늘날 국방부장관과 같은 위치이기에 국가에서 일급문서로 분류된 각 고을의 지도와 지리지를 김정호가 열람하고 참고할 수 있게 허락했으며, 그런 많은 자료를 종합해 오늘날의 〈대동여지도〉를 제작하였다는 설은 매우 설득력이 있어 보입니다.

물론 김정호의 위대함이나 그의 업적을 낮게 평가하자는 것은 아닙니다. 추측하건데, 당시 많은 지방의 지도들은 그 비율이나 전체적인 크기 또는 표기의 기준 등이 제각각이었을 것입니다. 어떤 지역은 A4 사이즈에 지도를 그렸으며, 어느 고을은 그보다 두 배 큰 A3 사이즈에 지도를 제작했을지도 모릅니다.

이렇듯 각각 틀린 수백 장의 지방지도들을 통일해 완벽한 지도를 만들어냈다는 점을 우리는 높이 평가할 수 있을 것입니다. 그리고 그런 그의 천재적 능력 뒤에는 우리나라 금수강산에 대한 애정과 그것을 정확히 지도로 만들려는 열정이 있었을 것입니다.

하지만 이 지도 때문에 김정호는 한때 나라를 팔아먹을 매국노로 오해받기도 하였습니다. 지도를 본 홍선대원군은 자세히 제작된 지도가 조선을 호시탐탐 넘보고 있는 외국에 넘어가 오히려 나라를 어지럽히고, 그 지도는 혼자 제작한 것이 아니라 배후세력이 있을 것이라며 그를 옥에 가두기도 했답니다. 그리고 심지어는 그가 만든 지도와 목판을 모두 불태워 나라에 닥칠 재앙을 막도록 했고요.

그런데 우리가 위인전 등을 통해 알고 있는 김정호의 매국노 설에는 의심스러운 부분이 많습니다. 그리고 1990년대 초 국립중앙박물관 수장고에 남은 여러 목판들의 발견으로 의문이 제기되었습니다. 〈대동여지도〉라는 선명한 글씨가 새겨진 목판을 정밀 조사한 결과 지금까지 남은 〈대동여지도〉의 인쇄본과 완벽하게 일치를 한 것입니다. 이는 〈대동여지도〉의 원목판이 홍선대원군에 의해 소각된 것이 아니라는 증거입니다. 그 판목 중 하나는 숭실대학교박물관에 남아 있는 등 20여 판이 아직도 전해지고 있으며, 특히 성신여자대학교박물관에 보관된 〈대동여지도〉는 전혀 훼손되지 않고 고스란히 보존되고 있습니다.

그런데 여기서 흥미로운 사실은 우리가 알고 있었던 김정호의 행적과 대원군의 관계 등을 묘사한 김정호 전기가 공교롭게도 일제강점기, 특히 일제의 문화정치기간(일제가 친일교육이나 기타 포용정책으로 한민족을 지배하려 노력했던 시기로, 주로 왜곡된 역사를 만들어 한민족이 스스로 열등한 민족이며 일본인은 우월한 민족임을 만들려는 의도적인 정책) 당시 조선총독부에서 교과서로 제작된 《조선어독본》에 실렸다는 사실입니다.

일제에 의해 만들어진 김정호 전기에는 위대한 지도 제작자이며 예술가였던 김정호를 인정해주지 않고 오히려 역도로 몰아 죽이는 조선 조정의 무능함을 풍자한 것이었습니다. 이렇게 《조선어독본》의 영향을 받은 김정호 전기는 해방을 거쳐 지난 1990년대까지 모든 교과서와 위인전에 실리게 되었습니다.

•• 2층 건물 높이의 〈대동여지도〉

김정호는 1861년(철종12년)에 비로소 조선8도를 가장 정확히 나타낸 조선 최고의 지도 〈대동여지도〉를 완성하였습니다. 그런데 과연 사람들은 〈대동여지도〉의 크기가 얼마나 된다고 생각할까요?

대부분의 사람들이 〈대동여지도〉는 커야 1m 정도라고 말합니다. 물론 실제 〈대동여지도〉의 크기는 사람들의 생각보다 훨씬 큽니다. 가로가 약 3.7m, 높이가 6.7m에 이르니 웬만한 건물 2층 높이에 이릅니다.

〈대동여지도〉는 한 장의 종이로 되어 있는 지도가 아닙니다. 여러 장의 책이 이어져야 지도가 완성이 되는데, 책 한 권에는 평균 12쪽

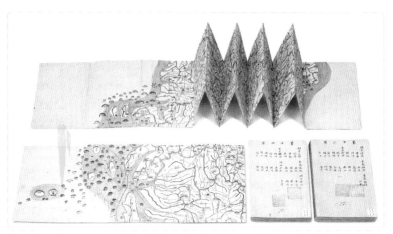
〈대동여지도〉의 각 권과 펼쳤을 때의 모습.

정도의 지도가 접혀 있습니다. 즉 좌우방향으로 펼친 책들을 상하로 22권을 펼쳐야 비로소 한반도가 한눈에 들어옵니다.

김정호가 만든 이 대작은 하루아침에 된 것이 아닙니다. 1834년에 본인이 직접 만든 전국도인 〈청구도〉(보물 제1594호)를 30여 년이 지나 더 자세히 보강한 것이 바로 〈대동여지도〉입니다.

그렇다면 김정호는 왜 이렇게 평생을 지도 제작에 힘썼을까요?

몇 안 남은 김정호의 기록 중 유재건(1793~1880)의 《이향견문록》에는 "김정호는 스스로 호를 고산자(古山子)라 했다. 원래 어릴 적부터 손재주가 많았고 지리학에 관심이 많았다. 그는 일찍이 많은 지도나 지리지를 널리 수집하여 일찍이 지도를 제작하고 또 〈대동여지도〉를 만들었는데, 능숙한 그림 솜씨와 조각 솜씨로 만들어 이를 인쇄하여 세상에 펴낸 것이다. 상세하고 정밀하기가 고금에 비할 것이 없었다.

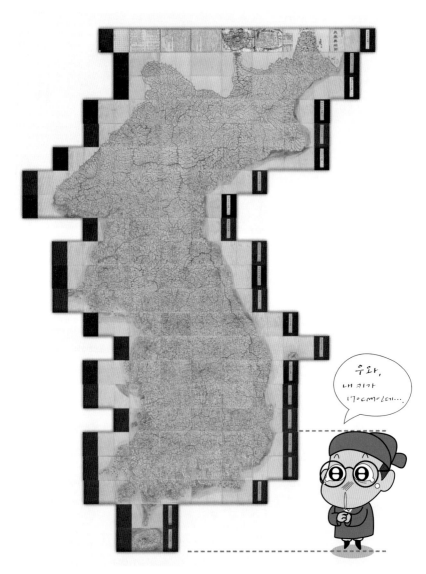

22권의 책으로 구성된 엄청난 크기의 〈대동여지도〉.

내가 한 질을 구해 보았더니 진실로 보배라 할 만한 것이다. 또한《동국여지도》10권을 편찬하였는데 탈고하기 전에 세상을 떴으니 정말 애석하다"라고 그의 업적과 생애를 평가하였습니다.

이처럼 김정호는 단순히 손재주가 있는 기술자가 아니었습니다. 확실한 실학 사상가였으며 지리학자였고 섬세한 예술가였습니다. 〈대동여지도〉 앞장에는 김정호가 직접 적은 지도 제작의 취지가 적혀 있는데, "나라를 다스리기 위해 국방상의 요충지를 잘 알아야 하고 재물과 세금이 나오는 곳과 군사를 모을 수 있는 원천을 잘 알아야 하며 여행과 왕래를 위해 지리를 잘 알아야 한다"고 하였습니다. 또한 "지도는 세상이 어지러우면 쳐들어오는 적을 막고 사나운 무리들을 제거하며, 시절이 평화로우면 나라를 경영하고 백성을 다스리는 데 필요한 것이 바로 지도다"라는 기록은 그의 철학이 잘 나타난 대목입니다.

지도가 제작될 당시에는 김정호가 지적한 대로 격동의 시기였습니다. 나라 안으로는 끊임없이 민란이 일어나 어수선하였으며, 밖으로는 영국, 러시아, 미국 등 서양 세력들이 개방의 압력을 가하는 어지러운 시기였습니다. 이러한 시기에 정확한 전국 지도는 국정을 운영하는 조정에서 매우 중요한 자료가 되었을 것입니다.

•• 〈대동여지도〉가 위대한 8가지 이유

1. 지도의 대중화

〈대동여지도〉의 원 목판. 목판 제작으로 많은 수량의 제작이 가능해졌다.

조선시대만 해도 지도란 보부상들이나 지역 관원들이 소지하고 있는 정도였으며 그 정확성도 매우 떨어졌습니다. 더군다나 좀 정확하다 싶은 지도들은 모두 국가, 즉 궁궐 안에 보관되어 있었기 때문에 일반인이 정확한 지도를 갖는다는 것은 거의 불가능한 일이었습니다. 그러나 〈대동여지도〉는 목판까지 제작해 여러 장을 찍을 수 있게 작업이 되었습니다. 이는 〈대동여지도〉가 지도의 대중화를 목적으로 제작되었다는 의미이기도 합니다.

2. 현대 지도의 기호 사용

〈대동여지도〉에는 또 하나의 획기적인 시도가 나타나 있는데 바로 기호의 사용입니다. 이전 지도를 보면 나타나는 모든 지역마다 이름과 뜻을 적은 것에 비해 〈대동여지도〉에는 현대에 사용되는 기호처럼 간략하게 표시되어 있으며, 지도 한쪽 기호표에 자세한 설명을 덧붙였습니다(오늘날 지도의 범례에 해당). 또한 이용자의 편의를 위해 인쇄 후 기호에 일일이 채색을 하기도 하였습니다.

〈대동여지도〉의 다양한 기호와 방점.

3. 크지만 작은, 작지만 큰 〈대동여지도〉

실제로 6m가 넘는 높이의 〈대동여지도〉를 갖고 여행을 한다는 것은 불가능한 일입니다. 그러나 〈대동여지도〉는 전국을 남북으로 22개로 갈라 각각의 책에 묘사를 했습니다. 즉 펼치면 크지만 특정 부분이 묘사된 책들을 휴대할 수 있다는 장점이 있습니다.

4. 멀티 기능의 지도

〈대동여지도〉는 전국8도를 동일한 기준하에 제작하였기 때문에 아주 다양한 용도로 사용될 수 있었습니다. 예를 들어 지도를 보면 봉수 기호들이 눈에 많이 띕니다. 각각의 봉수 기호들을 이으면 훌륭한 봉수 지도가 만들어지게 됩니다. 또한 역참(여행하는 관리에게 말과 숙식을 제공하며 관물의 수송을 담당하는 기관) 기호들을 각각 연결하면 당시 징수한 세금이 어떻게 도성까지 전달되는지 행정의 네트워크가 한눈에 들어옵니다. 이처럼 〈대동여지도〉는 경제, 군사, 정치 등 어떠한 분야에서도 100% 활용 가능한 완벽한 지도입니다.

5. 계속되는 업그레이드

지금까지 남은 〈대동여지도〉를 보면 대부분 1861년과 1864년에 인쇄가 되었습니다. 그런데 흥미로운 것은 3년 차이를 둔 이 인쇄본의 내용이 조금씩 다르다는 점입니다. 이는 김정호가 단순히 지도를 만들어 끝낸 게 아니라 계속적인 수정과 보완을 했다는 것을 의미합니다.

지도에서의 오류는 어떤 식으로든 치명적인 결과를 낳을 수 있습니다. 지도를 보는 이유는 지리에 익숙지 않아서인데, 그런 지도에 오류가 있다면 어떤 일들이 벌어질 수 있을지 상상할 수 있을 것입니다. 이는 제작자인 김정호가 얼마나 열의를 가지고 지도 제작에 끝까지 힘썼는지 잘 보여주는 증거이기도 합니다.

6. 〈대동여지도〉 안에 있는 우리 금수강산의 모습

〈대동여지도〉는 예술 작품입니다. 한민족의 자존심인 백두산 부분을 보면 백두, 즉 '흰 머리'라는 뜻으로 산봉우리를 희게 표현하였습니다. 겸재 정선의 〈금강산전도〉를 옮겨놓은 듯 역동적이기까지 합니다.

시선을 금강산 쪽으로 내리면 금강산의 일만이천봉이 각각의 다른 모습으로 힘차게 솟아 있습니다. 또 한라산을 보면 가운데 백록담을 둘러싸고 있는 한라산 정상 부분의 봉우리들이 목판화의 느낌으로 묘사되어 있습니다.

이렇듯 〈대동여지도〉 안에는 우리 금수강산의 산봉우리 3,000여 개 전체를 하나로 표현하면서도 산봉우리들 각각의 개성이 아주 잘 표현되어 있습니다.

7. 〈대동여지도〉의 정확도

〈대동여지도〉를 10여 미터 뒤에서 보면 우리에게 너무 익숙한 한반 도가 들어옵니다. 그렇다면 과연 150여 년 전에 수작업으로 만들어진 〈대동여지도〉는 2009년 위성사진으로 찍은 한반도의 모습과 얼마나 차이가 있을까요?

물론 북쪽의 산악지형엔 약간의 오차가 있지만 남해와 서해는 거의 일치합니다. 최첨단 기계로 만든 지도와 제각각인 전국의 지역지도를 조합해 붓으로 그려 만든 지도가 일치한다는 것에 우리는 김정호의 천재성을 다시 한 번 엿볼 수 있습니다.

8. 과학적 접근

〈대동여지도〉가 대단한 것은 바로 방점이 표시되어 있다는 점입니 다. 고지도들을 보면 나름대로 각 지역별로 무엇이 있고, 어떤 길로 가야 하는지 표시가 되어져 있습니다. 하지만 그 길이 어느 정도의 길 이인지 실제 길이를 가늠하는 것은 불가능한 일이었습니다.

이에 비해 〈대동여지도〉는 10리마다 점이 찍혀 있는 것을 볼 수 있 습니다. 산악지역은 그 간격이 1.5cm지만 평야지대는 2.5cm가 됩니다. 이렇게 사람들은 방점의 수로 구체적인 거리를 측정할 수 있게 된 것입니다. 이는 가고자 하는 목적지까지의 거리와 일정을 예상할 수 있고, 전국을 연결하는 교통망, 즉 네트워크의 형성을 가능하게 만듭니다.

박물관 둘러보기

성신여자대학교박물관은 우리가 교과서에서나 볼 수 있었던 소중한 고지도를 많이 소장하고 있는 박물관입니다.

박물관은 총 3개의 전시실로 이루어져 있습니다.

제1전시실에는 이곳의 자랑인 고지도와 하늘의 별을 기록한 천문도가 전시되어 있습니다.

농업국가인 조선에서 농사의 풍흉은 나라의 운명을 좌우할 정도로 중요했습니다. 특히 농업에서 중요한 것은 날씨였으며, 하늘을 연구하는 일은 왕실에서도 가장 중요한 일 중 하나였습니다. 이처럼 천문학은 신라시대 〈첨성대〉에서도 보여주듯 일찍부터 연구의 대상이었습니다.

선조들은 별자리의 정확한 위치를 지도에 표시하고 하늘을 관찰하면서 별자리가 움직일 때마다 정확한 절기를 표시해 계절을 알았고 그에 따라 농사를 준비했습니다. 이곳 박물관에서는 1700년도에 만들어진 〈천상열차분야지도〉 등 많은 천문도를 볼 수 있습니다.

1 성신여자대학교박물관 전경.
2 박물관 실내 전경.
3 소나무가 베어지는 것을 경계하기 위해 채벌을 금하는 지역을 표시한 사산금표도.

또한 '사산금표도'는 당시 묘지를 조성하기 위해 서울 주변에 많은 소나무들이 베어지는 것을 경계하기 위해 채벌을 금하는 지역을 표시한 지도입니다. 오늘날의 그린벨트 지역을 나타낸 지도인 것입니다. 그러나 이 소나무들은 일제 강점기 동안 거의 베어졌고, 그 결과 경복궁 〈근정전〉 복원 공사 때에 미국산 소나무를 쓸 수밖에 없는 안타까움이 있었습니다.

제2전시실인 서화실에는 서예와 회화작품들이 전시되어 있는데, 조선시대 선조들이 주고받았던 편지, 서민들의 그림인 민화, 조선 문신의 초상화 등을 감상할 수 있습니다.

고고민속실에는 조선시대 장롱, 여성의 간이화장대인 경대, 문방구 등의 목공예류, 조선시대 의복류 그리고 도자류 등이 전시되어 있습니다.

조선의 진정한
프로페셔널

_ 세종대왕기념관

1443년 12월 30일에 임금께서 친히 언문 28자를 지으셨는데 초성, 중성, 종성이 연결한 후
에 글자를 이루었다. 무릇 문자와 말에 관한 모든 것을 적을 수 있고, 글자가 비록 간단히 보
이지만 어떠한 것에도 응용이 가능하니 이것을 '훈민정음'이라 일렀다. – 세종실록 중에서

우리나라 역사의 위인들 중 존경하는 인물을 꼽는다면 아마도 세종대
왕이 단연 1위를 차지할 것입니다. 그만큼 세종이 없는 조선왕조는
생각하기가 어려울 정도입니다. 조선의 역사를 이야기할 때 농업, 지
리, 역사, 군사, 언어, 음악, 과학, 문학 등 어느 한 분야에도 그의 손
길이 닿지 않은 데가 없기 때문이죠.

수많은 언어학자들도 할 수 없는 민족의 문자를 혼자의 의지로 만들어낸 천재적인 언어학자이며, 절대음감의 천재 음악가, 600년 전 백성들을 상대로 여론조사를 펼친 앞서간 지도자, 백성이 없으면 자신도 없다는 애민사상으로 수많은 농서와 과학기구를 만든 천재 과학자, 후대들을 위해 영토를 개척한 개척자… 이처럼 그의 이름 앞에는 셀 수 없이 많은 업적들이 나열됩니다.

•• 노력하는 천재 충령대군

많은 사람들을 죽이고 왕위에 오른 태종은 당시 8살이던 첫째 아들 양녕대군을 원자로 책봉합니다. 그때까지만 해도 셋째 아들이었던 충령대군(세종)이 왕이 되리라는 예측은 불가능해 보였습니다.

그런데 어린 충령대군은 노력하는 천재였습니다. 늘 책을 가까이 하고 노력했습니다. 이런 충령의 됨됨이는 아버지 태종에게 많은 감동을 주었고 태종 역시 자기를 닮아 무인 기질이 있던 세자 양녕대군보다는 학문을 사랑하고 늘 공부에 힘썼던 셋째 아들 세종에게 마음을 더 주게 됩니다.

태종은 장자인 양녕대군에게 많은 기대를 걸었습니다. 그러나 시간이 지나면서 양녕의 태도는 점점 태종을 실망시켰고, 결국 태종이 바라는 임금상으로부터 멀어져갔습니다. 그런데 우리가 읽었던 세종대왕 전기를 보면 세자로 책봉된 양녕대군이 자신보다 똑똑한 동생 충녕대군에게 세자 자리를 넘겨주기 위해 일부러 미친 척하거나 방탕한

세종대왕이 22세 때인 1418년에 경복궁 〈근정전〉
에서 즉위하는 광경.

생활을 했고, 둘째 효령대군도 그를 위해 일부러 불도에 매진해 궁궐을 떠나 있던 때가 많았던 것으로 나옵니다. 즉, 세종의 왕위 계승은 형들의 도움이 있었다는 식으로 묘사된 것이지요. 그러나 이런 이야기는 세종대왕과 그의 형제간 우애를 알리기 위한 하나의 과장된 이야기일 뿐입니다.

세종이 세자 자리를 받기 전부터 원래 세자였던 양녕의 모든 언행은 많은 부분이 부정적으로 과장되어 아버지 태종에게 보고되었습니다. 반면 셋째인 충령대군은 실제보다 더 좋게 보고되었고요. 이는 두 왕자의 주변 세력을 보면 어느 정도 예상할 수 있습니다. 양녕대군의 장인 김한로(1367~?)는 큰 세력이 아니었지만, 세종인 충령대군의 장인 심온(?~1418)은 매우 정치적이었기 때문에 주변에 많은 인물들이 있었습니다. 당시 심온을 비롯해 유정현(1355~1426) 등은 충령에게 항상 겸손하게 행동하며, 주상 전하 앞에서는 더욱더 몸가짐을 바르게 하라고 권유하기까지 했습니다. 그리고 바로 이들은 태종이 양녕대군을 폐세자시키고 충령이 세자 자리를 받게 하는 데 결정적인 역할을 하게 됩니다.

•• 인재 양성의 달인 세종과 집현전

아버지 태종이 황무지를 개간하 여 밭을 일구었다면 세종은 이 밭에 씨앗을 뿌리고 열매를 맺기 위한 임 무를 맡게 되었는데 그 핵심 기관이 바로 집현전이었습니다. 당시 집현 전 학자는 수재들이었으며, 세종은 그들이 할 수 있는 모든 것을 지원 해주었습니다.

이렇게 세종의 배려로 집현전에 서는 의학, 풍속, 군사, 정치, 유교 등 전 분야에서 당대 최고의 책들이 편찬되어 나왔고, 때로 세종의 새로

집현전 학자들의 연구하는 모습.

운 정책이 대신들의 반대에 부딪힐 때면 집현전 학자들이 연구를 통 해 세종의 정책 방향과 그 근거 등을 제시하면서 세종에게 힘을 실어 주었습니다. 특히 정인지, 신숙주, 권채, 성삼문, 최항, 박팽년 등의 집현전 학자들은 세종이 직접 발탁한 인재들로 정계까지 진출해 활약 했는데, 집현전에서 쌓은 연구를 바탕으로 조선의 전성기를 이루는 주역들이 되었습니다.

•• 4군6진 개척을 통해 '한국 지도'를 완성하다

　4군6진은 집현전만큼이나 세종대왕의 업적에 자주 소개되는 말로, 세종의 북방 개척을 말합니다.

　조선이 개국할 당시 압록강과 두만강 지역은 조선과 명나라의 힘이 미치지 않는 무정부 지역에 가까웠습니다. 특히 여진족은 압록강과 두만강 인근에 살았던 조선 백성들을 약탈하고 그들의 근거지를 넓히고 있었습니다. 이에 일부 신하들은 차라리 행정관청과 군사기지를 좀 더 남쪽으로 후진시키자는 여론을 만들었습니다. 심지어 세종이 자신보다 더 아꼈던 황희(1363~1452)마저 후퇴론을 주장했습니다. 그러나 세종은 단호하게 거절하며 오히려 이곳을 확실한 조선의 영토로 만들어야 한다는 개척을 주문합니다. 1427년 세종실록에는 그의 강한 의지가 다음과 같이 기록되어 있습니다.

　조상이 물려준 영토를 스스로 축소시킨다는 것은 있을 수 없는 일이다. 지난날 오랑캐들이 침범하여 우리 땅을 차지한 것이 적지 않거늘 또다시 후퇴한다면 이는 영토를 포기하는 것과 다름없지 않은가! 성을 쌓고 살 백성을 이주시키면 된다. 또 한 번 방어선을 후퇴시키면 또다시 후퇴를 해야 할지도 모를 것이다. 그러니 이번에는 반드시 영토를 개척해야 한다.

　세종은 확고한 의지로 방위정책을 밀고 나갔고, 결국 세종대왕 덕분에 지금의 우리나라 지도는 확고해졌습니다.

•• 베토벤도 울고 갈 절대음감의 소유자

　세계무형문화재로 지정된 〈종묘제례악〉을 아는 사람은 많지만, 이 음악이 절대음감의 소유자 세종의 작품이었다는 사실을 아는 이는 많지 않습니다.

　1425년, 예를 주관했던 부서인 예조에서는 세종에게 다음과 같이 보고합니다.

　"제사 때 사용하던 악기인 편경은 그 재료가 우리나라에 없어 중국에서 보내준 것이 한 대일뿐 나머지는 모두 기와로 만든 와경뿐입니다. 그런데 지금 경기도 남양에서 좋은 돌이 발견되어 우리도 제대로 된 편경을 만들 수 있을 듯싶사옵니다. 그래서 옥을 다듬는 사람을 보내 새로운 악기를 만들어 실험하기를 청하옵니다."

　그리고 2년 뒤인 1427년, 박연은 우리 돌로 만든 편경 제작에 성공합니다. 이는 우리 음악사에서 매우 큰 사건입니다. 현대의 오케스트라는 연주 전에 단원들이 바이올린이 내는 표준음을 기준으로 음을 맞추는 튜닝 작업을 하는데, 조선시대에는 바로 이 편경이 표준음을 잡는 기준이 되었던 것입니다. 다른 악기가 기후나 습도 등에 영향을 많이 받던 것에 반해 돌로 된 편경은 그 영향을 받지 않았기 때문이지요.

지음도(知音圖) : 세종대왕 앞에서 자체 제작한 편경을 선보이고 있는 박연.

    당시 편경은 모두 중국에서 수입을 했는데 중국제 편경의 표준음은 모두 중국 황제의 명에 의해 제작된 중국 것이었습니다. 그런데 편경을 만들 수 있는 돌이 남양주에서 발견됐고 우리의 편경을 만들 수 있었던 것입니다.

    박연은 편경을 완성한 뒤 경복궁 사정전에서 세종에게 처음 악기를 선보였습니다. 연주를 듣고 있던 세종이 "방금 그 소리가 조금 높은데 무엇 때문인가?"라고 묻자 박연은 세종이 지적한 편경을 자세히

보다 그곳에 먹줄자국이 조금 남아 있는 것을 발견하고 당황하여 "전
하 송구하옵니다. 지적하신 돌을 완전히 다듬지 못해 아직도 먹줄자
국이 남아 있사옵니다. 망극하옵니다"라고 했답니다. 먹줄자국은 돌
을 완전히 다듬지 못했다는 것을 의미했고 그에 따른 아주 미세한 소
리의 차이를 냈던 것입니다. 세종은 이런 천재적인 음악성으로 조선
의 표준음을 만들고, 다양한 우리 악기를 제작케 했으며, 우리 음악인
향악을 정립하였습니다.

●● 과학과 농업, 두 마리 토끼를 잡다

　세종시대에 조선의 과학은 비약적으로 발전했습니다. 농업국가였
던 조선에서 농사는 절대적으로 중요했고, 24절기에 맞춰 농사를 짓
는 일 또한 매우 중요한 문제였습니다. 하지만 당시에는 중국의 농사
법을 적용했기 때문에 많은 편차가
있었고, 우리 실정에 맞는 천문 관
측이 필수적이었습니다. 이에 세종
은 혼천의 등을 제작해 하늘의 별을
관찰하고 정리해 우리만의 달력을
만들어 농사짓는 시기를 표준화하
였습니다.

측우기도 : 세종대왕이 세자(훗날 문종)와 함께 학
자들과 측우기를 살피고 있다.

　또한 가뭄을 극복하기 위해 정확

한 강우량 측정과 통계 분석은 매우 중요한 일이었습니다. 지금이야 일 년 강우량을 알고 있고 이에 대비하지만 당시만 해도 그런 측정과 분석 없이 농사짓는 이들의 경험으로만 농사를 지었기 때문에 그 예측이 불가능했을 것입니다. 그런 상황에서 세자인 문종은 아버지와 함께 정확히 비의 양을 잴 수 있는 측우기를 만들어 보급하게 되는데, 이로써 조선8도의 강우량을 측정할 수 있게 되었습니다.

•• 훈민정음의 반포

세종대왕에게 백성은 하늘이었습니다. 그의 이런 백성 사랑은 수많은 역경 속에서도 세계 최고의 문자인 한글을 만든 원동력이 되었습니다.

100년 전 우리나라에 왔던 어느 프랑스 선교사는 그의 저서에 "내가 조선을 다시 보게 된 이유는 시골 촌구석 허름한 초가집조차 책이 있었다는 것이다. 이는 문화선진국이라 자부하던 우리 프랑스보다 훨씬 나았다"고 적고 있습니다. 변방의 작은 미개한 국가로 여겼던 조선이란 나라에서 서양 선교사들은 문화적 충격을 받았던 것입니다.

시골 촌구석의 쓰러져가는 작은 민가에도 책이 있다는 것은 무슨 뜻일까요? 글을 읽을 수 있는 사람이 있다는 뜻이고, 또 별다른 교육을 받지 못한 시골 백성들조차 쉽게 글을 읽었다는 것은 그만큼 한글이 쉽게 익혀질 수 있는 과학적인 글이란 뜻입니다.

훈민정음반포도(訓民正音頒布圖) : 세종28년인 1446년 경복궁 〈근정전〉에서 세종의 최고 발명품 '한글'이 반포되었다.

그러나 이러한 우수한 문자인 한글도 창제 당시에는 많은 시련을 겪었습니다. 세종 26년 경복궁 사정전에서는 신하들과 임금 사이에 격론이 벌어지고 있었습니다.

"전하, 언문창작이 만일 중국에 흘러 들어가 혹시 비난해 말하는 자가 있으면 어찌 대국을 섬기고 중화를 사모하는 데 부끄러움이 없겠습니까? 언문을 따로 만드는 것은 중국을 버리고 스스로 오랑캐와 같아지려는 것입니다. 어찌 예로부터 시행하던 폐단 없는 글을 고쳐서 야비하고 상스러우며 무익한 글자를 따로 창제하시는 겁니까?"

이러한 반대에도 불구하고 세종대왕은 1443년에 우리 민족 최고의 유산인 한글을 창제하여 1446년 경복궁 〈근정전〉에서 반포하였습니다. 당시 상황을 세종실록에서는 이렇게 적고 있습니다.

1443년 12월 30일에 임금께서 친히 언문 28자를 지으셨는데 초성, 중성, 종성이 연결한 후에 글자를 이루었다. 무릇 문자와 말에 관한 모든 것을 적을 수 있고, 글자가 비록 간단히 보이지만 어떠한 것에도 응용이 가능하니 이것을 훈민정음이라고 일렀다.

그런데 과연, 글자를 만드는 이 엄청난 일을 과연 세종 혼자 이루어 낼 수 있었을까요? 한글 반포 이후 올린 신하들의 상소에는 다음과 같은 것이 있습니다.

"만일 한글(언문)을 할 수 없이 만들어야 했다면 이것은 풍속을 바꾸는 큰일이기 때문에 반드시 재상으로부터 백관에 이르기까지 함께 의논한 후에 시행하는 것이 마땅하옵니다."

이를 보면 세종은 신하들 몰래 한글을 연구했고, 신하들이 잘 모르는 가운데 깜짝 반포를 한 것이 됩니다. 그러니 분명 한글은 세종대왕 스스로 만든 역작입니다. 이는 한글의 창제 원리가 이론적으로 한 점 흐트러짐 없이 처음부터 끝까지 일목요연함을 유지하고 있다는 점에서도 알 수 있습니다.

한글 반포 전후에 세종은 건강이 급격히 악화되어 경연(임금이 신하들과 학문을 토론하는 일)에도 제대로 참여하지 못했는데, 당시 어려운 상황에서 한글 창제의 힘이 되어주었던 이들은 바로 그의 자식들이었습니다. 세자인 문종을 비롯해 수양대군과 안평대군, 정의공주 등이 세종의 한글 편찬을 도왔던 것입니다.

세종대왕기념관은 크게 실내와 실외전시로 나뉘는데 실내전시관에는 세종대왕의 일대기실, 그리고 한글진열실, 과학진열실, 국악진열실 등의 전시 공간이 있습니다.

한글진열실에서는 한글 관련 고문서, 예를 들면 〈훈민정음〉, 《용비어천가》, 《농사직설》 등 당시 한글을 이용한 다양한 문서들이 전시되어 있습니다. 이러한 문서들은 한글의 위대성과 대중성을 잘 보여주는 증거이기도 합니다. 또한 과학진열실에는 측우기, 혼천의 등 세종 때 발명된 최고의 과학기구들을, 국악진열실에서는 천재적인 음악가 자질이 있었던 세종대왕이 조선왕조 불후의 명곡인 〈종묘제례악〉을 작곡한 흔적을 엿볼 수 있습니다.

기념관 밖 실외에는 당시 발명된 과학기구들과 세종대왕의 왕릉인 영릉에서 발굴된 석물들(무인석, 신도비, 석마 등)이 전시되어 있습니다. 그런데 경기도에 있는 영릉에 있어야 할 석물들이 왜 여기에 있는 것일까요? 그 이유는 원래 세종대왕의 능은 경기도 광주에 있었는데, 손자인 예종 임금 때 풍수지리 등의 이유로 광주에서 지금의 여주로 옮겨지면서 기존의 신도비 등을 이전하지 않고 다시 만들었기 때문입니다. 이후 1974년 광주에서 당시의 흔적이 발굴되어 지금의 이곳 세종대왕기념관 앞뜰에 옮겨놓은 것입니다.

1 세종대왕기념관 전경.
2 한글 관련 고문서들이 전시되어 있는 한글실.
3 현 영릉으로 이상하기 전 세종대왕릉에서 발굴된 석물들.
4 세종대왕 관련 기록화를 통해 일대기와 업적을 볼 수 있는 일대기실.

두번 다시 없어야 할
전쟁의 역사

"역사상 이 전쟁처럼 슬픈 것은 없다. 일본 병사들이 가는 곳마다 살육을 일삼고 불을 지르니
그 연기가 고을 고을마다 가득하였다. 조선 사람의 귀와 코를 잘라 대바구니에 담으니 대바
구니가 가득했고, 병사들은 모두 피투성이가 된 바구니를 허리춤에 달고 싸웠다."
- 일본인 종군승려의 기록 중에서

인류 역사가 만들어낸 가장 큰 재앙은 바로 전쟁입니다. 과거에도 그
랬고 지금 이 순간에도 지구촌 어딘가에서는 여전히 전쟁이 일어나고
있습니다.

전쟁은 매우 정치적입니다. 임진왜란 역시 겉으로는 욕심 많은 일
본이 대륙을 침략하기 위한 전쟁이었지만, 그 안을 들여다보면 일본
국내의 갈등을 수습하고 결집시키기 위해 의도적으로 도요토미 히데

요시가 만든 정치적 이벤트 성격이 다분했습니다. 그리고 몇몇 소수의 욕심 때문에 수천만의 사람들이 억울한 죽음을 당했습니다.

임진왜란은 조선 500년 역사상 가장 비극적인 사건으로 기록되고 있습니다. 그러나 한편으로는 우리 스스로 얼마든지 막을 수 있었던 전쟁이기도 했습니다.

육군박물관은 〈부산진순절도〉(보물 제391호)와 〈동래부순절도〉(보물 제392호)를 소장하고 있는데, 이 두 그림은 조선 선조 25년(1592년) 4월에 부산진과 동래성에서 벌어진 왜군과의 전투 장면을 비단 바탕에 그린 그림으로, 숙종 35년(1709년)에 처음 그려진 것을 화가 변박이 영조 36년(1760년)에 다시 그린 것입니다.

400년 전 전쟁의 참상과 당시 사회 지도층의 안일함이 어떻게 한 나라의 백성을 도탄에 빠트렸는지, 그 역사의 흔적이 육군박물관에는 고스란히 전시되어 있습니다.

●● 숫자만 많은 조선의 군대

임진왜란 당시 조선의 병력은 기록상으로 14만 명이 넘었습니다. 수적으로 보면 왜군에 대항할 수 있는 규모였습니다. 그러나 이는 숫자일 뿐이었습니다. 당시 14만 명 중 실제로 군사훈련을 했던 인원은 2만여 명뿐이었고, 그중에서도 실제 무기를 잡고 싸우는 전투원은 8,000여 명에 불과했습니다.

그렇다면 나머지 숫자는 무엇을 의미할까요? 그들은 활이나 창 한 번 잡아보지 못한 비전투 병력이었습니다. 그러나 더 비극적인 것은 그 8,000여 명 중 군인을 직업으로 삼는 정예군인의 수는 불과 2,000명뿐이었다는 사실입니다. 나머지는 1년에 3개월씩만 훈련을 받는 농민들이었기 때문입니다. 그렇다면 기록상의 14만 명은 어디에서 온 숫자일까요?

임진왜란이 일어나기 50여 년 전, 어린 명종 임금이 즉위하면서 조선은 사회의 전반적인 균형이 흔들리기 시작했습니다. 실제로 군대를 가야 할 농민들의 상당수가 군역의 의무가 없는 노비로 전락하고 국가 재정은 점점 악화되었습니다(노비는 세금의 의무나 부역을 지지 않음). 이런 상황에서 지방 수령들은 군인의 수를 채우기 위해 노비, 죽은 사람, 심지어 닭이나 개까지도 이름을 만들어 군인이라고 기록했습니다. 그러니 한 지방도시의 군사 수가 1,000명이라 해도 실제 군사훈련을 하는 이는 100명도 되지 않는 상황이 되어버린 것이지요. 이러한 안일한 군사행정은 왕권의 약화와 이로 인한 부정부패의 확산 등 조선 내부 행정상의 문제를 만들었지만, 더 큰 문제는 지도층의 지나친 사대주의였습니다.

임진왜란 발발 5년 전, 당시 조선과 일본은 국교가 단절되어 있는 상황이었습니다. 이에 일본은 도요토미가 일본 내 환란을 두려워하여 명나라를 침략하려다 잘 안 되자 조선을 침략하려고 한다며 전쟁 방지를 위해서라도 국교 회복을 원하고 있었습니다. 그러나 조선 조정에서는 감히 일본 왕위를 찬탈한 도요토미가 조선의 상국 명나라 침략을 거론한다며 일본의 국교 재개를 거절해버리죠.

또 전쟁 발발 2년 전인 1590년에는 도요토미가 선조 임금에게 "일본은 명나라를 칠 것이니 조선이 안내를 해달라"는 내용의 편지를 보내는데, 선조 임금은 "명나라 침략이란 단어를 고치지 않으면 절대 국서로 받아들일 수 없다"고 잘라 말합니다. 일본 주제에 우리 조선의 임금 국가인 명나라를 침략하겠다고 하니, 설령 일본이 조선을 침략한다 해도 우리에겐 우리를 지켜줄 명나라가 있으니 쳐들어 올테면 와봐라 하는 식이었습니다.

이는 피도 눈물도 없는 냉엄한 외교의 특성을 몰라도 너무 몰랐던 지도층의 생각을 잘 보여줍니다. 더욱이 이런 중앙정부의 사상에다 전통적으로 문신 위주의 정치를 펼친 조선의 정책으로는 국방이 절대 튼튼해질 수 없었던 것입니다.

•• 눈치 없는 조선의 조정

임진왜란 발발 1년 전인 1591년 3월, 선조실록에는 다음과 같은 기록이 있습니다.

왜국 사신이 서울에 왔다. 임금이 비변사와 논한 후 황윤길, 김성일에게 술과 음식을 가지고 가 그들을 위로하면서 왜국의 사정을 조용히 묻고 상황을 살펴보게 하였다. 그들이 은밀히 황윤길, 김성일에게 말하기를 "중국에서 오랫동안 일본을 거절하여 조공을 바치러 가지 못하였습니다. 도요토미께서 이 때문에 분하고 부끄러운 마음이 쌓여 전쟁을 일으키고자 합니다. 만약 조선에서 먼저 주문하여 조공할 수 있는 길을 열어준다면 조선은 반드시 무사할 것이고 일본 백성들도 전쟁의 노고를 덜게 될 것입니다." 하니 황윤길, 김성일이 이는 옳지 못한 일이라고 타이르자, 사신은 다시 말하기를, "옛날 고려가 원나라 병사들과 함께 일본을 쳤었습니다. 이에 일본은 조선에 원한을 갚고자 하니, 이는 세상 당연한 일입니다"라고 하였다.

여기서 마지막에 일본 사신이 한 말의 의미는 무엇일까요? 고려는 왜구의 침략이 심해지자 몽고와 함께 대대적으로 일본을 공격했었습니다. 이제는 일본이 복수를 할 때이니 그때처럼 조선은 일본군을 도와 명나라를 치는 데 함께해야 한다는 전쟁포고문이었던 것입니다.

이에 선조는 일본 사신들을 영접했던 황윤길과 김성일을 일본에 통신사로 보내 분위기를 파악하라고 명령합니다. 그러나 그들의 귀국 보고는 판이하게 달랐습니다. 당시 실록의 기록을 보면 "임금이 묻기를 '도요토미는 어떻게 생겼던가?' 하니, 황윤길은 아뢰기를 '눈빛이 반짝반짝하여 담과 지략이 있는 사람인 듯하였습니다' 하고, 김성일은 아뢰기를 '그의 눈은 쥐와 같으니 족히 두려워할 위인이 못 됩니다'"라고 되어 있습니다.

같은 곳을 같은 기간에 다녀온 그들의 엇갈린 보고에 조선 조정은 옥신각신 토론하다 불행히도 김성일의 말을 믿게 되고, 그날 그들의 오판은 엄청난 비극을 초래하는 꼴이 되어버렸습니다.

임진왜란 이전에 우리나라에서 사용된 〈불랑기자포〉(보물 제861호).

•• 두 시간 만에 무너진 부산진성

1592년 4월, 9개 부대 16만 명의 일본군은 부산으로 향했습니다. 총 30만 명 중 16만 명은 조선 출병을 그리고 나머지는 본토 방위 및 대비를 위해 대기하고 있었습니다. 1592년 4월 13일, 고니시가 이끄는 제1부대 19,000여 명의 일본군은 700척의 배에 나누어 타고, 쓰시마 섬을 떠나 오후 5시경 부산에 이르러 절영도 앞바다에 정박합니다. 이때 부산진 첨사 정발(1553~1592)은 전선 3척을 거느리고 절영도에 갔다가 적선을 보고 대규모 공격이 있음을 짐작했는데, 이런 큰 전쟁을 미리 예측하지 못하고 전쟁 당일 현장에서 적군의 수를 알았으니 그 결과는 불을 보듯 뻔했습니다.

급히 성 안으로 들어간 부사맹 이정헌은 1,000명 정도의 병력을 소집하여 일본군의 침략에 대비합니다. 다음 날 아침, 새벽 안개는 부산진성을 휩싸고 있었습니다. 안개 저 멀리 서서히 일본군의 모습이 보이기 시작했습니다. 최고의 정예부대였습니다. 일본은 내전으로 전쟁이 생활화된 병사들이었고, 조선군은 전쟁을 전혀 모르는 농민군들이었습니다. 더군다나 부녀자와 아이들까지 있었습니다.

조선군과 민간인들은 하나가 되어 고군분투했으나 활은 절대 조총의 상대가 될 수 없었습니다. 당시 조총은 지금의 원자폭탄과도 같은 어마어마한 무기였죠. '탕!' 소리와 함께 옆에 있던 전우가 피를 흘리며 죽어갔으니 조선군에게 조총은 두려움의 존재였고 도저히 그런 조총을 당해낼 수가 없었습니다.

당시 부산진성을 포위하고 있던 왜군의 수는 18,700명 모두가 정규군이었고 조선군은 1,000여 명의 전투 인원과 나머지는 모두 민간인이었습니다. 조선군은 남쪽 문에서 집중적으로 방어를 펼쳤으나 일본군은 이미 성의 서쪽 고지를 뚫기 시작했습니다. 수적, 질적 열세는 전투 시작 두 시간 만에 처참한 패배로 끝났고, 총책임자였던 정발 장군도 최후를 맞게 됩니다.

당시 끝없이 몰려오는 일본군을 보면서 성 안에 있던 어떤 사람도 승리를 생각하지 못했을 것입니다. 그러나 도저히 감당할 수 없는 열세임에도 불구하고 조선의 민관군은 끝까지 대항했고, 이들은 바로 지도층이 아닌 일반 백성들이었습니다.

●● 동래성에서의 처절한 전투 현장

1592년 4월 14일, 부산진성을 두 시간 만에 함락시킨 왜군의 수장고니시는 다음 날인 15일 새벽에 주력군을 성난 파도처럼 이끌고 동래성으로 진군합니다. 오전 10시경에 일본군은 동래성에 도착하여 부대를 세 개로 나누어 황령산 기슭, 동래성 서쪽, 그리고 남문으로 진군하여 성을 순식간에 포위합니다. 이때 경상 좌병사 이각은 울산병영에서 동래부까지 지원을 왔으나 왜구의 숫자에 겁을 먹고 북문을 통해 울산병영으로 도망을 가버렸습니다.

성이 함락 당한 후 쳐들어오는 왜군들을 향해 부녀자들은 지붕에 올라가 기와를 던지며 끝까지 항전했다.

이렇게 동래성을 포위한 고니시는 부하에게 명하여 동래부사 송상현 (1551~1592)과 협상을 시도합니다. 부하 장수는 '戰則戰矣 不戰則假道 (싸우고 싶거든 싸우고, 싸우지 않으려면 길을 빌려 달라!)' 라고 적은 목패를 적어 남문 성 앞에 세워놓게 했는데, 이를 본 송상현은 조금도 주저하지 않고 화답을 합니다. '戰死易 假道難(싸우다 죽긴 쉬워도, 길을 빌려주기는 어렵다)' 라는 글을 목패에 적어 부하들에게 남문 밖으로 던지라고 명령을 한 것입니다(이 페이지의 맨 위에 있는 그림).

송상현이 항복할 의사가 없음을 알고 살기등등해진 일본군은 조총 소리와 함께 대대적인 공격을 펼칩니다. 송상현은 부산진 전투 상황을 보고 받은 뒤 조총에 대비해 두꺼운 통나무로 방어책을 만들었습니다. 하지만 방패가 얇아 조총을 막아주지는 못했습니다. 성은 너무 쉽게 뚫렸고 밀물처럼 들어온 일본군과 조선군은 대혼란 속에서 육박전을 펼칩니다. 군사들은 말할 필요도 없고 평민도 함께 싸웠습니다. 무기를 지니지 못한 일반 백성들은 손과 발로 막대기와 괭이, 도끼, 낫, 칼 등을 손에 잡히는 대로 들고 싸웠고, 계속 쫓기던 부녀자들은 지붕 위까지 올라가 기와를 던지며 끝까지 항전을 합니다. 그러나 성 안은 이미 조선인들의 붉은 피로 물들어갔습니다.

당시 일본군은 남녀노소를 가리지 않고 닥치는 대로 살육을 했습니다. 어린 꼬마의 머리에 조총을 발포했으며 날카로운 칼로 부녀자들의 머리를 내리쳤는가 하면 엄청난 무게의 철퇴로 두개골을 박살내기까지 했습니다.

전쟁의 양상은 순식간에 기울어졌고 송상현은 전세가 이미 기울었음을 느꼈습니다. 그는 조용히 측근을 시켜 조복(관리들이 입었던 예복)을 가져오도록 해 갑옷을 벗고 조복으로 갈아입습니다. 그리고 선조 임금이 있는 한양을 향해 네 번 절을 하고 갖고 있던 부채에 고향의 아버님에게 보내는 유시 한 수를 남겼습니다.

孤成月暈 고립된 성에는 달무리 에워싸고
大鎭不救 큰 진에서 구원은 없사오니
君臣義重 임금과 신하의 의리가 중하니
父子恩輕 부자의 은혜 어찌 갚으오리까

순국하기 직전 임금이 있는 곳을 향해 절을 하는 송상현 장군.

당시 동래성 전투에 참여한 일본 군사들 중에는 쓰시마섬 태수의 부하인 다이라라는 군인이 있었는데, 그는 임진왜란 이전 조선으로 가는 사신을 수행한 적이 있었고 또 당시부터 장수로서 송상현의 인품을 잘 알고 있었습니다. 그는 송상현에게 피신을 권했으나 송상현은 오히려 그를 꾸짖었습니다. 바로 그 순간 적군의 칼이 그의 등에 박혔습니다. 그리고 송상현은 끝까지 흐트러짐 없는 자세로 조용히 눈을 감습니다.

이런 송상현의 기백을 지켜본 왜군 장수는 오히려 송상현을 찌른 왜군을 처단하고 송상현의 시신을 성 밖 북쪽에 안장하며 묘표까지 세워줬다고 합니다.

이날 동래성의 잔인했던 전투 기록은 일본 측 기록에도 남아 있는

데 왜군의 종군승(오늘날 종군기자처럼 전쟁의 상황을 글로 기록했던 승려)으로 따라 왔던 덴게이의 《서정일기》에는 '아군에 의해 베어진 조선인의 목이 무려 3천여 구였고 포로 수만 500명에 이르렀다' 고 기록하고 있습니다.

400년 후인 2007년 여름, 부산의 지하철 공사현장에서는 당시로 추정되는 인골과 무기류, 갑옷 등이 발견되기도 했습니다. 발굴된 두개골은 무기로 날카롭게 베어져 있거나 정조준 된 조총 탄환으로 난 구멍 등의 흔적들이 있었는데, 이는 당시 일본군이 얼마나 많은 사람을 잔인하게 죽였는지 잘 말해주고 있습니다.

그 후 북쪽까지 피난을 간 선조 임금은 그렇게 믿었던 명나라에게 파병 요청을 했고 조선은 명나라의 도움으로 반전의 기회를 잡지만 명나라는 일본군을 무찔러달라는 조선의 요청에 오히려 자신들의 군대를 철수시키겠다고 협박하며 강화회담을 추진합니다. 더 이상 전쟁으로 명나라가 피해를 보고 싶지 않아서였습니다. 결국 외교력 부재에 발언권마저 약했던 조선 정부는 명나라와 일본 간의 회담을 숨죽이고 지켜봐야 하는 방관자가 되고 말았습니다.

이 회담으로 일본군은 군사 2만 명을 남기고 철수하고 명나라도 1만 명의 군사만 남기고 철수하게 됐으나 계속적인 명나라와 일본 간의 협정은 결렬되고 또 한 번의 비극적인 전쟁인 정유재란이 발발하게 됩니다.

정유재란은 임진왜란과 시작부터 달랐습니다. 이미 5년간의 전쟁으로 나라의 인적, 물적 자원이 고갈된 상태였고 일본은 노동력을 모으기 위해 많은 수의 조선인을 일본으로 끌고 갔습니다. 이때 일본으로 끌려간 조선인 중 일부는 다시 유럽 상인들에 의해 노예로 끌려가기도 했죠.

또한 장기간의 전쟁에서 떨어진 사기를 올리기 위해서 도요토미 히데요시는 '사람의 귀는 둘이고 코는 하나다. 죽인 조선 사람의 코를 잘라 소금에 절여서 보내라'는 상상도 할 수 없는 명령을 전군에 하달하고 코 영수증까지 써주는 만행을 보였습니다.

이에 왜군들은 앞 다투어 무고한 백성들을 마구 죽여 목을 자르고, 코 베기에 혈안이 되었습니다. 전투에서 사망한 군인은 물론이고 전적을 부풀리기 위하여 남녀노소를 가리지 않고 닥치는 대로 코와 귀를 베었고, 심지어는 금줄이 달린 집에까지 들어가 산모와 갓난아이의 코까지 베었다고 합니다. 당시 상황에 대해 일본의 종군승려 게이넨의 기록에는 "역사상 이 전쟁처럼 슬픈 것은 없다. 일본 병사들이 가는 곳마다 살육을 일삼고 불을 지르니 그 연기가 고을 고을마다 가득하였다. 조선 사람의 귀와 코를 잘라 대바구니에 담으니 대바구니가 가득했고, 병사들은 모두 피투성이가 된 바구니를 허리춤에 달고 싸웠다"고 나와 있습니다.

이후 이순신의 수군과 의병들의 활약으로 이 비참한 전쟁은 7년 만에 막을 내리게 됩니다. 이 전쟁으로 조선은 인구의 절반이 줄었다 할 정도로 막대한 인명피해와 재산피해를 입었습니다. 또한 소중한 문화재들이 불타거나 일본으로 유출되어 나갔습니다.

박물관 둘러보기

서울시 노원구 공릉동에 위치하고 있는 육군사관학교 내에는 국내 유일의 군사 전문 박물관인 육군박물관이 있습니다.

박물관 1층에는 박정희 전 대통령의 전용차와 실물 크기로 펼친 7m 높이의 〈대동여지도〉가 걸려 있습니다. 인쇄를 한 것이지만 〈대동여지도〉의 웅장함을 느끼기에 충분합니다.

박물관은 제1전시실인 고대실과 제2전시실인 현대실로 나뉘어져 있습니다.

제1전시실에는 선사시대부터 광복 전까지의 군사 관련 문화재로 보물 9점을 포함한 각종 유물들이 시대별로 전시되어 있습니다.

제2전시실에는 광복 이후부터 현재에 이르기까지 현대사의 흐름을 조망할 수 있도록 각종 무기와 장비, 복식, 문서 등이 전시되어 있습니다.

1 육군박물관 전경.
2 제1전시실에 있는 조선의 화차 신기전.
3 제2전시실에 있는 한국전쟁 당시의 유물들.
4 고종 황제가 사용했던 활.

자연과 어우러진
신의 정원

_ 조선왕릉

조선의 왕릉은 외국의 전문가들에게 이미 최고의 가치를 인정받고 있습니다. 그들의 감탄은 한결같습니다. 이처럼 자연미와 인공미가 잘 조화된 정원을 본 적이 없다는, 그야말로 '신의 정원'이라는 찬사입니다.

조선왕조 국왕의 무덤인 왕릉은 우리에게 어떠한 공간일까요? 소풍을 가는 곳? 아침 운동을 하는 곳? 점심식사 후의 휴식 공간?

지금의 왕릉은 이처럼 입장료만 내면 들어갈 수 있는 공원으로 변해버렸습니다. 불과 100여 년 전만 하더라도 왕릉은 감히 어느 누구도 함부로 들어갈 수 없는 신성한 공간이었는데 말이지요.

조선의 왕은 만 백성의 아버지요 하늘이었고, 그런 왕은 평생을 백성의 안녕과 나라의 발전을 위해 헌신을 해야 하는 운명을 가지고 궁궐에서 태어났습니다. 그리고 궁궐에서 생을 마감하게 됩니다. 그 후 왕의 혼은 종묘라는 왕실 사당으로, 왕의 육신은 바로 이곳 왕의 무덤인 왕릉 안에서 영원한 숙면을 취하게 됩니다.

이처럼 왕릉은 죽은 왕이 잠들어 있는 제2의 궁궐 같은 곳입니다. 그래서 왕릉은 최고의 명당자리에 최고의 기술과 예를 갖춰 만들게 됩니다. 하지만 우리의 왕릉은 엄청난 규모에 화려함의 극치를 보이는 다른 나라의 왕릉과는 분명한 차이를 보입니다.

검소함과 자연에 순응하는 것이 국왕의 덕이요 아름다움의 기준이었던 조선에서 왕릉 역시 예외는 아니었습니다. 태조의 능이 조성된 1408년부터 조선의 마지막 왕이었던 순종 황제가 승하한 1926년까지, 500년의 시간 동안 당대의 건축양식과 미의식, 생태관과 철학이 고스란히 담겨 있는 문화의 결정체가 바로 왕릉이랍니다.

•• 임금의 장례식은 어떻게 치러질까?

임금이 사망을 한다는 것, 즉 국상은 왕조국가에서 매우 큰 사건입니다. 임금이 승하하면 조정에서는 3개의 도감(임시관청)을 만들게 되고 모든 신하들과 백성들은 상복을 입어야 합니다. 국상 기간인 약 5개월 동안 모든 장례절차를 총괄 지휘하는 국장도감과 임금의 시신을 목욕시키고 옷을 입히고 또 궁궐 안에 임금의 재궁(임금의 관)을 안치할 빈전(분양소)을 만드는 일 등을 담당하는 빈전도감이란 관청이 생기고, 마지막으로 왕이 묻힐 왕릉을 선정하고 공사를 하는 관청인 산릉도감이 만들어집니다. 왕릉 공사는 5,000여 명이 수 개월간 작업을 해야 하는 대규모 공사였기 때문에 들어가는 비용과 인원 관리 등 그에 따른 많은 일들을 바로 산릉도감에서 처리했습니다.

순종 황제의 국장 행렬.

순종 황제의 홍릉 조성 공사 모습.

임금은 죽어도 쉽게 땅 속에 묻힐 수 없는 존재였습니다. 죽은 후 시신은 약 5개월간 궁궐 안 빈전에 있게 되는데, 한여름에는 시신이 부패할 수 있기 때문에 얼음을 준비해 부패를 방지하였습니다(조선왕실에서는 한성 인근 3곳에 얼음을 보관했는데, 한강 동북쪽의 동빙고(현 옥수동)와 한강 둔지산의 서빙고(현 서빙고동) 그리고 궁궐 내의 얼음창고인 내빙고가 바로 그곳입니다. 동빙고는 제사용 얼음을, 서빙고는 왕실과 관리에게 공급하는 용도로, 내빙고에서는 궁궐 내에서 사용하는 얼음을 보관했습니다). 또한 얼음으로 실내습도가 높아지는 것을 방지하기 위해 미역이나 다시마 같은 마른 해초류를 주변에 깔아 습도를 조절했다고 합니다.

5개월 후 왕릉이 완공되면 좋은 날을 정해 드디어 재궁이 왕릉으로 옮겨집니다. 재궁을 싣는 상여는 대상여와 작은 소상여가 준비되는

데, 소상여는 궁궐 문이나 좁은 지역을 지날 때 사용되었습니다. 지금으로 치면 큰 영구차와 작은 영구차를 준비했던 것이죠.

국장행렬은 약 1만여 명의 사람들이 참여하는 국가적인 행사였습니다. 특히 상여꾼들은 그 수가 800여 명이었고, 이들은 200명씩 4교대로 상여를 멨다고 합니다.

●● 최고의 가치를 인정받은 조선왕릉

조선의 왕릉은 외국의 전문가들에게 이미 최고의 가치를 인정받고 있습니다. 그들의 감탄은 한결같습니다. 이처럼 자연미와 인공미가

자연미와 인공미가 가장 잘 조화되었다는 평을 받는 조선왕릉.

잘 조화된 정원을 본 적이 없다는, 그야말로 '신의 정원' 이라는 찬사입니다.

왕릉 조성은 엄청난 인원이 동원되고 수개월이 걸리는 대공사였습니다. 산이나 능선에 나무를 제거하고 그곳에 인위적으로 무덤과 부속 건물을 만들어야 하는 공사였기 때문입니다. 이처럼 분명 자연에 손을 대 인공적으로 만든 것인데도 막상 완공된 왕릉 영역 안에 있으면 사람이 만든 묘원이라는 느낌보다는 마치 무덤 자체도 자연의 일부인 듯 느껴지게 만듭니다.

서울 인근에는 약 40기의 왕릉이 있습니다. 그런데 지도를 보면 어떤 곳은 '능', 어떤 곳은 '묘', 또 어떤 곳은 '원' 등 그 명칭이 조금씩 다른 점을 알 수 있습니다. 이것들은 각각 어떤 차이가 있을까요?

헌릉은 태종 임금과 그의 부인인 원경왕후의 무덤이 있는 곳입니다. 이처럼 왕과 왕비의 무덤을 '능' 이라 부릅니다. 반면 연산군은 왕위에서 쫓겨나 일반 왕자의 신분으로 강등되었기 때문에 그냥 연산군묘라 불리게 되는데, 왕의 자손들(대군 또는 공주나 옹주)이나 후궁들의 무덤에는 이처럼 '묘'를 붙입니다. 마지막으로 영회원은 조선 제18대 왕인 인조 임금의 왕세자였던 소현세자와 세자비 강씨가 묻힌 곳입니다. 소현세자는 다음 왕위를 물려받을 예정이었지만 갑자기 젊은 나이에 죽었습니다. 이처럼 왕이 되지 못하고 일찍 세상을 뜬 세자와 세자비의 무덤에는 '원' 이란 말을 사용합니다.

또한 왕릉은 형식에 따라 왕이나 왕비 한쪽만 매장하는 '단릉', 왕

과 왕비를 나란히 모신 '쌍릉', 그리고 같은 봉분 안이 합장 형식으로
된 '합장릉'이 있습니다.

●● 무덤 안 세종대왕은 지금도 잘 계실까?

영릉에는 세종대왕의 옥체가 잘 보존되어 있을까요? 좀 엉뚱한 생
각일지 모르겠지만 한 번쯤 상상해볼 수 있는 의문입니다.

조선의 왕릉은 임진왜란과 병자호란, 일제치하 36년, 그리고 한국
전쟁 등 한반도 전체가 전쟁터였을 때가 많았기 때문에 그런 와중에
도굴이나 폭격을 당할 수도 있었을 것입니다. 그런데 다행히도 이런
역사의 역경 속에서도 선정릉을 제외한 다른 조선왕릉은 대부분 온
전히 보존되어 있습니다(선정릉은 왜군들에 의해 도굴을 당해 빈 무덤으로
남아 있음).

그만큼 조선왕릉은 한두 명이 도굴할 수 없는 철옹성과 같은 존재
였습니다. 그럼 과연 조선왕릉 속은 어떤 구조가 되어 있기에 그렇게
도굴이 힘들다는 것일까요?

먼저 왕릉의 봉분 안에는 석실이 있습니다. 세종대왕의 영릉은 석
실의 길이가 무려 3.8m, 넓이 6m, 높이가 1.7m에 이르고 모두 단단
한 화강암으로 되어 있는데, 두께가 약 70cm가 넘는다고 합니다. 이
거대한 화강암 구조물은 단순히 고인돌처럼 세우고 올린 것이 아니라
목재처럼 서로를 견고하게 짜 맞추는 방식이 사용되었습니다. 그리고

이음매 사이 틈에는 석회를 발라 방수하게 하였습니다. 이렇게 거대한 화강암으로 만든 석실에 임금의 재궁을 안치하게 됩니다. 물론 주변에는 간단한 부장품을 넣고 기름 먹으로 간단한 벽화도 그려넣었습니다.

이렇게 만들어진 석실의 입구에는 이중문의 개념인 '문의석(門倚石)'이라 불리는 돌을 설치함과 동시에 전체 석실을 다시 1.2m 두께의 석회로 감싸게 되고, 다시 잡석으로 그 석회를 감싸니 일반인들이 왕릉을 도굴한다는 것은 거의 불가능한 일입니다.

석회가 굳으면 관 안쪽은 진공 상태가 되기 때문에 시신의 부패를 최대한 막을 수 있는데, 조선시대 사대부의 무덤 안에서 미라가 발굴되는 것도 이 때문이죠. 그러니 그보다 훨씬 견고하게 만들어진 왕릉 안에 잠든 역대 임금은 미라 상태로 온전히 남아 있지 않을까 하는 상상을 하게 됩니다.

●● 영혼이 쉬는 장소, 혼유석의 비밀

조선왕릉의 봉분 앞에는 제사 음식을 차릴 수 있도록 되어 있는 듯한 돌상이 있습니다. 하지만 이 돌상은 제사상이 아닙니다. 왕릉의 제사는 정자각에서 행해집니다.

그럼 이 돌상은 무엇일까요? 정확한 이름은 혼유석이라고 합니다. 물론 제사를 위한 공간이 이미 존재하기 때문에 분명 이 돌의 쓰임새는 제사를 위함이 아닙니다. 이곳은 바로 봉분 아래 잠든 영혼이 나와 쉬는 장소입니다. 이 혼유석은 북 모양을 닮은 4개의 돌이 받치고 있는데, 이 돌에는 잡귀를 잡아먹는다는 귀신의 얼굴이 새겨져 있습니다.

혼유석의 표면은 기계로 자른 듯 매끄럽습니다. 혼유석의 석재는 화강암인데 그 표면을 다듬어 광택을 내는 것은 현대 기술로도 힘들다고 합니다.

그런데 영혼들이 쉴 수 있게 만들었다는 이 혼유석의 쓰임새가 단지 영혼들을 위한 것뿐이었을까요? 혼유석은 8톤에 이르는 무거운 돌로 만들어졌습니다. 그리고 혼유석 밑에는 박석이 깔려 있습니다. 박석 밑으로는 석실로 들어가는 입구가 있는데, 그 입구는 석회로 완전 밀봉되어 있긴 하지만 어쨌든 재실로 들어갈 수 있는 유일한 통로인 것입니다.

봉분 앞의 혼유석. 영혼들이 쉬는 공간으로 제사를 지내는 곳이 아니다.

왕릉의 정자각. 계단은 정면이 아닌 양쪽으로 설계되어있으며, 기둥 밑부분의 하얀색 칠은 구름을 형이상학적으로 표현한 것이다.

•• 왕릉의 정면은 어디일까?

참배객은 왕릉 봉분으로 올라가는 것이 아니라 그 앞의 작은 정자, 즉 정자각에서 참배를 합니다. 그러나 정자각을 오르는 참배자는 절대 정면을 향해 오르지 못합니다. 정면에는 계단이 없기 때문이죠. 반드시 동쪽(오른쪽)으로 들어가 서쪽(왼쪽)으로 나오도록 설계되었습니다. 이는 참배자가 정자각 뒤 봉분을 정면으로 보지 못하도록 해 왕릉의 위엄과 권위를 높이는 효과를 냅니다.

또한 동쪽의 올라가는 계단이 2개인 반면 서쪽의 내려오는 계단은 하나밖에 없습니다. 누군가는 올라갈 수만 있고 내려올 수 없다는 뜻입니다. 여기서 서쪽 계단은 임금이 제향을 마치고 내려오는 계단입니다. 그렇다면 내려오지 못하는 선대왕의 영혼은 어디로 갈까요?

같은 제향 공간이지만 조선 왕의 신위를 모신 〈종묘정전〉(국보 제227호)과 정자각의 결정적인 차이가 여기에 있습니다. 〈종묘정전〉의 뒤에는 문이 없습니다. 신위에 혼백이 담겼다고 믿었기 때문입니다. 하지만 정자각 뒤에는 문이 나 있습니다. 동쪽 계단으로 올라온 왕의 영혼이 이 문을 통해 봉분으로 홀연히 올라간다고 생각한 것입니다.

마지막으로 정자각 기둥은 주춧돌에서 70cm 높이까지는 하얀색으로 칠해져 멀리서 보면 마치 기둥이 공중에 떠 있는 듯한 착각을 불러일으킵니다. 이는 구름 위 천상의 세계를 형이상학적으로 표현한 것입니다.

정자각에서 참배객의 눈높이로 바라본 봉분의 모습.

왕릉 둘러보기

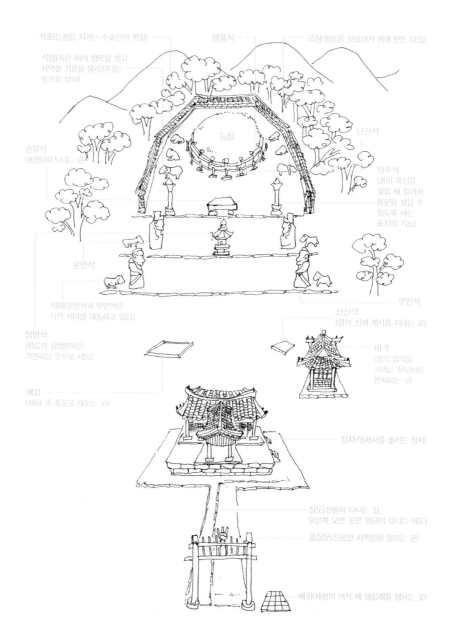

석호(능침을 지키는 수호신의 역할)

병풍석

곡장(왕릉을 보호하기 위해 만든 담장)

석양(죽은 이의 명복을 빌고 사악한 기운을 물리친다는 뜻으로 설치)

능침

난간석

혼유석 (혼령들이 노니는 곳)

망주석 (혼이 육신을 찾을 때 멀리서 봉분을 찾을 수 있도록 하는 표지의 기능)

문인석

석마(문인석과 무인석은 각각 석마를 대동하고 있음)

무인석

산신석 (땅의 신께 제사를 지내는 곳)

장명석 (왕릉의 장생발복을 기원하는 뜻으로 세움)

비각 (왕의 업적을 기리는 신도비를 안치하는 곳)

예감 (제향 후 축문을 태우는 곳)

정자각(제사를 올리는 정자)

참도(신들이 다니는 길, 오른쪽 낮은 곳은 임금이 다니는 어도)

홍살문(신성한 지역임을 알리는 문)

배위(제향의 의식 때 망릉례를 행하는 곳)

백성이 잘 살아야
나라가 잘 산다

_ 조세박물관

전하, 이들은 물려받은 재산도 없고 가진 땅이 없어 남의 땅을 소작하여 1년 수입이 고작해야 10석을 넘지 못합니다. 그것마저 반은 주인에게 바쳐야 하니 그 나머지로 어찌 군포(옷감)를 마련하겠나이까? - 영조실록 중에서

옛날이나 지금이나 공평한 세금을 징수하는 일은 국가 지도자들에게 가장 큰 고민 중 하나가 아닐까 싶습니다. 조선 역시 예외는 아니었죠. 국가 운영의 기본은 백성들로부터 거둬들이는 세금이었기 때문입니다.

특히 공평하고 정확한 세금 징수를 위해 농업 국가인 조선에서는 정확한 토지 조사와 한 해 농작의 정도, 세금을 내야 하는 사람들의

호적 조사, 그리고 정확한 도량의 통일 등에 많은 노력을 기울여야 했습니다. 그래서 호패는 우리가 아는 것처럼 주민등록증의 역할뿐만 아니라 세금을 낼 사람의 수와 사는 곳을 파악하기 위한 증거로 이용되기도 했죠.

조선시대에는 화폐 경제가 발달하지 않은 사회였으므로 조세를 주로 곡식류로 조달했습니다. 그런데 조세로 징수되는 곡물은 물량이 많고 무거웠으므로 대규모의 운송 작업이 필요했을 것입니다. 더욱이 당시에는 수레가 발달하지 않아 세곡의 운송은 대개 선박에 의존해야 했습니다. 즉 전국 각지에서 고을 단위로 징수한 세곡을 인근의 강변이나 해안에 설치한 창고에 모아두었다가, 일정한 시기에 선박을 실어 한양으로 운반했던 것입니다. 그리고 함경도나 평안도, 제주도는 세곡을 중앙으로 운반하지 않고, 그 지역의 군사비나 사신 접대비 등의 명목으로 사용하게 하였습니다.

﹡﹡ 30년 만에 결실을 맺은 세종의 공법

세종대왕은 고민 끝에 고려시대의 제도인 '답험손실법'의 수정을 명합니다. 답험손실법이란 말 그대로 관리가 직접 토지를 답사(조사)해서 세금을 감면해주는 것이었습니다. 그러나 이 법은 조사하는 관리가 마음대로 판단할 수 있기 때문에 부정과 불공정의 시비가 끊이지 않았습니다.

조세제도의 변천을 한눈에 볼 수 있는 전시관.

　이에 1428년 세종은 공법에 관한 논의를 시작했습니다. 공법은 농사가 잘 되든 안 되든 일정한 세금을 내게 하는 정액세법으로 축구장 2개 넓이의 토지당 곡식 10두를 걷는 방식이었습니다. 이를 위해 당시로선 파격적인 여론조사를 실시하였습니다. 참여 인원만 17만 명이 동원된 대규모 여론조사였습니다.

　이렇게 해서 1440년(세종 22년)에 전국 각 도를 토지의 조건에 따라 3등급으로 나누고 각 도를 다시 세세하게 9등급으로 나누어 세금을 부과하는 보완된 공법을 만들었습니다. 이렇게 등급을 나눈 이유는 비옥한 전라도 지방과 여건이 안 좋은 함경도 지방을 같은 기준으로 할 수가 없었기 때문입니다.

　이 공법은 전라도 지방을 시험적으로 실시한 후 다시 수정과 보완을 거쳐 마침내 1444년(세종 26년)에 개편된 공법을 확정하였습니다. 이 새로운 세법으로 국가의 재정은 좋아졌고 백성들의 부담은 많이 줄어들었습니다. 조선왕조 500년 세법의 근간은 이렇게 세종대왕의 끈질긴 노력과 앞서가는 여론조사로 만들어진 것이었습니다.

●● 절반의 성공으로 그친 광해군의 대동법

광해군은 세자 시절에 임진왜란을 겪었습니다. 전쟁을 통해 광해군은 백성들이 과도한 세금으로 얼마나 힘들어하고 있는지 민심을 읽게 되었습니다.

광해군은 임금이 된 후 가장 먼저 새로운 세제개혁을 단행하였는데, 이것이 바로 '대동법'입니다. 대동법은 백성들에게 특산물을 바치게 하는 대신 쌀을 내게 하는 법으로, 쌀이 귀한 백성들에게 쌀을 내게 한다는 것은 오히려 모순이라고 생각할 수도 있습니다. 하지만 당시 정부 재정 수입의 하나인 곡물은 농민들의 생산량에 비례해 세금을 부과했던 것이 아니라, 국가에서 필요로 한 물건을 기준으로 세금을 부과했습니다. 그렇다 보니 단적인 예로 당시 조정에선 이런 상소가 있습니다.

"전하, 신이 지난번 전라도에 있을 때 들은 바로는 '사다새'의 고기를 약으로 사용하므로 전라도 바닷가 7읍에서 번갈아 진상(진귀한 물품이나 지방의 토산물 따위를 임금이나 고관에게 바치는 것)한다고 하옵니다.

비록 1년에 진상하는 것이 한 마리에 지나지 않지만, 그 지방의 산물이 아니므로 가격이 매우 높사옵니다. 그러니 진상할 차례가 오면 사다새를 쉽게 구하는 서울 상인이 먼저 진상하고 나중에 백성들에게 훨씬 비싼 값을 받는다고 하옵니다."

위의 상소처럼 당시 백성들에게는 물건을 세금으로 내는 것이 매우 부담이었습니다. 그렇다 보니 자연스레 이를 대신 납품하는 이들이 생겨났던 것입니다. 위의 예처럼 서울의 상인이 물건을 확보해놓고 먼저 바치면 그 고을에서 물건에 해당하는 값을 받기도 했던 것입니다. 물론 세금을 대신 내주는 서울의 상인은 이윤을 많이 남겼을 것이고 그들의 이윤은 고스란히 백성들의 부담으로 돌아갔습니다.

더 큰 문제는 물건을 대신 납품해주는 상인, 즉 방납인들과 관리들이 서로 한통속이 되어 나중엔 관리들이 방납인들이 납품한 물건만 받으려고 했고 그 폐단이 점점 더 커져갔던 것입니다. 이에 광해군은 선혜청이란 관청을 세우고 세금을 공물 대신 쌀로 내게 했습니다. 백성 입장에서는 기준이 있고 쉽게 구할 수 있는 쌀로 공물을 대신하니 그 부담이 줄게 된 것입니다.

그렇다면 나라에서 필요한 물건은 어떻게 조달받았을까요? 백성들로부터 받은 쌀을 방납인들에게 적정 가격에 주고 필요한 물건을 사는 것이었습니다. 방납인들도 나라에서 사는 것이라 감히 이윤을 많이 붙일 수 없는 상황이니 나라와 백성 모두에게 이익이 되는 조세제도였던 것입니다. 이에 백성들이 기념비까지 세웠을 만큼 대동법은 환영을 받았습니다.

그러나 세력이 매우 커진 방납인들과 엄청난 토지를 소유하고 있던 기득권층인 양반들에게는 그들이 소유한 토지만큼 세금을 쌀로 낸다는 것이 큰 부담이었습니다. 그래서 결국 그들의 반대로 대동법은 경기도 지역에서만 실시가 되었습니다.

가진 자에게는 더 많이, 그렇지 못한 자에게는 더 적게 세금을 거두려 했던 조세제도의 기본을 지키려 했지만, 결국 광해군은 기득권층의 반대로 반쪽 성공만을 이루게 된 것입니다.

▪▪ 신분제의 한계를 드러낸 영조의 균역법

균역법은 조선 후기 르네상스를 이끈 영조가 만든 법입니다. 영조는 어렸을 적에 궁궐 밖에서 생활을 해 백성들의 생활을 잘 알았고 평생 동안 검소를 몸소 실천한 임금이었죠.

영조 임금의 어진.

균역법을 만들기 전에, 조선의 성인 남자들은 원래 군대를 가야 하나 옷감을 내면 면제가 되었습니다. 그러나 그렇게 거둔 옷감은 질 높은 군대를 양성하는 것에 쓰이는 것이 아니라, 다른 국가 재정으로 쓰이게 되어 후에는 일반 세금처럼 되어버렸습니다. 또한 조선 후기에는 신분제가 많이 붕괴되어 돈 많은 양인들은 세금을 면제받기 위해 양반을 사기도 했고, 도저히 힘든 양인들은 아예 세금을 면제받는 천민이 되기도 했습니다.

이렇게 세금을 내야 할 사람들이 자꾸 빠져나가니 관리들은 부족한 옷감, 즉 세금을 걷기 위해 꼬마들이나 이미 죽은 사람들에게까지 세금을 물리게 되었습니다. 당시의 이러한 폐단은 영조실록에도 잘 나와 있습니다.

"전하, 지금 여섯 개 도의 가구 수는 134만 호 정도인데 양반과 승려 등을 제외하면 실제로 세금을 내야 하는 집은 단지 10여 만 호에 불과하옵니다. 10여 만 호가 50만 호의 군역(군대에서 복역하거나 노동을 하는 일)을 부담하게 되니 한 집안에 남자가 4~5명이 있어도 모두 군역에서 벗어나지 못합니다. 이들은 물려받은 재산도 없고 가진 땅이 없어 남의 땅을 소작하여 1년 수입이 고작해야 10석을 넘지 못합니다. 그것마저 반은 주인에게 바쳐야 하니 그 나머지로 어찌 군포(옷감)를 마련하겠나이까? 비록 날마다 매질을 당하여도 그 돈을 마련할 길이 없어 도망을 가게 됩니다. 도망가거나 죽은 자의 몫을 채울 수가 없으니 백골징포(죽은 이에게 세금을 물림), 황구첨정(어린아이들에게 세금을 물림)의 폐단이 생기고 가족과 이웃에게 거두게 되니 죄수가 옥에 가득하다 하옵니다."

이에 영조는 1인당 옷감 2필을 내게 했던 것을 1필로 줄이라는 명령을 합니다. 대신 그만큼 줄어든 국가 재정을 소금 생산에 관한 세금, 배에 대해 물리는 세금 등으로 보충하였습니다. 그러나 국방의 의무를 대신해 내는 세금의 정도는 조금 가벼워지는 듯했으나 근본적인 문제는 여전히 남아 있었습니다. 결국 돈 있는 양반들은 이 세금을 면제받기 때문에 이를 다른 곳에서 보충하는 세금 역시 백성에게서 나와야 했고, 신분제에 따른 세금 면제가 해결되지 않는 한 이 법은 한계를 드러낼 수밖에 없었습니다.

•• 삼정문란과 흥선대원군의 개혁

'삼정문란'은 조선 후기에 백성을 괴롭혔던 가장 큰 문제였습니다. 삼정문란이란 세금을 내는 3가지 방법인데 전정, 군정, 환곡이 그것입니다.

고종의 아버지이며 조선 말기 강력한 세제개혁을 추진한 개혁가 흥선대원군.

'전정'은 토지의 조사와 측량을 바탕으로 생산되는 양을 검사하여 균등하게 부과하는 세금을 말합니다. 그런데 관리들은 재해를 입어 농사를 지을 수 없는 땅을 농사를 지을 수 있는 땅으로 기록하여 세금을 걷으려 했고, 이 때문에 재해를 입었음에도 이를 인정받지 못해 억울하게 세금을 내는 경우가 많았습니다. 또 일부 수령이나 아전들은 사적으로 세금을 빼내기 위해 농사를 지을 수 있는 땅임에도 기록하지 않고 세금을 빼돌리기도 하는 등 폐단이 이만저만이 아니었습니다. 심지어 농민들은 새로 개간할 수 있는 가능성이 있는 땅도 세금이 무서워 방치하는 경우가 많았다고 합니다.

이에 흥선대원군은 전국의 토지를 다시 조사하여 새로운 토지 조사 사업을 실시하고 세금을 낼 수 있는 땅을 색출해 확실히 부과시키고 그렇지 못한 곳은 면세를 시켜주는 정책을 시행했습니다.

'군정'은 국방의 의무로 옷감으로 납세했는데 이를 군포라고 합니다. 군포는 마을 단위로 부과를 했으나 마을의 인구 수가 적어도 내는 양이 같았기 때문에 백성의 부담이 매우 컸죠. 또한 조선 후기 때에는 신분제가 해이해져 세금을 내야 할 많은 일반 백성들이 돈으로 양반을 산 후 면제를 받곤 했습니다. 이에 흥선대원군은 '군포제'를 '호포제'로 돌립니다. 호포제란 각 집마다 옷감을 내는 제도를 말합니다. 그렇게 되니 세금을 면제받았던 양반들도 집이 있는 한 세금을 내야 했습니다.

지금까지 세금을 내지 않아도 되었던 양반 기득권층의 반발은 매우 거셌지만 흥선대원군은 이를 강행했고, 양반도 세금을 내야 한다는 정책은 백성들 사이에 신분적 평등의식을 고취시키는 계기가 되기도 했습니다.

'환곡'은 지방 관아가 춘궁기 때 곡식을 백성에게 빌려주고 추수기 때 빌린 만큼 되갚는 제도를 말합니다. 이때 관아에서는 만약을 대비해 보유 물량의 절반만 대출해주도록 되어 있었습니다. 하지만 관리들은 이자 수익을 위해 나머지도 빼돌리는 등 부정을 일삼았으며 또한 빌려줄 때는 쭉정이와 잡풀을 섞어 대충 무게를 맞춰 빌려주고, 받을 때는 온전한 쌀을 받으려 했으니 백성들의 원성이 날로 커져갔습니다.

이에 대원군은 관아에서 창고를 운영하는 환곡제 대신 백성 스스로 곡식창고를 운영하게 하는 '사창제'로 바꾸게 됩니다. 이는 백성들이 면 단위로 스스로 책임자를 뽑아 그들이 곡식창고를 관리하게 하고, 백성들이 어려울 때 싼 이자로 쉽게 쌀을 빌릴 수 있게 한 것입니다. 이로써 중간 관리들의 횡포가 없어졌기 때문에 비록 싼 이자를 받지만 대부분의 이자 수익이 국가로 들어가 국가 재정이 튼튼해질 수 있었습니다.

박물관 둘러보기

조세박물관은 학술 연구 등의 전문성보다는 박물관 유물을 통한 교육에 많은 목적을 두고 있습니다. 그래서 세금 관련 교육프로그램 등이 다양하게 준비되어 있는 곳입니다.

박물관은 크게 상설전시실과 기획전시실로 나누어져 있습니다. 상설전시실에는 조세에 대한 기본적인 사항을 알아볼 수 있으며, 세금의 의미와 쓰임, 삼국시대부터 일제강점기까지와 광복 이후 현재까지의 조세제도 변천, 그리고 《목민심서》나 《반계수록》 등 조선시대 세금과 조세제도의 내용이 수록된 고문서 등을 전시하고 있습니다.

기획전시실은 조선시대 자필 사인인 '수결(조선시대 사람들의 사인을 말하는 것으로, 세금을 받으면 수령인의 사인이 반드시 들어감)' 또는 '술과 세금' 등 매년 정기적으로 특정 주제를 중심으로 전시를 열고 있습니다.

1 조세박물관 전경.
2 조세박물관 내 실내전경.
3 매년 다양한 주제로 전시가 열리는 기획전시실.

동양최고의
명의를 만나다

_허준박물관

그대로 알다시피 산간벽지에는 의사와 약이 없어서 일찍 죽는 이가 많다. 우리나라에는 곳곳에 약초가 많이 나기는 하나 사람들이 잘 알지 못하니 이를 분류하고 지방에서 불리는 이름도 같이 써서 백성들이 알기 쉽게 하라. - 선조실록 중에서

2004년 5월, 세계 최대 규모의 중국 의학대학인 상하이중의약대 교정 한복판에서는 작은 행사가 열렸습니다. 새로 세워진 동상의 제막식과 기념관 개관식이었습니다. 그런데 이 동상의 주인공은 수천 년 중국 역사에 길이 남은 그 많은 중국의 의원이 아닌, 바로 이웃나라 조선의 명의 허준과 그의 저서 〈동의보감〉이었습니다.

도대체 허준이란 인물이 얼마나 대단하길래 동양의학의 본고장인

상하이중의약대에 있는 허준 동상.

중국, 그것도 중국 최고의 한의학대학 캠퍼스에 그의 동상이 세워진 것일까요?

소설이나 드라마의 주인공으로만 생각해왔던 허준과 그의 저서는 우리가 생각하는 것 이상으로 위대한 가치와 의미를 지니고 있습니다. 특히 일본에서는 지금까지도 〈동의보감〉을 의학의 교과서로 사용하고 있다니 이 저서의 가치는 두말할 나위가 없습니다.

•• 허준의 진정한 스승은 양예수

많은 사람들이 드라마 '허준' 이나 소설 《동의보감》을 보고 읽었을 것입니다. 그러나 모든 드라마와 소설이 그렇듯, 여기에 등장하는 허준의 모습에는 허구적인 면이 많습니다.

허준은 1539년 아버지 허론과 어머니 영광 김씨 사이에서 태어났습니다. 허준의 아버지 허론의 생애에 대해서는 그가 무관으로 평안도 용천의 부사였다는 기록이 있습니다. 그리고 허준의 외할아버지 김유성은 종3품, 외삼촌은 종8품의 관직에 있었다는 기록을 보면 허준의 어머니는 소설이나 드라마에서와 달리 뼈대 있는 집안 출신이었다는 것을 알 수 있습니다.

실제로 허준이 어떻게 의학을 배웠는지에 대한 기록은 그리 많지 않습니다. 다만 양예수가 편찬한 《의림촬요》란 책에는 '허준은 총민하고 어릴 때부터 학문을 좋아했으며 경전과 역사에 박식했다. 특히 의학에 조예가 깊어서 신묘함이 깊은 데까지 이르렀다. 사람을 살린 일이 부지기수이다'라는 기록이 있습니다. 또한 허준이 명문가 출신임을 감안했을 때 어릴 적부터 학문의 기초를 닦았을 것이고, 무인인 아버지 집안과 문과 출신의 어머니 집안의 인맥 등을 비추어보면 의술 역시 그리 어렵지 않게 배울 수 있지 않았을까 추측할 수 있습니다.

이외에도 드라마와 소설에서의 허준은 의과에 수석 합격한 천재의사로 묘사되지만 기록에 나오는 허준의 출사는 과거시험이 아닌 천거, 즉 추천에 의한 것입니다. 조선 중기 학자 유희춘(1513~1577)의 《미암일기》에 "편지를 내어 허준을 내의원에 천거(추천)했다"라는 기록을 보면 분명 허준은 천거에 의해 내의원 의관이 되었을 확률이 높습니다.

허준이 1539년생이고 1569년에 내의원에 들어간 것으로 보이므로 그는 31세 때 내의원에 들어간 것이 됩니다. 당시 내의원은 최신 의학과 최고의 의술을 모두 보유하던 곳으로, 허준은 내의원에 들어간 이후 그곳에서 양예수(?~1600)로부터 지도를 받았을 가능성이 높습니다. 따라서 허준의 진정한 스승은 소설이나 드라마에서 등장한 유의태가 아니라 드라마에서 어의로 나온 양예수입니다.

허준이 1569년에 내의원 의원이 되고 양예수가 1600년에 사망하였던 것으로 보이므로, 허준은 30년 이상이나 양예수와 함께 내의원에 근무하면서 그에게 의술을 배웠습니다. 이는 실록에서 양예수와 허준이 함께 언급될 때 반드시 양예수의 이름을 먼저 언급하고 있으며, 양예수가 죽은 후에야 허준이 비로소 내의원 어의가 된 점에서도 확인할 수 있습니다.

●● 만백성에게 바치는 〈동의보감〉의 탄생

동양 최고의 의서 〈동의보감〉.

선조 22년인 1592년은 임진왜란이 일어난 해입니다. 드라마나 소설을 보면 '어의 허준은 진귀한 의서와 진료자료 등을 챙기다 선조의 피란길에 못 따라가고 나중에 평양성에 이르러서야 동참하게 되었다. 이에 허준은 많은 비난을 받게 되고 마침내 전쟁이 끝나고 허준은 전란 속에 죽어가는 백성들의 모습을 보면서 백성들도 쉽게 볼 수 있는 의서의 편찬을 결심한다' 라는 줄거리입니다.

그러나 실제는 이와 조금 다릅니다. 임진왜란은 조선의 건국 이래 가장 큰 재난이었습니다. 왜군이 한양 근처까지 쳐들어왔을 때 조정은 아수라장으로 변하고 대부분의 신하들은 도망가기에 급급했습니다. 당시의 기록을 보면 선조 임금을 끝까지 보필한 신하는 불과 17명에 지나지 않았고, 거기에 임금의 건강을 살피는 의원은 2명뿐이라고 전합니다. 전쟁 후 허준은 그 공으로 호성공신(임금의 가마를 끝까지 모신 공신들)으로 책봉되기도 하였습니다. 그렇게 전쟁의 시간은 흐르고 전쟁 때 죽어가는 백성들의 모습을 지켜본 선조는 전쟁이 끝난 뒤 허준에게 〈동의보감〉 편찬을 명령하게 됩니다.

1596년 선조실록을 보면 임금이 허준에게 다음과 같이 하교합니다.

"요즘 조선이나 중국의 의학책들은 모두 변변치 않고 보잘 것이 없다. 그대는 여러 가지 의학책을 모아서 좋은 의학책을 하나 편찬하는 것이 좋겠다. 특히 여러 가지 처방이 번잡(煩雜)하므로 되도록 그 요긴한 것만을 추려야 할 것이다. 그대도 알다시피 산간벽지에는 의사와 약이 없어서 일찍 죽는 일이 많다. 우리나라에는 곳곳에 약초가 많이 나기는 하나 사람들이 잘 알지 못하니 이를 분류하고 지방에서 불리는 이름도 같이 써서 백성들이 알기 쉽게 하라."

즉, 〈동의보감〉은 허준의 의지가 아니라 선조 임금의 명에 의해 이루어졌다는 사실을 우리는 알 수 있습니다.

그러나 이런 허준에게도 큰 시련이 다가옵니다. 바로 선조의 승하입니다. 임금이 승하를 하면 그의 건강을 책임졌던 어의 역시 죄를 받는데 허준 역시 예외는 아니어서 유배를 떠나게 됩니다.

드라마와 소설에서는 다음과 같은 내용이 나옵니다.

'유배지에서도 허준은 밤낮을 안 가리고 편찬에 매진해 결국 〈동의보감〉을 유배지에서 완성하게 되었다. 이 소식을 들은 광해군은 대신들의 반대에도 불구하고 허준을 궁궐로 다시 불러 어의 일을 계속 해주기 바랐으나 허준은 스승이 환자를 돌봤던 경상도 산음 땅으로 낙향을 해 그곳에서 가난한 환자를 돌보다 돌림병으로 결국 세상을 등지게 된다.'

드라마에서처럼 실제로 광해군은 허준을 매우 신뢰했던 것 같습니다. 기록에 의하면 광해군은 계속적인 대신들의 반대에도 불구하고 허준의 유배를 풀려고 노력합니다.

당시 기록인 광해군일기에는 "임금께서 하교하셨다. 허준은 호성공신일뿐만 아니라 나에게도 공로가 있는 사람이다. 근래에 내가 마침 병이 많은데 내의원에는 허준만큼 경험 많은 의원들이 적다. 더구나 귀양살이한 지 해가 지났으니, 이제 석방하는 것이 가하다"라는 구절이 나옵니다.

그러나 〈동의보감〉을 유배지에서 썼다는 것과 낙향을 했다는 내용은 사실과는 거리가 먼 이야기입니다. 실제로는 낙향한 것이 아니라, 유배지에서 풀려난 뒤 허준은 1609년 내의원에 복귀해 임금의 건강을 돌보며 〈동의보감〉 편찬에 더욱 몰두합니다. 그리고 1610년에 〈동의보감〉은 유배지가 아닌 궁궐 안에서 완성되었습니다. 그 후 궁궐 안 내의원에서 후학들을 지도한 뒤 1615년 겨울에 세상을 떴습니다.

그의 슬픔을 안타까워했던 광해군은 그에게 정1품 보국숭록대부의 작위를 내렸고, 이는 31세 때 내의원에 들어와 40여 년간 선조와 광해군을 보위하며 〈동의보감〉을 편찬한 허준에게 나라에서 내린 의관 역사상 최고의 지위였습니다. 물론 그의 작위 수여는 절대 쉬운 일이 아니었습니다. 수많은 신하들이 너무 과하다는 상소를 끊임없이 올렸음에도 불구하고 광해군은 끝까지 그의 업적을 칭송했습니다.

•• 400년 넘은 동양 최고의 의서 〈동의보감〉

400년 전에 집필된 책 중 오늘날까지도 중요한 참고서로 쓰이고 있는 책이 바로 〈동의보감〉입니다. 〈동의보감〉은 무려 25권의 책으로 이루어진 종합 의서로, 책의 전체 내용은 아래와 같습니다.

권	구분	내용
1~2권	목차	전반적인 개요
3~6권	내경	인체의 오장육부
7~10권	외형	인체의 외형
11~21권	잡병	각종 병과 치료법
22~24권	탕액	약의 조제
25권	침구	침술과 뜸

● 내경

'내경'이란 안쪽의 세상, 즉 몸 안의 세상을 말합니다. 우리가 익숙하게 알고 있듯 동양의학에선 인체와 우주를 연관짓는데, 〈동의보감〉역시 인체가 만들어지는 것은 우주의 형성 과정과 연결지어 설명을 하고 있으며 사람은 자연의 질서를 거스르지만 않고 순응하면 건강하게 살 수 있다는 양생관을 보여줍니다.

● 외형

'외형'은 인체의 외형을 말합니다. 머리에서 발끝까지 내려가면서 각 부분들을 순서대로 다루고 있는데, 인체의 각 부분을 얼굴, 눈, 코, 치아 등의 머리 부분과 가슴, 젖, 배, 허리 등의 몸통 부분 그리고 피부, 살, 근육, 뼈 등의 오체, 팔, 다리, 털, 생식기, 항문 등 변방의 순서에 따라 구체적으로 자세히 설명하고 있습니다. 특히 이는 다른 어떤 의서에도 설명되어 있지 않는 〈동의보감〉만의 특징입니다.

● 잡병

내경과 외형에서 인체 내부나 몸의 각 부분에서 생길 수 있는 각종 질병을 서술했다면, 잡병편에서는 병 자체를 다루면서 발병 원인과 증상 등을 자세히 소개하고 있습니다. 이는 환자가 어느 곳에서 사느냐에 따라 병과 치료법이 달라야 한다는 내용입니다.

우리나라 남쪽은 덥고 불의 성질이 있는데, 가볍고 덥기 때문에 지역 사람들은 대부분 몸이 허약하고 실한 사람이 적습니다. 그러므로 치료에는 성질이 온화한 약을 써야 하고, 우리 몸에 질병을 일으키는 외부의 원인 중 6가지를 정리했는데 바람, 추위, 더위, 습기, 건조, 화기 등에 의해 병이 생긴다는 것입니다. 이와 같이 대부분의 병과 그 증세 그리고 치료법 등을 자세하고 구체적으로 예를 들어가면서 설명하고 있는 부분이 바로 잡병편입니다.

● 탕액

물이라고 해서 다 같은 물이 아니며, 그중 제일로 치는 것이 바로 정화수이고 탕약을 다릴 때에는 이 정화수를 써야 한다는 내용입니다. 이렇듯 약은 환자를 치료하는 결정적인 역할을 하는데, 〈동의보감〉 탕액편에는 약초를 캐는 시기 또 묵혀야 할 것과 그러지 말아야 할 약재, 약을 먹는 법 등 약에 대한 모든 것이 자세히 수록되어 있습니다.

● 침구

우리 몸에는 피가 흘러가는 혈관이 있듯 기운이 흐르는 경락이 있습니다. 경락은 우리 몸에 12개가 존재하는데 그 기운이 흐르는 길을 바로 12경락이라 합니다.

발이 삘 경우 서양에서는 눈에 보이는 현상, 즉 인대를 치료하려 하지만 한의학에선 눈에 보이지 않는 발의 경혈에 침을 놓아 발의 기운이 잘 통하게 만들어 발을 원래의 상태로 만드는 것입니다. 침을 놓는다는 것은 막힌 기운을 뚫어 원상태로 돌리는 것으로, 뜸 역시 침과 비슷한 원리로 쑥을 피부 위에 올려놓고 태워 경락과 혈 자리를 자극시켜주는 요법입니다.

허준박물관은 강서구의 공립박물관으로 크게 4가지 테마로 나눠집니다.

1층 입구에 들어서면 탁 트인 공간이 나오는데, 한쪽 벽면에는 허준의 영정이 모자이크 형태로 놓여 있고 좌측으로는 은은한 한약 냄새와 함께 전통차를 마실 수 있는 카페와 뮤지엄샵이 있습니다.

2층에는 허준과 한의학을 체험할 수 있는 전시실이 나오는데 계단의 바로 오른쪽부터 관람이 시작됩니다. 먼저 허준기념관실은 허준의 일대기와 주변인물, 활동상황, 그의 업적 등을 잘 재현해놓은 공간입니다. 허준이란 인물은 그 위대한 업적에 비해 남겨진 역사적 기록이 그리 많지 않습니다. 이 기념실에서는 허준의 탄생 과정과 주변 사람들의 기록을 근거로 알기 쉽게 정리를 해 관람객이 쉽고 재미있게 허준의 업적을 접할 수 있습니다.

약초약제실은 한의학 재료인 약초와 동물로부터 얻어지는 약재의 효능, 그것이 약으로 만들어지는 과정 등을 잘 정리해 보여줍니다. 약초약제실 바로 옆에는 의약기기실이 있는데 한의학에서 가장 중요시했던 침과 그것을 담는 침통 그리고 약연(약재를 갈던 기구), 약탕기, 약장(약을 분류해 넣는 가구), 600백 년 전 사용되었던 약 숟가락 등 우리 조상들이 사용했던 다양한 한의학 기구들을 전시하고 있습니다.

조선시대 궁궐 안 왕실의 시탕을 받들던 창덕궁 내의원실을 나오면, 자신의 체질을 직접 체크해보거나 조선시대 한의원을 직접 체험할 수 있는 체험실이 있습니다.

그리고 마지막으로 박물관 관람을 마치면 반드시 들려도 좋을 곳이 바로 건물 옥상입니다. 우리가 늘 봐왔던 마른 약재가 아닌 실제 살아 있는 약초를 만날 수 있는 곳이기 때문입니다.

1 허준박물관 전경.
2 〈신찬벽온방〉(보물 제1087호)와 〈구급간이방〉(보물 제1236호).
3 창덕궁의 내의원과 일반 한의원의 구조를 미니어처로 한눈에 볼 수 있는 내의원과 한의원실.
4 박물관 옥상에 위치한 약초공원.
5 허준기념관실 전경.

박물관에서 만나는 근대사 이야기

3

목숨보다 소중했던
문화재 사랑

_ 간송미술관

문화재란 당대 사람들의 삶과 정신이 고스란히 묻어 있는 살아 있는 증거입니다. 우리가 아무리 고려청자의 위대함을 외치고 사료 속의 고려청자 기록을 보여준다 한들 정작 고려청자 자체가 없다면 말 그대로 사료 속 기록에 불과할 뿐입니다. 이를 누구보다도 빨리 깨닫고 심각하게 여긴 사람이 바로 간송 전형필이었습니다.

서울 성북동 북악산 자락에는 박물관이라고 하기엔 조금 허름해 보이는 흰색 건물 한 채가 우뚝 서 있습니다. 바로 간송미술관입니다. 간송미술관은 지은 지 반세기가 훨씬 지난 건물입니다. 그래서 돈으로 평가할 수 없을 만큼 위대한 국보급 보물들을 많이 지니고 있는 간송미술관의 명성 치고는 매우 소박한 건물입니다.

간송미술관은 1966년 간송 전형필(1906~1962)이 평생 수집한 문화재와 함께 '한국민족미술연구소 부설 미술관'이란 이름으로 세상에 알려졌습니다. 전형필은 1929년부터 수집한 국보급 문화재들을 '보화각'이란 건물을 지어 보관해왔는데, 그곳이 지금의 간송미술관이 되었답니다.

신윤복의 〈미인도〉.

간송미술관은 신윤복의 〈미인도〉를 비롯해, 고려청자, 〈훈민정음〉 원본 등 우리나라 최고의 문화재들을 많이 보유하고 있습니다. 그런데 그보다 우리가 더 관심있게 알아야 할 사실은 바로 일제강점기 동안 일본인들로부터 우리의 소중한 문화재를 지켜낸 간송의 문화재 사랑과 애국정신입니다.

암울했던 시기에 우리 민족의 혼이 담긴 수천 점의 문화재를 일본인들로부터 되찾고 지켜낸 간송 전형필의 노력이 있었기에 우리는 지금의 이 보물들을 간직할 수 있게 되었습니다.

•• 우리 문화재의 수호자, 간송 전형필

간송 전형필은 1906년 서울 종로에서 자식이 귀한 재력가 집안의 늦둥이로 태어났습니다. 어릴 적 전형필은 할아버지의 영향으로 한학을 공부했으나 할아버지가 돌아가시면서 12세가 되던 1918년 어의보 통학교(지금의 효제초등학교)에 입학해 신식 교육을 접하게 되었죠. 그리고 1926년 지금의 휘문고 전신인 휘문고보를 거쳐, 1929년 일본 와세다대학교 법학부에 입학했습니다.

당시 일본인들은 한국을 문화 후진국이라 여겼고, 청년 전형필은 이런 그들의 역사 왜곡에 분노하지 않을 수 없었습니다. 그러던 차에 오세창(1864~1953)을 만나게 됩니다. 오세창은 3·1운동 당시 민족대표 33인 중 한 사람으로, 우리 민족의 계몽과 독립을 위해 노력했던 독립투사이자 교육자였으며 서예가였습니다. 그는 3년간 옥고를 치른 뒤 서화에 전념하면서 우리나라 서예가 1,000명의 한국 서화사를 총정리하는 등 서화가로서도 많은 업적을 남겼습니다.

전형필은 오세창을 통해 고서화와 문화재에 대한 안목을 키우게 되었고, 전형필에 의해 수집된 문화재들을 오세창은 직접 감별하고 정리했습니다. 그렇게 20대 청년 전형필은 오세창과의 만남을 통해 조

오세창과 전형필의 운명적인 만남(왼쪽에서 다섯 번째가 오세창, 여섯 번째가 전형필).

국을 위해 무엇을 해야 할지 깨닫게 되었습니다.

당시 5,000년 역사의 한반도는 일본인들에게 문화재 노다지 같은 곳이었고 전국적으로 도굴이 행해졌을 때였습니다. 그렇게 강탈당한 우리 문화재들 수만 점이 지금 이 시간에도 일본 전역에 방치되어 있다고 합니다.

문화재란 당대 사람들의 삶과 정신이 고스란히 묻어 있는 살아 있는 증거입니다. 우리가 아무리 고려청자의 위대함을 외치고 사료 속의 고려청자 기록을 보여준다 한들 정작 고려청자 자체가 없다면 말그대로 사료 속 기록에 불과할 뿐입니다. 이를 누구보다도 빨리 깨닫고 심각하게 여긴 사람이 바로 간송 전형필이었습니다.

●● 빼앗길 뻔한 문화재를 되찾아오다

오세창을 만난 뒤 전형필은 지인들로부터 조금씩 문화재를 수집하다가, 1932년 당시 관훈동에 고서점으로 명성이 자자했던 한남서림을 인수하였습니다. 그 이유는 고서점을 이용해 전국에 흩어진 문화재를 효율적으로 구입하기 위해서였습니다. 그가 만약 단순한 골동품 상인이었다면 어떤 작품이든 최소한의 돈으로 구입하려 했을 것입니다. 그러나 그는 가치 있는 문화재는 반드시 그 가치만큼의 돈을 지불했습니다.

정선의 〈금강산도〉로 유명한 《해악전신첩》의 구입 경로를 보면 그의 문화재 가치에 대한 철학을 알 수 있습니다.

《해악전신첩》을 구입한 곳은 경기도 용인의 한 대갓집이었습니다. 당시 이순황(전형필의 문화재 수집 사업을 도왔던 절친한 친구)은 우연히 그 집 머슴이 군불을 때면서 불쏘시개로 종이를 사용하고 있는 것을 목격했는데, 그 종이뭉치에서 화첩을 발견하게 됩니다. 재빨리 그 화첩을 손에 넣고 살펴보니 겸재 정선의 화첩이었습니다. 조금만 늦었어도 영원히 사라질 뻔했던 아찔한 순간이었습니다.

화첩의 존귀함을 알지 못했던 집주인은 단 20원이라는 헐값에 그 화첩을 넘겼는데, 그 얘기를 전해들은 전형필은 좋은 물건은 그 값어치를 반드시 치러야 한다는 생각에 다시 집주인을 만나 그만큼의 대가를 치렀다고 합니다.

이렇듯 좋은 값을 쳐준다는 소문은 전국으로 퍼졌고, 이는 전형필이 더 많은 문화재들을 모으는 데 좋은 원동력이 되었습니다. 추사 김정희, 겸재 정선, 단원 김홍도, 혜원 신윤복, 오원 장승업 등 조선시대를 대표하는 화가들의 수많은 작품들을 그는 이러한 신념을 바탕으로 수집할 수 있었습니다.

1935년에는 우리 보물을 찾게 되는 또 하나의 큰 사건이 있었습니다. 바로 현존하는 고려청자 중 최고의 작품으로 꼽는 〈청자상감운학문매병〉(국보 제68호)입니다. 지금도 우리나라를 대표하는 이 문화재는 풍만하면서도 유연한 곡선과 상감기법으로 조각된 학이 마치 살아서 날아갈 것 같은 최고의 걸작으로, 한때 일본인의 손에 넘어가기도 했으나 결국 전형필의 노력으로 우리 품에 돌아오게 되었습니다.

현존하는 고려청자 중 최고의 가치를
인정받는 걸작 〈청자상감운학문매병〉
(국보 제68호).

간결하면서도 꽉 찬 느낌의 문양과
짜임새가 있는 조선 백자의 걸작 〈청
화백자철사진사국화문병〉(국보 제
294호).

고분에서 도굴된 이 청자는 몇몇의 상인
들을 거치면서 순식간에 값이 뛰었고, 그
소식을 들은 전형필이 직접 이 청자를 봤을
때는 이미 일본인의 손에 들어간 뒤였습니
다. 당시 이 청자를 사기 위해 총독부박물
관에서는 1만 원이란 거금을 제시했다고
합니다. 이에 청자를 본 전형필은 조금도
주저하지 않고 2만 원이란 거금을 제시하
였습니다.

그 소식은 순식간에 퍼져서 이 청자를 탐
내던 한 일본인은 4만 원이란 돈을 전형필
에게 제시하면서 되팔라고 하였답니다. 물
론 전형필은 4만 원이 아니라 40만 원을 준
다고 하더라도 절대 팔 생각이 없었습니다.

전형필의 진가는 '경성미술경매구락부'
에서 또 한 번 발휘되었습니다. 경성미술경
매구락부는 일제시대 때 서울에 있었던 고
미술 경매장으로, 일본이 조선의 문화재를 약탈해가는 합법적인 창구
역할을 했던 곳입니다.

1936년 12월 22일, 경성미술경매구락부에서는 숨 막히는 한일전
이 열리고 있었습니다. 무명의 조선 청년 전형필과 당시 국제적인 거
상 아마나카였습니다.

경매의 주인공은 조선 최고의 백자인 〈청화백자철사진사국화문병〉 (국보 제294호)이었습니다. 향기를 품어내는 듯한 국화, 난초, 풀벌레 가 양각으로 새겨져 있고 3색의 화려한 채색이 돋보이는 이 작품은 조선 백자의 진수를 보여주는 명품 중 명품입니다.

1,000원으로 시작한 경매가는 순식간에 10,000원을 넘겼습니다. 10,000원이 넘어가면서도 경매가는 계속해서 500원 단위로 올라가 고 있었습니다. 그러다 당대 최고의 국제적 거상 아마나카의 입은 14,570원에서 멈추었습니다. 조선의 자존심 명품 백자를 지켜내는 순간이었습니다.

〈청화백자철사진사국화문병〉의 최종 낙찰가격은 전형필이 부른 14,580원이었습니다. 당시 쌀 한 가마니(80kg)가 8원이었다고 하니 이 백자의 가격이 얼마나 큰돈인지 짐작할 수 있을 것입니다.

그러나 경기의 승패는 이미 정해져 있었습니다. 그것은 문화재에 대한 가치관의 차이에 있었습니다. 명품 백자를 사업적 이익의 수단 으로 취급했던 아마나카는 일본으로부터 우리의 민족혼이 담긴 문화 재를 수호하겠다는 신념의 전형필과는 이미 상대가 될 수가 없었던 것이지요.

•• 외국인도 감탄한 고려청자의 귀환

전형필의 이러한 노력에도 불구하고 당시 우리의 많은 문화재들은 일본에 헐값으로 넘어갔습니다. 특히 고려청자의 경우는 매우 심각했습니다. 고려청자는 주로 고려시대 고분을 통해 출토되었는데, 이를 안 일본인들이 닥치는 대로 고려시대의 고분을 파헤친 것입니다.

지금도 세계 최고의 도자기로 칭송받는 고려청자가 당시에 그렇게 일본으로 빼돌려지는 상황을 전형필이 모를 리 없었습니다. 그러던 중 전형필은 고려청자 수집가로 명성이 자자했던 한 영국인의 소식을 접하게 되었습니다. 그는 일본에서 활동했던 영국인 변호사로 고려청자의 매력에 빠져 많은 명품 고려청자들을 일본인들로부터 수집하고 있었습니다. 그런 그가 고국으로 돌아가기 위해 수십 점의 고려청자를 처분한다는 소식을 접했던 것입니다.

간송은 이 고려청자의 구입 자금을 마련해야 했습니다. 결코 만만한 자금이 아니었죠. 전형필은 결국 조상 대대로 내려오던 농장을 급히 처분하기로 합니다. 구입을 주저하는 사이, 그 보물들은 분명 일본인들에게 넘어갈 것이 불을 보듯 뻔했습니다. 선대로부터 물려받은 땅을 헐값에 넘기는 일에 그의 어머니는 만류했지만 전형필의 문화재 사랑을 막을 수는 없었습니다.

1937년 2월 26일, 동경에 도착한 간송은 그를 만났습니다. 그는 전형필에게 "지금껏 많은 나라에서 수많은 자기들을 봐왔지만 고려자기만큼 아름답고 신비한 자기를 본 적이 없습니다. 형언할 수 없는 신비감을 느끼게 하는 것이 바로 이 고려자기입니다. 이렇게 아름다운 문화재가 다시 고향으로 돌아간다니 저 역시도 매우 기쁩니다"라고 말했습니다. 그렇게 해서 고려청자는 32세 젊은 청년 전형필에 의해 다시 우리 품으로 돌아올 수 있었습니다. 당시 돌아온 고려청자는 모두 최고의 예술품으로 〈청자압형수적〉(국보 제74호), 〈청자기린유개향로〉(국보 제65호), 〈청자모자원형연적〉(국보 제270호) 등 수십 점에 이릅니다.

전형필의 문화재 수집은 도자기와 서화뿐만 아니라 이미 일본으로 건너간 석불, 석탑, 석등, 부도(승려의 사리나 유골을 봉안한 묘탑) 등 석조 유물로까지 확대되었습니다.

당시 일제는 조선의 고적을 조사한다는 명목으로 전국의 유명 사찰에 있는 문화재 수만 점을 일본으로 빼돌리고 있었습니다. 이에 전형필은 다양한 경로를 통해 석물을 수집하기 시작했습니다. 그 결과 고려시대 제작된 〈괴산 외사리석조부도〉(국보 제579호)는 일본으로 빼돌려지기 직전에 인천항에서 엄청난 금액을 주고 극적으로 구입했고, 이미 일본으로 빼돌려진 고려시대 〈삼층석탑〉(서울시유형문화재 제28호)은 오사카 경매장에서 고가에 구매해 다시 우리의 품으로 돌아왔습니다. 그렇게 해서 지금도 간송미술관 뒤뜰에 가면 당시 일본으로부터 지켜낸 석조부도와 석탑을 볼 수 있습니다.

●● 〈훈민정음〉 원본을 구하다

교육과 문화재 보존을 위해 밤낮으로 뛰던 1942년 어느 날, 전형필은 엄청난 소식을 접하게 됩니다. 바로 경상도 안동에 〈훈민정음〉 원본이 있다는 소식이었습니다. 불현듯 일본으로 불법 반출될 것 같은 두려움이 그를 엄습했습니다.

당시 조선민족말살정책에 혈안이 되어 있었던 일제가 한글의 과학적 체계를 증명해주는 〈훈민정음〉 원본을 가만히 둘 리 없었기 때문입니다. 더군다나 일제는 한글의 기원이 비과학적이고 한글의 모든 철자는 세종대왕이 창살과 문고리의 모양을 보고 우연한 기회에 만들었다는 식으로 한글 자체를 비하하고 왜곡시키고 있었습니다. 이런 상황에서 〈훈민정음〉 원본의 발견은 그들의 역사 왜곡 자체가 거짓임을 말해주는 결정적 증거가 될 수 있었습니다.

〈훈민정음〉 원본의 가치를 몰라본 당시 책 주인은 고작 1,000원을 요구했다고 합니다. 이에 전형필은 9,000원을 더해 10,000원을 주고 〈훈민정음〉 원본을 구입하게 되었습니다. 아울러 전형필은 구입과 함께 주변인들에게 "절대 제가 이 책을 구입했다는 사실을 알리지 마십시오. 만약 총독부가 이 사실을 안다면 분명 이 책을 찾으려 할 것입니다"라며 말조심을 당부하기도 했습니다. 그리고 3년 후 해방이 되어서야 이 사실을 공개하였습니다.

이외에도 세종 때 우리나라의 한자음을 바로잡아 통일된 표준음을 정리한 〈동국정운〉(국보 제71호)과 목판본으로 출판된 가장 오래된 거문고 악보인 〈금보〉(보물 제283호) 역시 전형필에 의해 수집된 중요한 보물입니다. 특히 전형필은 〈훈민정음〉 원본을 한국전쟁 당시에 항상 가방 속에 넣어 들고 다녔고, 심지어는 잠을 잘 때도 베고 잤을 만큼 소중히 했다고 합니다.

•• 한국전쟁으로 위기에 처한 문화재

1945년 해방이 된 이후에도 전형필은 더욱더 문화재 수집에 박차를 가했습니다. 바로 한국에 남아 있던 일본인들이 소장하고 있는 문화재를 회수해야 했기 때문이었습니다. 당시 한국 내 일본인들은 일본으로 급히 돌아가야 했기에 그들이 소장한 문화재를 회수할 수 있는 좋은 기회였습니다.

문화재 사랑이 무엇인지를 보여준 간송 전형필.

단 한 점의 문화재도 일본으로 건너가지 않도록 전형필의 노력은 필사적이었습니다. 그런데 해방 이후 박차를 가했던 그의 문화재 수집 활동은 1950년 한국전쟁으로 중단되고 말았습니다. 당시 북한군이 순식간에 서울을 점령하고 전형필의 보화각 역시 그들에게 포위되고 만 것입니다.

보화각은 이미 북한에서도 잘 알려져 있었기 때문에 북한 정부는 보화각의 문화재를 북으로 옮기려 했습니다. 이송 작업을 위해 남한의 문화재 전문가 두 명을 데려왔는데 바로 서예가 손재형(1903~1981)과 미술사학자 최순우(1916~1984)였습니다. 그들은 문화재 포장과 정리에 시간이 걸린다며 의도적으로 포장을 지연하면서 시간을 끌었고, 얼마 후 유엔군의 인천상륙작전 성공으로 갑작스럽게 북한

간송미술관은 봄, 가을에만 특별전을 연다.

군은 후퇴를 하게 되면서 보화각은 큰 위기를 넘기게 되었습니다.

한국전쟁 후 전형필은 우리문화재 가치를 찾아내고 학술적 토대를 쌓는 데 그 힘을 기울이게 됩니다. 이제 그에게 남은 과제는 문화유산을 통해 우리 문화사를 복원하는 것이었습니다.

우리가 간송 전형필을 통해 배워야 할 점은 그가 우리의 골동품과 서화에서 우리 민족의 삶과 정신을 찾으려 했다는 점입니다. 비록 작은 고려청자 하나지만 거기엔 고려인들의 삶이 담겨 있음을, 비록 단순한 백자 항아리 하나지만 거기엔 조선 사람들의 정신이 배어 있음을 그는 알았던 것입니다. 그리고 그가 지켜낸 수많은 문화재는 지금도 우리 곁에서 우리가 나아가야 할 미래를 말해주고 있습니다.

간송미술관은 1971년 10월부터 매년 5월과 10월에 각각 2주씩만 특별전이 열리며, 평상시에는 학술 연구에 주력하고 있습니다.

이세 해위의 패가 부르의있으니 천하의 영봉 지리산을 생사의 터로 삼아 동족상잔의 피 어린 위한을 풀어 그 본인으로 돌아감이 옳거니 여기 초분 법을 회위사 청정도량에 한 사람의 자취를 돌에 새기 거리도록 하이라. 회위사 내 차일혁 총경의 공적비 비문.

우리나라 근대사에서 경찰 역사의 시작은 1894년 갑오개혁부터지만, 1910년 주권이 일본으로 넘어간 뒤에는 경찰 역시 일본인들에 의해 재조직되었습니다. 특히 특별고등계 형사라는 사상 담당 경찰관 수만 명이 한국인의 정치적 결사 및 독립운동을 적발해 처단하고, 애국지사들을 뚜렷한 혐의 없이 검거하여 모진 고문을 가하는 등 민족부흥운동을 탄압하였습니다.

일제시대의 경찰 복장.

　1945년 광복 후에는 미 군정청에 경무국이 설치되면서 우리의 국립경찰이 창설되었습니다. 하지만 당시 경찰 간부로 임명된 많은 이들은 일제시대의 친일 출신이었습니다. 그러던 중 한국전쟁이 일어나자 경찰은 국군과 함께 전쟁터로 나섰고, 당시 나라를 위해 목숨을 바친 경찰 수가 무려 1만 명에 이릅니다.

　이처럼 많은 군인들이 한국전쟁에서 순직했지만, 그에 못지않게 경찰들 역시 많은 목숨을 잃었습니다. 이후 대한민국 경찰은 공공의 질서를 위해 노력해왔지만, 한편으로는 군사독재 시절 여당의 행동대장 역할을 했다는 비판 또한 피할 수 없는 아픈 역사를 지니고 있습니다.

•• 화엄사에 경찰 공적비가?

　전라남도 구례 지리산 남쪽 기슭에는 우
리나라 화엄종의 본거지인 천년고찰 화엄사
가 자리잡고 있습니다. 이 사찰은 1,500여
년 전 인도의 승려가 화엄사를 창건한 이후
신라시대, 고려시대를 거쳐 불교를 억압하
던 조선시대에도 법석의 요람으로 맥을 이
어가다 임진왜란 때 왜군에 의해 대부분의

화엄사를 지켜낸 차일혁 총경.

건물이 소실되고 말았습니다. 이후 1630년 중건을 시작하여 7년 만
인 1636년에 대웅전, 1702년에는 장륙전 등이 완공되어 지금에 이르
고 있습니다.

　이처럼 모진 세월을 견뎌낸 지금의 화엄사는 그 자체가 국보를 전
시하고 있는 박물관이라고 보아도 좋을 만큼 보물급 문서와 서화를
많이 소장하고 있습니다(화엄사에는 〈화엄사각황전앞석등〉(국보 제12호),
〈화엄사사사자삼층석탑〉(국보 제35호), 〈화엄사각황전〉(국보 제 67호), 〈화엄사대
웅전〉(보물 제299호), 〈화엄사동오층석탑〉(보물 제132호), 〈화엄사영산회괘불탱〉
(국보 제301호), 〈화엄사대웅전삼신불탱〉(보물 제1363호), 〈화엄사서오층석탑사
리장엄구〉(보물 제1348호), 〈화엄사화엄석경〉(보물 제 1040호) 등이 있음). 그런
데 특이한 것은 이곳 화엄사 부도전 맞은편 공원에 있는 차일혁의 공
적비입니다. 그 공적비에는 "이제 해원의 때가 무르익었으니 천하의
영봉 지리산을 생사의 터로 삼아 동족상잔의 피 어린 원한을 풀어 그

본연으로 돌아감이 옳거니 여기 근본 법륜 화엄사 청정도량에 한 사람의 자취를 돌에 새겨 기리도록 함이라"는 문구가 새겨져 있습니다.

•• 목숨과 맞바꾼 화엄사

차일혁은 1920년 7월 20일 충남 홍성에서 태어났습니다. 일제의 민족탄압이 절정에 이르렀던 1930년대에 홍성공업전수학교를 다녔던 차일혁은 학생들에게 독립정신을 교육했던 한국인 교사가 일본 형사에 의해 체포돼 끌려가는 모습을 목격한 후 이를 분하게 여겨 몇몇 친구들과 일본 형사를 구타하는 사건에 연루되어 도피생활을 하기도 했습니다. 이후 조국의 독립운동에 투신하기 위해 중국으로 건너가 중앙군관학교 포병과를 졸업하고 포병 대대장으로 항일 전선에 참가하게 됩니다.

당시 차일혁은 독립운동가 탄압의 선봉장이었던 일본인 형사와 헌병사령관을 저격하는 등 독립운동에 앞장섰습니다. 해방 후 그가 몸담았던 조선의용대 출신들은 대부분 북한군이나 중국 팔로군(항일 전쟁 때 화베이(華北)에서 활약한 중국 공산당의 주력군)이 되었지만 차일혁은 민주주의를 택하고 귀향을 해 경찰이 되었습니다.

당시 경찰 간부의 대부분은 일제시대 때 친일 경찰 간부였거나 일본군 장교 출신들이었습니다. 차일혁은 그들 중 독립운동의 정통성을 잇는 몇 안 되는 경찰 간부였습니다. 그는 술자리에서 상사가 일본 노

래를 부르면 술상을 걷어차고 나가
버리는 등 강한 민족의식을 보여주
었다고 합니다.

1950년에 한국전쟁이 발발하자
차일혁은 제18전투경찰 대대장으
로 임명을 받고 빨치산 토벌에 나섰
습니다. 당시 빨치산은 지리산을 본

거지로 활동을 하고 있었고 차일혁은 그들을 소탕하는 임무를 맡았습
니다. 그러나 지리산에 도착하자마자 지리산 화엄사를 전소시키라는
유엔 사령부의 첫 번째 명령을 받습니다.

차일혁은 고민할 수밖에 없었습니다. 빨치산 몇 명을 잡기 위해 어
떻게 천년고찰에 불을 지를 수 있단 말인가? 차일혁은 도저히 상부의
명령을 따를 수가 없었습니다. 그는 결국 부하들에게 각황전의 문짝
만 불태우는 것으로 화엄사를 지켜냈습니다.

지금도 우리나라 최고의 사찰로 문화유물과 유적이 있는 화엄사는
이렇게 한 경찰 간부의 노력으로 지금까지 우리 곁에 있을 수 있었습
니다. 차일혁은 이후에도 인근 천은사, 백양사, 쌍계사, 금산사, 선운
사 등의 사찰들을 구해냈습니다. 그는 전쟁터에서 명령 거부라는 자
신의 목숨을 담보로 우리의 문화재를 지켰던 것입니다.

이에 1958년 조계종 초대 종정이었던 효봉스님은 차일혁 총경에게
감사장을 수여하였고, 지난 1998년 5월에 화엄사는 경내에 고은 시
인이 비문을 작성하여 그를 기리는 공적비를 건립하였습니다.

박물관 둘러보기

1 경찰박물관 전경.
2 | 3 경찰박물관 실내 전경.

경찰박물관은 옛 돈의문(서대문) 근처에 자리합니다.

1층에는 경찰복 입어보기, 순찰차 타보기, 옛날 경찰 백차 등 교육 체험의 공간으로 꾸며져 있습니다. 2층은 체험의 장으로 112신고센터, 수사를 위한 거짓말탐지기, 영상 몽타주 만들기, 경찰 호신 체포술 등 현 경찰의 업무를 체험해볼 수 있습니다.

4층에는 마약수사대, 교통경찰, 경비경찰 등 보다 구체적인 경찰 분야를 소개하는 이해의 장으로 전시 테마가 꾸며져 있습니다.

그리고 5층에는 역사의 장으로 조선시대부터 현대에 이르는 경찰의 역사를 시대별로 관련 유물과 함께 전시하고 있습니다.

특히 추모인물관에는 1968년 북한 무장공비의 청와대 습격사건에서 순국한 최규식 경무관, 항일 민족투사이면서 한국전쟁 당시 제18전투경찰 대대장이었던 차일혁 총경 등 순국경찰 관련 유물이 전시되어 있습니다.

역사의 아픔을 견뎌낸
대한민국의 자존심

_ 국립중앙박물관

우리나라를 대표하는 국립중앙박물관은 지난 50년 동안 집 없는 세입자처럼 이곳저곳을 여섯 번 이상 떠돌았습니다. 그리고 2005년 10월 28일, 건립 계획부터 완공까지 8년이 소요된 국책 사업을 통해 아시아 최대 규모의 위용을 갖춘 박물관으로 다시 태어났습니다.

프랑스 파리에 가면 반드시 들러야 할 곳이 루브르박물관입니다. 영국 런던에는 런던보다 더 인기 있는 곳이 바로 영국의 국립박물관입니다. 이처럼 세계 각국, 각 도시에는 대표 박물관이 있고, 그런 박물관은 우리들에게 그 나라와 도시의 역사, 문화를 더욱더 쉽게 알려주고 있습니다. 그럼 우리에게도 우리나라를 대표하는 박물관이 있을까요? 네, 바로 우리의 자부심 국립중앙박물관입니다.

국립중앙박물관은 드라마 100부작으로 만들어도 모자랄 만큼 격동의 1세기였던 우리나라 역사와 함께해왔습니다. 서양 강대국들의 개방 압력과 36년간의 일제강점기를 거쳐, 한국전쟁의 발발과 분단의 상황, 그리고 이후 군사독재시절을 거치면서 오늘날까지 이어지는 파란만장한 근대사는 곧 우리 국립중앙박물관의 역사이기도 합니다.

국립중앙박물관이 소장하고 있는 유물의 규모는 매우 거대합니다. 우리가 교과서에서 보았던 익숙한 유물들의 거의 대부분이 이곳 국립중앙박물관에 전시되어 있다고 해도 과언이 아닐 정도니까요. 하지만 이 방대한 규모의 유물보다 우리가 더 관심을 갖고 생각해보아야 할 점은 바로 국립중앙박물관의 역사입니다.

1908년 창경궁에 설립된 제실박물관에서 시작해 국립중앙박물관은 그동안 덕수궁과 경복궁(현 경복궁 동궁 영역), 부산(한국전쟁 당시), 남산(총독부 별관), 덕수궁, 다시 경복궁(현 국립민속박물관), 중앙청 건물(경복궁 내 옛 조선총독부 본관), 사회교육관 건물(경복궁 내 현 국립고궁박물관) 등으로 수차례 이사를 거듭했습니다. 결국 우리나라의 얼굴인 국립중앙박물관은 이사하다가 보낸 시간이 반세기에 이릅니다.

●● 조선시대에도 박물관이 있었을까?

박물관이란 단어가 쓰인 것은 개화기 이후입니다. 그러나 중요한 보물 등을 보관하는 수장고의 개념으로 박물관을 정의한다면 박물관은 그 이전부터 존재했을 것입니다. 통일신라 마지막 왕인 경순왕으로부터 받은 선물을 고려 태조왕건이 소중히 보관했다는 기록을 보면, 분명 고려 초기, 아니 그 이전부터 왕궁 안에는 진귀한 보물 등을 보관하는 장소가 있었을 것입니다.

조선시대에도 관청 중에는 상의원, 즉 왕과 왕비의 의복, 재물, 보물 등을 맡아 관리하는 곳이 있었습니다. 나라의 재산과는 달리 왕실 내의 재산은 따로 관리가 되어졌고, 역대 임금의 글씨와 글 또는 진귀한 서책들을 보관하는 규장각, 홍문관 등의 관청이 존재했으며, 〈조선왕조실록〉을 보관했던 춘추관과 그 복사본을 궁궐 밖 깊은 산속에 보관했던 사고와 외규장각 등도 넓게 보면 박물관의 범주에 포함될 수 있습니다.

박물관에 관한 기록들은 조선 후기에도 나타나는데, 1876년 일본에 수신사로 파견된 김기수(1832~?)의 《수신사일기》에 박물관이란 기록이 나옵니다. 김기수는 1876년 5월 12일 일본 동경에 있는 박물원(현 박물관)에 들렀을 때 '연회를 마치고 돌아오는 길에 박물원에 들렀는데, 일본인들은 이곳에 그들의 중요한 의복 등 다양한 중요한 물건들을 내어다 벌려 놓았는데 나에게 보이기 위함이었다' 라는 기록을 남겼습니다.

또한 1880년 일본시찰단의 보고서에는 '박물국은 박물관의 사무를 관리하는 곳인데 귀중한 물건들을 수집하여 진열하고 이로써 백성들을 가르치는 자료로 삼는다' 라는 기록이 있습니다. 이러한 박물관 기행은 신료들의 정책에 반영되기도 했는데, 수신사로 참여했던 박영효

(1861~1939)는 1888년 일본에서 고종에게 개혁 상소를 올렸고, 이 중 교육 및 학술 문화 정책의 하나로 제실박물관 건립이 포함되어 있기도 했습니다.

그러나 조선시대를 포함한 이전 시대에는 대부분 귀중한 물건을 보관하는 창고 역할에 그친 경우가 많았고, 일반 백성이 아닌 왕실 또는 학자들이 학문을 연구하거나 정치를 하기 위한 서책을 보관하고 열람하는 도서관 정도의 형태였습니다. 따라서 본격적인 근대적 의미의 박물관은 제실박물관이 일반인에게 공개되기 시작한 1909년으로 보는 것이 타당할 듯합니다.

•• 구경거리 관광코스가 된 황제의 궁궐

1897년, 급속히 돌아가는 주변 열강들의 변화에 주목하면서 고종은 국호를 조선에서 '대한제국'으로 변경하고 많은 문물을 수용하였습니다. 당시 대한제국은 우리의 소중한 문화유산에 대한 수집과 보관의 전통을 따르면서 한편으로는 외국의 박물관에도 많은 관심을 기울였습니다.

1902년에 대한제국 정부는 전국의 고고학 및 건축사 관계 문화유적, 유물에 대한 조사를 착수하게 됩니다. 그러나 이 조사는 불행히도 일본인들이 주축이 되어 실시되었습니다. 그래서 이는 문화유산을 발굴하고 사람들에게 인식을 높이는 동기가 되긴 하였으나, 결국은 일

일제에 의해 만들어진 일본식 건물에 들어선 최초의 근대 박물관인 창경궁 내 제실박물관.

본인들에게 도굴 지도를 만들어준 꼴이 되고 말았습니다. 이후 일본인들은 문화재 발굴이라는 명목으로 수많은 우리의 문화유산을 도굴하였으니까요.

1907년, 일본의 야욕이 도를 넘자 고종은 당시 네덜란드 헤이그에서 개회된 세계평화회의에 특사를 파견하게 되었는데, 이를 빌미로 일제는 고종을 강제로 폐위하고 새로 즉위한 순종까지 경운궁(현 덕수궁)에서 창덕궁으로 강제로 이어케 하였습니다. 그리고 순종 황제의 무료함을 달랜다는 명목으로 친일파 이완용과 일본은 한동안 방치되었던 창경궁에 동물원, 식물원 그리고 제실박물관을 만들고 창경궁을 창경원으로 격하시켜 일반인들에게 개방하였습니다.

물론 박물관을 만들어 백성들에게 우리 문화의 소중함을 일깨워주는 것은 매우 중요한 일입니다. 하지만 그곳이 바로 황제가 있는 궁궐이란 점입니다. 당시 일제의 제실박물관 프로젝트는 순종 황제를 위

한다고 했지만, 결국 창경궁을 박물관이 들어선 창경원으로 만들어버
림으로써 대한제국과 황실의 위상을 추락시키고, 황제는 더 이상 존
경이나 위엄의 대상이 아닌 동물원의 동물들처럼 백성들에게 관람의
대상이 되고 말았습니다. 더군다나 당시 제실박물관은 대한제국의 백
성들보다는 일본인들의 관광코스로 이용되는 경우가 대부분이었다
고 합니다.

•• 이씨 부족으로 격하된 조선왕조

1910년 8월 23일, 일본은 국제적으로 예를 찾기 어려울 정도의 불
법적인 한일병합을 체결하였습니다. 대한제국의 황제인 순종의 직인
도 없는 날조된 조약서는 일부 친일파들과 일제에 의해 불법적으로
체결되었습니다.

이로부터 1945년 8월 15일까지, 일본은 36년 동안 문화유산을 발
굴, 조사한다는 명목으로 한반도 산야에 묻힌 소중한 우리의 문화유
산을 무차별적으로 파헤쳐 가져갔습니다. 그리고 1910년 이전의 제
실박물관 역시 '이왕가박물관'으로 격하시켜버렸습니다.

이왕가란 말 그대로 이씨 왕족 집안이란 뜻입니다. 일제는 조선왕
조를 이씨 성을 가진 자가 왕인 하나의 부족으로 취급하였습니다. 이
때부터 조선왕조 500년이 아닌 '이조 500년'이란 말이 생겨납니다.
또한 1911년에 새로운 박물관 건물을 창경궁 안에 건립하는데, 정조

덕수궁 석조전에 들어선 미술박물관

의 어머니인 혜경궁 홍씨가 머무르던 자경전 자리에 일본식 지붕 모양으로 건물을 지었습니다.

이렇게 해서 1910년경 조선에는 창경궁 내의 이왕가박물관과 1915년에 만들어진 총독부박물관이 존재하게 되었습니다. 그러다 1926년 순종이 승하한 후 총독부는 재정상의 이유로 두 박물관을 통합한 뒤 기존의 총독부박물관을 '역사박물관'으로, 이왕가박물관은 '미술박물관'으로 바꾸어 덕수궁 석조전으로 옮겼습니다.

•• 일제에 의해 파괴된 우리의 문화유산

조선총독부라는 기관은 우리 모두 귀가 닳도록 들어왔습니다. 총독부는 대한제국을 강제로 통합한 일본이 옛 대한제국 땅을 조선이

우리 문화재에 대한 일제의 만행. 일본인들은 전시된 유물을 술자리 기생에게 착용시키기까지 했다.

스웨덴 황태자 일행의 신라 무덤 발굴 조사. 유적 조사도 일제는 외교적 수단으로 이용했다.

라는 일본의 지방 지명으로 전락시키고 이를 효과적으로 통치하기 위해 일본 천황 밑에 둔 관청 이름입니다.

총독부는 조선을 통치하기 위해 치밀하게 계획을 세웠는데, 특히 그들이 공을 들인 부분은 바로 조선 민족이 역사적으로 일본보다 열등하고, 그런 조선 민족은 일본의 도움을 받는 것이 매우 다행이라는 논리였습니다. 그러면서 16년간 무려 100만 엔을 투자해 '조선사편찬회'를 만들고 이를 통해 우리나라를 상고시대부터 중국과 일본의 지배와 영향을 받아 자립할 수 없는 나라로 서술하고 있습니다.

당시 총독이었던 데라우치[寺內正毅]는 온갖 수단을 동원해 조선의 사료를 모으기 시작했는데, 당시 《고려사》, 《퇴계문집》, 《국조보감》 등의 국보급 문화재들이 그에 의해 반출되었습니다. 그리고 1915년에는 경복궁 내 왕세자의 공간인 동궁 지역을 강제로 헐고, 그곳에 총독부박물관을 지어 경복궁 일대를 공원으로 만들어버렸습니다.

새로 개관한 총독부박물관은 이처럼 조선의 역사와 조선인의 가치관 왜곡을 사실처럼 증명하고 또 이것을 교육하고 홍보하는 장소로 이용되었습니다. 이는 1931년 만들어낸 박물관 안내에 잘 나타나 있는데 '총독부가 실시한 고적 조사에 의해 수집되고 정리해 확실한 자료를 진열하여 반도 2,000년의 문화를 분명히 하고자 하는 것'이라고 기술되어 있습니다. 이는 결국 총독부박물관이 조선의 식민지 지배를 합리화하기 위한 좋은 수단이었음을 말해주고 있는 것이죠.

총독부박물관의 전시는 고대 일본과 한국의 관련성을 조작하였고 조선 역사의 타율성을 입증하고 조명하는 데 집중되어 있었습니다. 이는 박물관의 전시 배치에서도 잘 나타나는데 일제는 전시를 할 때 고구려 이전의 역사인 고대문화를 모두 배제시켰습니다. 결국 임나일본부설(일본이 4세기 후반에 한반도 남부지역에 진출하여 백제, 신라, 가야를 지배하고, 특히 가야에는 일본부라는 기관을 두어 6세기 중엽까지 직접 지배하였다는 설로 일본제국주의의 한반도 식민지배를 정당화하려 하였음)이라는 황당한 역사 왜곡을 이 박물관을 통해 알린 것입니다.

또 한 가지 안타까운 사실은 일제의 합법을 가장한 도굴이었습니다. 한반도 전체가 일제의 도굴장으로 변해버린 것입니다. 하나의 유적지 발굴은 지금의 첨단기술로도 수년에서 때로는 수십 년이 걸리는 매우 힘든 작업입니다. 이런 발굴을 일제는 평균 3~4일 만에 끝냈으니 이는 발굴이라기보다는 도굴로 보아야 마땅할 것입니다.

1926년 경주의 신라 무덤 발굴 때에는 당시 스웨덴의 황태자 일행이 참여했는데, 일제는 이미 발굴한 왕관을 땅에 묻어 그들로 하여금 다시 발굴케 하는 황당극을 연출하기도 했습니다. 심지어 1933

년 평양부립박물관장으로 취임한 일본인은 평양 서봉총에서 출토된 남의 나라 국보를 술자리 기생의 노리개로 사용하는 추태를 부리기도 했습니다.

일제의 무단통치가 절정에 이르는 1930년대에 이르러 일본은 태평양전쟁을 일으키고 수많은 조선인들을 전쟁터로 끌고 갔습니다. 당시 일제는 '조선과 일본이 하나다'라는 내선일체의 관계를 교육을 통해 강조했습니다. 이 내선일체의 증거로 가장 확실한 방법은 바로 유물을 내세운 박물관 전시였습니다.

1938년에는 '고대내선관계자료특별전'이라는 전시를 열기도 했는데, 이 전시의 주제는 조선과 일본에서 출토된 유물들의 공통점을 부각시켜 유사점을 밝히고자 한 것이었습니다. 그러나 일본의 뜻과 달리 전쟁 상황이 점점 불리해지자 박물관을 폐쇄하고 그 건물을 전쟁 용도로 징발하기까지 했습니다.

•• 50년간 수차례 이사한 국립중앙박물관

1945년 광복은 우리 스스로가 박물관을 운영하게 되는 시점으로 중요한 의미를 지닙니다. 국립박물관은 미 군정 하에서 경복궁 내의 기존 총독부박물관을 인수하여 1945년 12월 3일에 개관하였습니다. 그 후 1946년 경주 '호우총(사적 제39호)' 발굴을 시작으로 힘든 상황 속에서도 우리 손으로 문화재를 발굴, 조사, 연구하고 전시를 하면서

국립중앙박물관으로서의 면모를
갖추어나갔습니다.

유물을 임시로 보관했던 경복궁 만춘전 내부가
한국전쟁 당시 폭격으로 파괴되었다.

그러나 국립중앙박물관은 광복
의 기쁨이 채 가시기도 전에 한국전
쟁이라는 큰 위기를 맞게 됩니다.
전쟁 발발 후 3일 만에 서울은 북한
군에 의해 점령을 당했고, 북한군은
국립박물관의 유물을 북으로 이송
하려 했습니다. 그러나 유엔군의 인
천상륙작전으로 전세가 역전되자
국립박물관 직원들이 고의로 유물
포장시간을 지연하면서 결국 다급

남산 분관의 건물 전경(1954년)과 국립박물관 현판

해진 북한군은 유물 이송을 포기한 채 북으로 후퇴하였습니다. 그러
나 중공군의 개입으로 다시 국군이 불리해지자 국립박물관은 소장 문
화재를 한 미국인의 도움으로 1950년 12월 미군 화물기차를 이용해
부산으로 옮겼습니다. 이때 옮겨진 유물이 약 2만여 점이었는데, 미
처 옮기지 못하고 경복궁에 남은 소장품들은 한 점의 잿더미로 사라
지고 말았습니다.

1953년 7월에 정전협정이 체결되고 그해 8월 부산 창고에 보관
되어 있던 국립박물관의 소장품들이 다시 서울 경복궁으로 옮겨지
려던 순간, 정부는 경복궁 궁역의 고적 보존을 위해 박물관 건물을
옛 황실재산사무총국에 이관하라는 방침을 내렸습니다. 그 방침으

1972년 국립중앙박물관 개관 포스터.

1986년 국립중앙박물관 이전 개관 포스터.

로 국립박물관은 남산 분관에 임시 본부를 설치하고 전시 준비를 하였습니다. 그렇게 1954년 1월에 정식 개관을 해 국립박물관의 명맥을 유지하였으나, 1954년 국군연합참모본부가 남산 분관 건물로 들어오게 되어 박물관은 또 한 번 이전해야 하는 운명을 겪게 됩니다.

이에 급히 덕수궁 석조전을 개조하여 1955년 6월 다시 국립박물관을 개관하였습니다. 그렇게 국립박물관은 덕수궁 석조전에서 약 17년간 안정적인 활동과 전시를 할 수 있게 되었습니다. 그 기간 동안 국립박물관은 일제에 의해 왜곡된 우리 문화를 바로잡고, 대한민국이 유구한 문화와 역사를 가진 나라임을 전 세계에 알리며 미국과 유럽 등지에 문화재 순회전시 사업을 활발히 펼쳤습니다.

그러다 1972년, 현 국립민속박물관 건물의 완공으로 국립박물관은 1986년까지 약 15년을 이곳에서 지내게 되었습니다. 사람들은 이 건물이 영원한 국립박물관이 될 것이라고 생각했습니다. 그러나 1986년 일제시대 조선 탄압의 상징인 조선총독부(1980년대 당시 중앙청 청사) 건물이 비게 되어 다시 구 조선총독부 건물로 이전이 결정되었습니다. 조선이란 나라를 불법으로 병탄하고 모든 것을 빼앗은 뼈아픈 과거의 상징인 조선총독부 건물에 우리의 소중한 문화유산을 전시해야 하는 비운을 겪게 된 것입니다.

총독부 건물을 사용하게 된 점은 몹시 안타깝지만 당시 국립중앙박물관은 움직이는 박물관, 사회교육관 신축 등 박물관의 사회적 기능을 강화하고, 중앙아시아와 중국 등 다른 나라의 문화재도 전시하는 등 우리나라 박물관 발전에 큰 획을 그었습니다.

이후 1996년에 많은 논란 끝에 구 조선총독부 건물은 헐리게 되고 동시에 세계적인 규모의 국립중앙박물관 건립이 계획되었습니다. 그리고 용산에 들어설 박물관이 완공될 2005년까지 약 8년 동안 사회교육관(현 국립고궁박물관)에 임시로 이전했습니다.

경복궁 내 사회교육관 시기인 8년 동안에도 한 가지 중요한 발전이 있었는데 바로 유물 기증 문화의 확대 발전이었습니다. 가치 있는 유물을 온 국민들이 공유할 수 있다는 차원에서 많은 사람들이 국립중앙박물관에 소중한 유물들을 기증한 것이지요. 이는 우리의 문화재 인식의 성숙함을 보여주는 좋은 증거이기도 합니다.

우리나라를 대표하는 국립중앙박물관은 지난 50년 동안 집 없는 세입자처럼 이곳저곳을 수차례 떠돌았습니다. 그리고 결국 2005년 10월 28일, 현 용산 국립중앙박물관의 개관으로 영원한 안식처를 찾았습니다.

국립중앙박물관 건물은 건립 계획부터 완공까지 8년이 소요된 국책 사업이었습니다. 북으로는 북한산, 남으로는 관악산, 동쪽은 아차

2005년 서울 용산에 완공된 세계적 규모의 국립중앙박물관.

산, 서쪽은 덕왕산이 자리 잡고 있는 중앙에 있으며, 4만 평이 넘는 초대형 규모, 강도6 이상의 지진을 견딜 수 있는 설계, 세계 최초의 유물 내비게이션 시스템 도입 등 우리의 새 국립중앙박물관은 아시아 최대 규모의 위용을 갖춘 곳으로 다시 태어났습니다.

국립중앙박물관을 둘러보는 일은 5,000년 우리 역사를 모두 둘러보는 것과 마찬가지입니다. 그만큼 규모가 크며 다양한 보물들이 있기 때문입니다.

국립중앙박물관은 총 3층으로 지어져 있습니다. 1층에는 고고관과 역사관, 2층에는 미술1관과 기증관, 그리고 3층에는 미술2관과 아시아관이 있습니다.

1 《경천사십층석탑》이 보이는 실내 전경.
2 국립중앙박물관 내 한글실 전경.

고고관은 우리 역사의 시작부터 남북국시대(통일신라와 발해 시대라고도 함)까지의 물질문화를 보여주는 전시관으로, 약 70만 년 전 이곳 한반도에 인류가 살기 시작하면서 남긴 석기류를 시작으로 하는 선사와 역사시대의 다양한 유물이 전시되어져 있습니다.

역사관은 그동안 공간 제약이나 소장품 부족 등으로 조명을 받지 못했던 역사문화 관련 자료들을 전시하고 있는데, 고려와 조선시대의 문서, 지도, 왕과 국가, 사회경제, 대외교류 등의 주제로 꾸며져 있습니다. 특히 한글실은 한글이 만들어진 후 지금까지의 관련 유물들이 전시되어 매우 인기가 많은 곳입니다.

2층의 미술1관에는 우리나라의 대표적인 서예, 회화, 불교, 목칠공예, 미술품을 분야와 시대별로 전시하고 있습니다. 특히 전시되어 있는 작품들은 가격을 책정할 수 없을 만큼 소중한 명품들입니다.

기증관은 개인들이 기증한 유물들을 전시하고 있는 공간입니다. 수억 원에 이르는 소중한 보물을 박물관에 기증을 한다는 것은 결코 쉬운 일이 아닐 것입니다. 그런 기증자들을 위해 국립중앙박물관은 기증실을 별도로 만들어 운영하고 있습니다.

3층에 위치한 미술2관은 한국의 불교조각과 공예문화의 진수를 감상할 수 있는 곳으로 불교조각실, 금속공예실, 도자공예실 등 총 5개의 전시실에 무려 600여 점이 넘는 유물들이 전시되어 있습니다.

아시아관은 일본, 중국 등 한반도 주변의 다양한 문화를 접할 수 있는 곳으로, 동남아시아실, 중앙아시아실, 중국낙랑유적실, 신안해저문화재실, 일본실로 구성되어 있습니다.

전시실 이외에도 국립중앙박물관은 최고의 박물관답게 다양한 부대시설이 완비되어 있습니다. 극장과 레스토랑 그리고 어린이들을 위한 어린이박물관 등 세계 어느 박물관과 비교해도 절대 뒤지지 않는 우리의 자랑입니다.

독립운동을 이끈 최고의 이론가이자 실천가

_ 도산안창호기념관

나는 죽음의 공포가 없다. 나는 죽으려니와 내 사랑하는 동포들이 그렇게 많은 괴로움을 당하니 미안하고 마음이 아프다… 일본은 자기 힘에 지나치는 큰 전쟁을 시작하였으니 필경 이전쟁으로 인하여 패망할 것이오. 아무런 곤란이 있더라도 인내하시오.

조선 후기와 대한제국을 거치면서 해방 전까지 한반도에는 기쁜 날보다 슬픈 날이, 행복한 날보다는 불행한 날이 더 많았습니다. 일본에 나라를 빼앗기고 반세기를 암울한 분위기 속에서 살아온 것입니다.

이 기간 동안 많은 독립투사들이 대한독립을 위해 몸을 바치고 많은 애국지사들이 오직 조국의 광복을 위해 피땀 흘렸습니다. 이런 독립투사들 중에서 민족의 지도자, 민족의 스승이라는 수식어가 붙는 몇 안 되는 인물 중 한 명이 바로 도산 안창호입니다.

도산 안창호는 한말의 애국지사들 가운데서도 확고한 사상과 신념을 바탕으로 항일투쟁을 전개해나갔던 인물입니다. 나라를 잃은 슬픔과 분노에 맨주먹을 불끈 쥐며 감정적으로 행동한 애국지사들도 많았으나, 도산은 그러한 감정적인 대응뿐만 아니라 독립운동의 방법과 이론을 체계적으로 세우고 꾸준히 실천하며 민족을 위한 비전을 제시한 지도자였습니다.

특히 도산이 지녔던 사상은 다른 사람의 이론이나 지식에서 모방한 것이 아닌, 도산이 직접 독립운동과 투쟁의 삶을 통해서 몸소 창조해낸 것이라는 데 큰 의의가 있습니다.

•• 우리 민족의 불행은 힘이 없기 때문이다

어린 시절 안창호는 서당과 집안에서 16세 때까지 한학을 공부했습니다. 청일전쟁 당시에는 평양에서 전투가 벌어져 주민들이 피난하고 명승고적들과 가옥들이 파괴되는 것을 직접 목격하기도 했습니다. 이를 지켜보며 우리 민족의 불행은 우리에게 힘이 없기 때문이라고 생각하고, 이 무렵 기독교에 입교합니다.

도산은 기독교를 통해 서구의 자본주의를 접하게 되었고 약육강식의 논리가 세계 질서를 지배하고 있다는 현실을 바로 보고, 철저한 자기비판 의식을 통해 우리 민족도 실력 양성, 즉 '힘'을 길러야 함을

도산 안창호의 모습.

깨달아 미국 유학길에 오릅니다. 그리고 미국으로 가는 뱃길에서 일
몰 때 망망대해에 우뚝 솟은 하와이 섬의 웅장한 모습을 보고 감격한
도산은 이때 자신의 호를 직접 '도산(島山)'이라고 지었습니다.

　당시 샌프란시스코에는 약 20여 명의 한인들이 살고 있었는데, 100
년 전 미국의 한인들은 노예와 같은 생활을 했다고 합니다. 도산은 이
런 동포들의 모습을 보면서 자신의 학업보다는 동포들의 생활 개선
지도가 더 시급함을 깨달았고, 교민신문을 발행하는 등 다양한 사업
을 펼쳤습니다. 그러다 1907년 국내 정세가 점차 악화되자 귀국하게
됩니다.

　귀국 후 도산은 신민회(1907년 안창호가 양기탁, 이동녕 등과 함께 국권
회복을 목적으로 조직한 비밀 결사 단체), 청년학우회(1908년 안창호가 조직한

청년운동단체. 청년의 인격 수양, 단체생활의 연마, 직업인 양성을 목적으로 함) 등을 결성하고 국권 회복을 위하여 교육, 언론, 실업, 학회 등 각 방면에서 구국운동을 전개하며 근대교육과 애국교육을 실행하고자 노력하였습니다. 그리고 한국인 최초의 주식회사 형태로 평양 마산동에 회사를 설립하고 민족 산업을 육성하여 경제 발전을 이루고자 했습니다. 도산은 이후에도 한인들의 소자본을 주식 형태로 모아 투자하는 많은 주식회사를 설립하였습니다.

•• 외국을 떠돈 민족운동 실천가

안중근 의사의 이토 히로부미 저격이 있고 나서 도산은 일제로부터 더욱더 경계와 감시 대상이 되었습니다. 이에 도산은 망명을 결심하게 됩니다.

도산이 블라디보스토크에 도착한 때는 1910년 8월 24일경으로 러시아에서 한일병합(1910년 8월 22일에 황제의 승인 없이 일부 친일파와 일제 사이에 맺어진 불법 불평등 조약이며 이로 인해 대한제국의 모든 주권은 일본으로 넘어가게 된다) 소식을 전해 듣게 됩니다. 이는 전 세계에서 한국이란 나라가 없어지는 순간이기도 했습니다. 도산은 이 비보에 다시 한 번 국권회복을 다짐하고 러시아의 여러 곳을 다니면서 지사들과 국민회(1910년에 안창호, 이승만 등이 독립운동을 목적으로 조직한 재미교포들의 자치단체. 샌프란시스코에 본부를 두고 의연금을 모아 임시정부에 보냈으며, 한국의 독립 청원서를 미국 상원에 제출하는 활동을 폈다) 및 학교 설립을 의논하고, 연설을 통해 동포들의 단결과 애국심을 호소합니다.

러시아에 체류하는 짧은 기간 동안 도산은 러시아에 사는 한인들의 당면 문제를 해결하기 위해 러시아 당국과의 교섭을 통해 한인의 권리 획득 활동을 했습니다. 그런데 일제는 '안창호는 블라디보스토크 재류 한인들의 수뇌이며 한인들이 기획하는 모든 일들에는 안창호가 관련되었다'고 보고하고 그에 대한 체포에 나섭니다.

이에 다시 미국으로 간 도산은 1912년 해외 한인사회를 조직적으로 통합하여 한인들의 생명과 재산을 보호하고 이익을 증진시킬 중추 기관으로 '대한인국민회 중앙총회'를 발족하였습니다.

대한인국민회는 미 국무성과 캘리포니아주 정부로부터 자치단체

도산 안창호의 일기.

의 자격과 권위를 인정받아 한인사회의 자치와 권익을 신장시키는 데크게 기여하였습니다. 이로 인해 당시 유학생과 망명 애국지사들은 여행권을 갖지 않고도 대한인국민회의 보증으로 입국이 가능하였고, 영주권을 발급받을 수 있었습니다. 이후 1913년 5월 13일, 도산은 샌프란시스코 흥사단(1913년 안창호가 미국 샌프란시스코에서 창립한 민족부흥 운동 단체. 신민회의 후신으로 《흥사단보》를 발행하여 흥사단 안팎의 소식과 일반 교포의 계몽에 힘쓰다가, 광복 후 서울로 본부를 옮겼다)을 창립하기도 했습니다.

1919년 3·1운동은 한인들의 독립의지를 세계만방에 떨치게 되고, 미국에서 3·1운동 소식을 들은 도산은 3월 15일에 대한인국민회 전체 대표자 대회를 소집하여 중앙총회장의 명의로 결의안과 포고문을 발표합니다. 그리고 도산은 미주지역을 대표하여 동포들이 모금한 독립자금을 갖고 5월 25일 상해에 도착합니다.

도산이 상해에 도착했을 때는 이미 상해에 임시정부가 수립되어 있었습니다. 임시정부 청사를 마련하고 내무총장 겸 국무총리 서리로 업무를 시작한 도산은 독립운동의 전략을 세우고 헌법과 법률 제정을 검토합니다. 또한 임시정부의 기관지 《독립신문》을 창간하고 대한민국적십자회, 임시사료편찬위원회를 설립하는 등 다방면에서 사업을 전개했습니다.

•• 나는 오직 독립을 위하여 희생할 것이다

서대문형무소 수감 당시 도산 안창호의 형무소 기록카드.

임시정부가 있는 중국과 미국을 오가며 국외 독립활동에 매진한 도산은 1932년 4월 29일 윤봉길 의사의 의거에 연루되어 체포되고 말았습니다.

서대문형무소에 수감된 그는 심문조사 후 4년 실형을 언도받았습니다. 일제의 모진 고문에도 도산은 꿋꿋이 버텨 출옥을 했고, 이후에도 허약해진 몸을 이끌고 일본 경찰의 감시와 방해를 무릅쓰고 전국을 순회하면서 강연을 다녔습니다. 하지만 이때 도산은 모든 활동을 금지당한 상태였기 때문에 결국 다시 일제에 체포되어 서울 종로경찰서에 수감되었습니다.

이후 8월 15일, 예심 종결을 거쳐 다시 서대문형무소로 이감되었으나 위장병과 폐결핵 증세로 위급한 상태에 빠지자 조선총독부에서는 12월 24일 시급히 도산을 보석시켜 경성제국대학병원에 입원하게 하였습니다.

당시 도산은 위하수증, 간경화, 만성기관지염 증세로 응급치료를 받았지만, 친형인 안치호 등이 지켜보는 가운데 1938년 3월 10일 0시 5분에 60세의 나이로 서거하였습니다.

박물관 둘러보기

우리나라 국민 중 과연 도산 안창호를 모르는 사람이 있을까요? 물론 없을 겁니다. 이렇듯 민족의 스승으로서 도산은 우리의 가슴속에 늘 있습니다.

서울 강남 청담동에는 도산공원이 있습니다. 도산공원 내에 있는 도산안창호기념관의 구성은 청년시절과 신민회 활동, 미국에서의 활동, 임시정부에서의 활동, 그리고 마지막 서대문형무소 복역까지의 일대기가 잘 정리되어 관련 유물과 자료들이 함께 전시되어 있습니다. 그러나 대부분의 전시 유물은 복제품입니다. 원본은 독립기념관 등의 수장고에 보관되어 있다고 합니다.

또한 도산안창호기념관은 시청각실과 교육장을 갖추고 있어 많은 교육 프로그램을 운영하고 있습니다. 관람을 마친 뒤에는 공원 내에 있는 도산의 명언이 새겨진 비석을 감상하는 일도 꼭 챙겨볼 만합니다.

1 도산안창호기념관 전경.
2 도산안창호기념관 내부 전경.
3 도산공원 내 도산 안창호 선생의 묘소.
4 도산공원 내에 있는 비석.
5 안창호 선생의 동상.

05

아시아의 희망이 된
젊은 청년

_ 매헌기념관

너희도 만일 피가 있고 뼈가 있다면 반드시 조선을 위해 용감한 투사가 되어라.
태극에 깃발을 높이 드날리고 나의 빈 무덤 앞에 찾아와 한 잔 술을 부어놓으라.
그리고 너희들은 아비 없음을 슬퍼하지 말아라.
- 윤봉길 의사가 두 아들에게 쓴 편지

매헌 윤봉길 의사는 안중근 의사 등과 함께 조국의 독립과 아시아
의 평화를 위해 목숨을 바친 인물입니다.

매헌 윤봉길은 어려서부터 우리 민족은 깨어야 살 수 있다는 생각
으로 농촌계몽운동에 많은 힘을 기울였습니다. 그러나 일제의 야욕을
본 그는 24세가 되던 1931년, 더욱 큰일을 위해 상해로 건너가 백범
김구를 만나게 됩니다.

1931년 당시 아시아의 정세는 말 그대로 풍전등화였습니다. 한국을 무단통치한 일본제국주의의 다음 목표는 중국의 만주지역이었습니다. 이를 위해서 그들에게는 전쟁을 일으킬 명분이 필요했습니다. 그래서 몰래 남만주지역의 철도 선로를 의도적으로 폭파합니다. 그리고는 이를 중국군 소행이라며 몰아붙이고 그들의 각본대로 전쟁을 일으키게 되는데 이를 '만주사변'이라고 합니다.

물론 일제는 여기에 만족하지 않았습니다. 1932년에는 중국인을 매수해 승려를 사살하고, 이를 빌미로 중국군과 전투를 벌인 '상해사건'을 일으킵니다. 당시 일본제국주의의 침략 야욕은 극에 달하고 있을 때였습니다. 그들의 목표는 모든 아시아를 일본의 식민지로 만드는 것이었으니까요.

이러한 불안한 국제 정세 속에서 윤봉길은 조용히 마음을 가다듬었습니다. 그리고 조국의 독립과 아시아의 평화를 위해 해야 할 일이 무엇인지를 생각했습니다. 그러다 문득 가족들의 얼굴을 떠올렸습니다. 그리고 어린 아들들에게 마지막 편지를 쓰기 시작합니다.

강보에 싸인 두 병정에게(두 아들 모순과 담에게)

너희도 만일 피가 있고 뼈가 있다면
반드시 조선을 위해 용감한 투사가 되어라
태극에 깃발을 높이 드날리고

나의 빈 무덤 앞에 찾아와

한 잔 술을 부어놓으라

그리고 너희들은 아비 없음을

슬퍼하지 말아라

사랑하는 어머니가 있으니

어머니의 교양으로 성공자를

동서양 역사상 보건대

동양으로 문학가 맹가가 있고

서양으로 불란서 혁명가 나폴레옹이 있고

미국에 발명가 에디슨이 있다

바라건대 너희 어머니는

그의 어머니가 되고

너희들은 그 사람이 되어라

- 1932년 1월 31일, 중국 상해에서 아버지가

　마침내 거사일이 4일 앞으로 다가오고 윤봉길은 한인애국단에 입단하는 선서식을 합니다. 이 세상 무엇과도 바꿀 수 없는 자신의 목숨을 놓고 결의하는 장엄한 의식이었습니다.

　"나는 적성으로 조국의 독립과 자유를 회복하기 위하여 한인애국단

의 일원이 되어 중국을 침략하는 왜의 장교를 도륙하기로 맹세합니다. 대한민국 14년 4월 26일 선서인 윤봉길 한인애국단 앞."

선서를 마친 윤봉길은 임시정부 재무장 김구와 나란히 기념촬영을 합니다. 그의 표정은 조금의 불안함도 없이 늠름하기만 합니다. 이렇게 기념 촬영을 하는 이유는 이런 거사가 단순한 개인적 충동에 의한 행동이 아니라 대한독립을 위한 온 한민족의 노력임을 알리기 위해서였기 때문입니다.

선서를 마친 윤봉길은 4월 27일에 마지막으로 거사 현장인 홍구공원을 돌아봅니다. 너무나 평화로운 공원이었습니다. 그리고 28일 밤 이유필(1885~1945)의 집에서 저녁식사를 하며 마지막 결의를 다진 윤봉길은 1932년 4월 29일, 어느 허름한 여관에서 새벽을 맞이합니다.

•• 이 젊은이의 죽음을 헛되이 하지 마소서

윤봉길 의사가 의거 현장으로 떠나기 전 백범 김구에게 준 자신의 시계.

전 세계 신문에 실린 윤봉길 의사의 의거 기사. 중국의 장개석 총통은 "우리 4억 인구와 1백만 병력도 감히 못하는 쾌거를 조선의 한 청년이 결행하였다"며 칭송하였다.

1932년 4월 29일, 백범은 조국이 있는 동쪽을 향해 무릎을 꿇고 마지막 길을 가는 윤봉길을 위해 기도했습니다.

"조국을 위해 마지막 가는 이 젊은이의 죽음을 헛되이 하지 마소서."

식사가 끝날 무렵, 윤봉길은 자신의 손목에 찬 시계를 풀어 백범에게 건넸습니다.

"선생님, 이 시계는 일전에 선생님께서 주신 돈으로 산 것입니다. 지금 선생님 시계를 보니 그리 비싸 보이질 않네요. 저는 이제 좋은 시계가 필요치 않으니 제 시계와 바꾸시지요. 그리고 선생님, 이것도 받으십시오."

윤봉길의 말에 백범은 말을 잇지 못했습니다. 하늘은 금세 비라도 내릴 듯 어두웠습니다. 윤봉길이 택시를 타려는 순간, 백범은 다시 한 번 윤봉길의 손을 꽉 쥐었습니다. 윤봉길은 조용히 미소를 지으며 택시에 몸을 실었습니다.

멀어지는 택시를 보고 있는 백범의 눈에는 하염없이 눈물이 흘렀습니다.

오전 7시 50분경, 윤봉길은 공원 안으로 들어가 미리 정해 두었던 지점에 이르러 거사의 순간을 기다리고 있었습니다. 당시 홍구공원 안은 상해 거주 일본인이 1만 명, 상해 침략 일본군 1만 명, 그밖에 각국 사절, 각계 초청자 등 2만 명이 넘는 인파가 성황을 이루었습니다.

행사 식장 뒤편에는 기마 헌병이 단 밑으로 단상을 호위했고, 그 뒤로는 수 미터의 간격을 두고 경비 병력이 이중 삼중으로 삼엄하게 경계를 하고 있었습니다. 넓직한 단상 위에는 일제의 사령관 시라카와 대장과 함대 사령관 노무라 중장이 중앙에 자리 잡았고, 좌우로 일제 제9사단장, 주중 공사, 주중 총영사 등 7명의 상해사변 원흉들이 착석해 있었습니다.

그 시간 윤봉길 의사는 미리 작정했던 뒤편 오른쪽 군중 속에 들어가 투척 장소와 시간을 맞추어 최후 준비를 하고 있었습니다. 오전 11시 20분경, 사열식이 끝나고 일본 국가의 제창이 거의 끝날 무렵이었습니다.

이 시간, 백범 김구는 시계만을 바라보고 있었습니다. 창밖에 내리던 봄비는 어느덧 도시 전체를 적시고 있었습니다.

드디어 11시 50분경, 윤봉길은 도시락으로 위장한 폭탄을 땅에 내려놓고 어깨에 메고 있던 수통으로 폭탄의 덮개를 벗겨 가죽 끈이 붙은 그대로 2m가량을 전진하여 17m 정도 떨어진 중앙 단상 위로 힘껏 투척을 합니다.

윤봉길이 던진 폭탄은 마치 한민족의 울분인 양 상해 홍구공원 하늘에 울려 퍼졌습니다. 폭탄은 노무라와 시게미쓰의 면전에 명중하면서 폭발했고, 식장은 순식간에 아비규환으로 변했습니다. 윤봉길은 재빨리 다음 폭탄을 꺼내 들었습니다. 자폭을 위한 것이었습니다.

그러나 그가 안전핀을 뽑으려는 순간, 주변의 일본군들은 그를 쓰러트리고 마구 짓밟기 시작했습니다. 수많은 일본군들이 자신의 몸을 짓누르고 있을 때 흙과 피가 범벅이 되어 숨조차 쉬기가 힘들었지만 그는 감격의 미소를 짓고 있었습니다.

일본군이 그를 바로 일으키는 순간, "대한독립 만세"를 외쳤던 그의 목소리는 홍구공원에 다시 한 번 울려 퍼졌습니다. 그의 의거로 총사령관 시라카와는 전신에 탄편을 맞아 신음하다 결국 5월 24일에 사망하였고, 해군 총사령관인 노무라는 실명을 하였습니다. 또 제9사단장 우에다는 다리를 절단하는 등의 치명타를 입었습니다.

•• 한국의 청년, 아시아의 희망으로

윤봉길의 의거 소식은 외신을 통해 빠르게 퍼져갔고 일제의 침략 야욕에 분개하던 중국인들은 지나가던 꼬마들까지도 통쾌함을 금치 못했습니다. 당시 중화민국 정부의 장개석은 임시정부에 지원을 아끼지 않겠다고 정식으로 제의했고, 많은 세계인들은 왜 젊은 청년이 그런 일을 했을까 하는 원인에 대해 보도하면서 일제의 만행을 조금씩 알기 시작했습니다.

한편 그가 한국인임을 안 일본은 대대적인 한인 검거에 나섰습니다. 그 당시 불행히도 도산 안창호 선생이 체포되고 말았습니다. 이 소식을 들은 백범은 더 이상 동포들의 피해를 막기 위해 이 거사가 한인애국단의 활동이었다는 성명서를 발표하였습니다. 그리고 이 사건의 책임자가 자신임을 표명하며 다른 한국인들의 피해를 최소화하려 했습니다.

현장에서 체포된 윤봉길을 기다리고 있는 것은 감당하기 힘들 만큼 고통스러운 취조와 고문이었습니다. 6개월 가까이의 취조와 고문으로 윤봉길의 심신은 한계를 드러냈고, 11월 16일에 윤봉길 의사를 태운 배는 상해를 떠나 일본 고베로 향하고 있었습니다. 당시 호송을 맡았던 간부는 한 일간지와의 인터뷰에서 "이미 죽음을 각오했는지 그는 매우 온순했다. 다만 그의 태도로 보아서 저렇게 온순한 자가 어떻게 그와 같이 끔찍한 사고를 저질렀는지 유감스러울 따름이다"라는 말을 했다고 합니다.

윤봉길은 1932년 12월 18일에 가네자와 형무소로 옮겨졌고, 다음 날인 12월 19일 7시 30분, 무장한 헌병들이 그를 교외의 미고우시 공병작업장으로 끌고 갔습니다. 형장으로 들어가기에 앞서 형무소장이 마지막 유언을 언급하자 윤봉길은 "남자로서 당연히 할 일을 다 했으니 만족하게 느낄 따름이다. 아무런 미련도 없다"라고 당당히 말합니다.

일본 헌병은 윤봉길의 두 팔을 십자형 기둥에 묶었고 그의 눈을 흰

천으로 가렸습니다. 윤봉길은 어떠한 말도 하지 않았습니다.

"탕!" 소리가 나자 헌병의 총탄은 그대로 윤봉길의 이마를 관통합니다. 25세 청년 윤봉길의 고귀한 순절의 순간이었습니다. 그는 죽는 그 순간까지도 꿋꿋했습니다.

일본은 그의 죽음을 확인하고 그곳에서 3km 떨어진 가나자와시 공동묘지 한 모퉁이에 그를 암장하고 봉분임도 알지 못하게 위장을 합니다. 만약 그의 시신을 한국으로 보내게 되면 3·1운동 때처럼 분명 한국인들을 결집시키는 원인이 될 것이기 때문이었습니다.

그들은 총살 전에 미리 구덩이를 파놓고 대기했다가 총살 집행이 끝나자마자 아무도 모르게 서둘러 십자가 형틀과 함께 윤봉길 의사를 매장했던 것입니다. 아무리 대죄인이라도 처형 후에 유족 등의 요청이 있으면 인도를 하든가, 그렇지 못하면 형무소 묘지 내에 적어도 나무 묘표를 세우도록 그들 육군형법에 명시되어 있었지만, 윤봉길 의사의 경우는 그조차 무시하고 아무도 모르게 암매장을 했던 것입니다.

윤봉길 의사의 유해는 일본의 패전 후 환국한 백범의 대한민국 임시정부가 주도한 윤봉길 의사 유해봉환단에 의하여 고국으로 돌아올 수 있었습니다. 유해발굴단은 1946년 3월 2일부터 가나자와시의 노단산 묘지 내에 윤봉길 의사의 유해가 암매장되어 있다고 확신하고 굳은 결의로 물색을 하였습니다. 그리고 200명이 넘는 인원이 3일 동안 작업한 끝에 모닥불을 피워놓은 묘지관리소 건물 바로 아래 길 한복판 밑에서 그의 유해가 발굴되었습니다. 십자가 형틀이 나오고,

형장에서의 윤봉길의사

1932년 12월 19일 오전7시 40분 일본 이시카와현 가고우서 육군공병작업장에서 받겼던 윤의사의 처형직후의 모습이다.
전병실이 쏜 총탄이 윤의사의 이마 한가운데를 관통한 처참한 모습

윤봉길 의사의 순국 장면. 일본 헌병들이 쏜 총탄이 윤봉길 의사의 이마 한가운데를 관통한 처참한 모습이다.

구두, 썩은 목관 속에서 양복 윗도리에 나무뿌리와 엉킨 유골이 발견
된 것이었습니다. 1930년 3월 6일에 고향집을 떠나 망명길에 오른
지 정확히 16년 뒤인 1946년 같은 날 3월 6일에 유해가 발굴된 것입
니다.

윤봉길 의사의 유해는 그해 5월 21일, 이봉창, 백정기 의사의 유해
와 함께 부산에 환국하여 부산공설운동장에서 합동추도식을 올리고,
같은 해 7월 7일 삼의사(이봉창, 윤봉길, 백정기 의사) 국민장으로 서울
효창공원 의사 묘역에 안장되었습니다.

박물관 둘러보기

매헌기념관은 1층이 전시실, 2층이 독립운동 사진전시실과 영상실로 꾸며져 있습니다.

1층에 있는 윤봉길 의사 전시실은 생애도전시실과 유물전시실로 나뉩니다.

생애도전시실에는 태어난 덕산 목밭이 마을을 비롯해, 3·1운동 이후 일제 교육을 거부하는 윤봉길 소년, 오치서숙에서의 수학, 농민운동가로서의 활동(야학, 농촌 계몽, 축산 장려), 상해 망명, 김구 선생 앞에서의 선서 장면, 의거 장면, 순국 장면 등 주요 업적을 묘사한 그림들이 전시되어 있습니다.

유물전시실에는 수학기의 서책류, 문방구류, 농민운동가로서의 저서, 기사념 일기, 월진회 창립취지서, 의거 당시 소지품류, 정부 수립 후의 추서 훈장, 의거의 의의 등 그의 일생과 의거 전후의 상황을 보여주는 유물 등이 있습니다.

2층 사진전시실에서는 무장투쟁과 의혈투쟁을 중심으로 독립운동 관련 사진 약 120여 점을 볼 수 있습니다.

1 매헌기념관 전경.
2 윤봉길 의사 동상.
3 의거 당시의 상황을 묘사한 기록화가 있는 기념관 로비.
4 매헌기념관 전시실 전경.

내 나라는 내 나라요
남들의 나라가 아니다

_ 백범기념관

"나라는 내 나라요 남들의 나라가 아니다.
독립은 내가 하는 것이지 따로 어떤 사람이 하는 것이 아니다."
— 《백범일지》 중에서

얼마 전 일부 지식인들 사이에서 백범기념관을 철거하고, 김구나 안
중근, 윤봉길 등의 테러리스트를 우상화해서는 안 된다는 주장이 제
기되어 논란을 일으킨 적이 있습니다. 백범기념관을 철거하고 안중근
의사나, 윤봉길 의사를 테러리스트로 규정하는 것에 대해 우리는 과
연 어떻게 생각해야 할까요?

당시 일제는 무력으로 한국을 침략했습니다. 1905년 을사조약도

무력을 앞세운 불법 늑약이었고, 1910년 한일병합 역시 국제법상으로 불법이라는 사실이 판명되었습니다. 또한 일제는 1932년에 10만 명의 병력과 비행기 100대를 동원해 당시 임시정부가 있던 중국 상해를 침략하는 상해사변을 일으켰습니다. 이런 상황에서 적군에 대항해 광복군을 만들고 특공대를 조직해 적군을 사살한 것을 테러라고 할 수 있을까요?

미국의 9·11참사가 테러로 규정받고 비난받는 것은 그들이 무고한 민간인의 목숨을 담보로 했기 때문입니다. 그러나 하얼빈역의 안중근 의사나 홍구공원의 윤봉길 의사, 도쿄에서의 이봉창 의사는 무고한 사람들에게 상처를 입히지 않았습니다. 더욱이 일제조차도 윤봉길 의사에 의해 사망한 사령관의 죽음을 '공무사망'이 아닌 전쟁 시 사망한 '전사자'로 규정했습니다. 따라서 백범 김구 선생을 테러리스트에 비유하는 것은 우리 스스로를 부인하는 역사 왜곡이라 할 수 있습니다.

•• 백범의 광복군 창설과 좌절

1919년부터 1945년까지 백범 김구의 노력으로 대한민국 임시정부는 한 나라의 떳떳한 정부로서 활동을 이어갔습니다. 비록 나라의 주권은 없었으나, 조약 자체가 불법이었기에 백범을 비롯한 요원들은 해방의 그날까지 악조건 속에서도 명맥을 이어갔습니다.

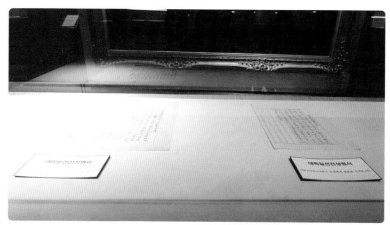

대일본선전성명서와 대독일선전성명서. 태평양전쟁이 일어나자 1941년 12월 10일 대한민국 임시정부에서 주석과 외교부장의 명의로 발표한 선전포고문.

　1940년, 백범은 미주 교포들이 보내준 자금으로 임시정부의 정규 국군인 광복군을 창설하고 일본제국주의와 나치 독일에 대항해 선전 포고를 발표합니다. 광복군은 중국대륙 각처에서 중국군과 함께 활동한 것을 비롯해, 1943년 8월 인도 미얀마 전선에 공작대를 파견하여 1945년 7월까지 2년여 동안 영국군과 함께 대일항전을 전개했고, 미국의 전략첩보기구인 OSS와는 독수리작전이란 이름으로 공동작전을 추진하기도 했습니다.

　이와 같은 광복군의 참전은 자주독립을 위한 중요한 활동이었습니다. 그리고 결전의 날을 정했습니다. 드디어 미국과 함께 국내 진입작전을 실행하기로 합의한 것입니다. 그러나 1945년 8월, 일본의 항복으로 이는 좌절되고 말았습니다. 이는 우리 역사에서 매우 안타까운 순간으로 기록됩니다. 왜냐하면 전쟁에서의 패망국가와 승전국가는 희비가 완전히 뒤바뀌는데, 일본이 패망을 했다면 일본에 대항해 전쟁을 벌인 국가들은 승전국으로서 국제사회에서 목소리를 높일 수가 있었기 때문입니다.

결국 백범의 이런 걱정은 현실로 드러났고, 한반도는 광복 후 우리의 정부가 아닌 미국에 의해 38도선을 경계로 나뉘며 스스로 힘을 키울 때까지 미국과 소련이 통치해야 한다는 신탁통치 문제가 제기되기 시작했습니다. 만약 승패를 떠나 우리의 광복군이 한반도로 진격해 일본군과 전쟁을 했다면 우리는 세계2차대전의 떳떳한 승전국 반열에 올랐을 것이고, 일제가 물러간 한반도에 우리의 힘으로 태극기를 꽂았을지 모르겠습니다.

●● 통일 정부를 염원했던 백범의 암살사건

1945년 8월 조국이 광복되자 백범은 서둘러 환국하고자 하였으나, 미국은 9월 7일 맥아더 사령부 포고1호를 통해 미국의 군대에 의한 정치와 함께 임시정부 요인들에게 개인 자격의 귀국을 허용합니다. 이는 미 군정이 대한민국 임시정부를 정부로 인정하지 않는다는 의미였습니다. 목숨을 걸고 30여 년 동안 해외에서 조국 독립을 위해 힘쓴 떳떳한 우리 정부를 부정한 것이었죠.

이에 대해 임시정부 내부에서 크게 분개하였습니다. 심지어 미 군정은 그들의 환국 소식을 알리지도 않았을 뿐더러 매우 비협조적이었습니다. 당시 미국의 최대 적은 소련 공산주의자들이었습니다. 이런 미국에게 한반도 내 공산당까지 아우르며 통일 대한민국을 만들려 했던 백범과 임시정부가 반가울 리 없었을 것입니다. 오히려 그들에게 반가운 인물은 철저한 반공주의자이며 미국에서 다양한 정치활동과 외교활동을 펼친 이승만이었을 것입니다.

민주의원 회의 직후 창덕궁에서 손잡은 김구와 이승만.

우리나라의 초대 대통령 이승만은 1919년 4월 중국 상하이에서 임시정부가 수립되었을 때 초대 국무총리로 선임되었습니다. 이후 워싱턴에 구미위원부를 설치하여 명함에 대통령이란 문구를 사용하며 활동을 했습니다. 그리고 1933년 스위스 제네바에서 열린 국제연맹 회의에 참석하는 등 임시정부와 별개로 독자적인 외교활동을 펼쳤습니다.

이승만의 행보에 백범은 끝까지 협조의 편지를 보내는 등 그를 지지했습니다. 그러나 그와 임시정부는 조금씩 갈 길을 달리하고 있었습니다. 일본의 무자비한 공격에 하루 하루가 전쟁터 같았던 임시정부와 달리, 일제의 탄압으로부터 어느 정도 자유롭고 미국에서 미국식 의회민주주의를 공부한 이승만의 눈에 안중근, 이봉창, 윤봉길의 의거는 순간의 감정을 못 이기고 행한 테러행위로 비쳤을 것이고, 당

1949년 6월 26일 김구 선생이 서거 당시 입고 있었던 옷.

백범의 사저인 경교장(사적 제465호). 이곳에서 신탁통치 반대 남북협상 등 많은 일들이 결정되고 추진되었다.

시 그의 생각은 일본을 공격하는 것보다 식민지 한국의 사정을 외교로 알리는 게 더 중요하다고 판단한 것이지요.

백범과 이승만은 과거 상해 임시정부에서 초대 대통령과 경무국장으로 만난 이후 26년 만에 다시 서울에서 만났습니다. 당시 신탁통치 문제 등의 복잡한 정세에서 이승만은 남한만의 단독정부 수립을, 백범은 시간이 걸려도 통일정부를 수립해야 한다는 주장으로 엇갈렸습니다. 그리고 1948년 2월에 통일정부 수립을 호소하는 성명서를 발표하고, 4월 19일 남북협상을 위해 많은 사람들의 반대를 뿌리치고 북행길에 올랐습니다.

4월 20일, 평양에 도착한 백범은 23일에 남북한 단독정부 수립을 반대하는 연설을 하고, 4월 26일부터 30일까지 개최된 남북요인회담에서 외국 군대의 동시 철수와 민주주의 임시정부 수립 등을 결의해 공동 발표하기도 했습니다. 그리고 5월 5일, 서울로 돌아와 남북통일에 대한 희망을 담는 성명서를 발표합니다. 그러나 불행히도 1948년 8월에 남한에는 대한민국 정부가, 북한에서는 9월에 조선인민민주주의공화국이 각각 수립되어 분단의 길을 걷게 됩니다.

당시 이승만의 세력은 막강했습니다. 백범이 친일파를 철저히 색출해서 제거해야 한다는 강경론을 내세운 반면, 이승만은 친일 행위를 한 인물들을 대거 등용하기 시작했습니다. 나치의 통치기간 동안 친독 행위자 수천 명을 처단했던 프랑스와 달리, 친일파들에게 관대했던 이승만의 정책에 백범은 강한 반대를 했습니다. 그러나 이승만의 뒤에는 미 군정이라는 보호 장벽이 있었습니다. 그들에겐 영어를 잘하는 사회 지도층이 필요했지, 그 사람이 친일 행위를 했느냐 안 했느냐는 중요한 것이 아니었으니까요.

그러다 1949년 6월 26일, 통일정부에 대한 염원에도 불구하고 백범 김구는 당시 육군 소위 안두희(1917~1996)의 흉탄에 맞아 조국 통일의 염원을 간직한 채 경교장(백범 김구의 사저. 1945년 11월 임시정부 국무위원들과 함께 귀국한 김구는 1949년 6월 26일 경교장 집무실에서 육군 소위 안두희에게 암살되기까지 이곳에서 생활하면서 건국에 대한 활동 및 반탁, 통일운동을 이끌었다)에서 서거하고 맙니다. 그가 서거한 지 정확히 1년 후인 1950년 6월 25일, 백범의 예견처럼 한국전쟁이 일어났고 이 전쟁은 씻지 못할 상처를 우리에게 남겼습니다.

서거 40여 년 만에 이루어진 국회 조사활동에서 이 암살사건은 안두희의 우발적인 단독 범행이 아니라, 당시 군 수뇌부들에 의한 정권 차원의 범죄였음이 밝혀졌습니다.

●● 보물로 지정된 〈백범일지〉

지금까지 출간된 〈백범일지〉. 영어뿐만 아니라 일어 등 다양한 언어로 번역되고 있다.

영국 총리를 지낸 처칠은 《제2차 세계대전 회고록》으로 1953년 노벨 문학상을 수상했습니다. 이처럼 역사적 사건의 중심에 있었던 인물의 회고록이나 일기는 문학적인 측면에서, 또 역사적인 사료로도 매우 가치가 높습니다.

영국에 처칠 수상의 회고록이 있다면 우리에게는 〈백범일지〉가 있습니다. 지금도 남녀노소를 망라하고 국민 교양서로 읽히고 있는 이 책을 통해 우리는 한 사람의 인생과 그 시대의 역사를 배우며 미래를 구상해볼 수 있습니다.

"나라는 내 나라요 남들의 나라가 아니다. 독립은 내가 하는 것이지 따로 어떤 사람이 하는 것이 아니다. 우리 민족 삼천만이 저마다 이 이치를 깨달아 이대로 행한다면 우리나라가 독립이 아니 될 수 없고 또 좋은 나라 큰 나라로 이 나라를 보전하지 아니할 수 없는 것이다."

– 〈백범일지〉 중에서

박물관 둘러보기

백범기념관은 서울의 효창공원 근처에 위치합니다. 효창공원은 원래 '효창원'으로 문효세자의 무덤이었습니다. 그러나 일제시대 때 묘를 경기도 서삼릉으로 옮기면서 공원으로 바뀌었고, 광복 후에는 김구, 이동녕, 차이석, 이봉창, 윤봉길, 조성환, 안중근을 비롯해 나라를 위해 목숨을 바친 분들의 무덤이 안장되어 있습니다.

기념관을 들어서면 중앙홀에는 백범 선생의 좌상(앉아 있는 모습의 동상)과 태극기가 웅장하게 걸려 있습니다.

전시관 1층은 백범의 연보가 정리된 상징홀을 시작으로 유년기, 동학의병활동, 치하포의거, 그리고 해외 임시정부 전까지의 국내 활동이 홀로그램과 영상으로 펼쳐지고, 관련 사진자료와 미니어처 등이 전시되어 있습니다.

2층 전시실은 총 세 시기(1919~1932, 1932~1939, 1939~1945년)로 나누어 백범의 대한민국 임시정부 활동과 해방 후 고국으로 돌아와 통일 대한민국 정부를 수립하기 위한 활동, 그리고 서거와 추모 공간으로 구성되어 있습니다.

1 백범기념관 전경.
2 백범기념관에서 보이는 김구 선생의 묘.
3 백범기념관에서는 백범 선생의 일대기뿐만 아니라 우리 민족의 항일투쟁 역사도 배울 수 있다.
4 기념관 입구에 있는 백범 김구 선생의 좌상.

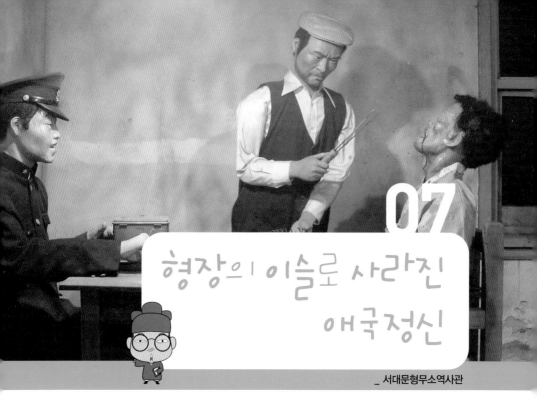

형장의 이슬로 사라진 애국정신

_ 서대문형무소역사관

한겨울에는 20명이 있는 방에 4개의 솜이불을 주었는데, 추위에 버선 없는 발과 무릎은 태반이 동상에 걸려 발가락, 손가락이 불구가 되는 수감자들을 많이 보았다. 왜놈 간수들은 혹시라도 무슨 말소리가 나면 여름엔 감방 문을 닫아버리고 겨울엔 감방 문을 열어놓곤 하니…….
- 《백범일지》에 소개된 서대문형무소 일화 중에서

감옥은 남에게 해를 끼친 죄인을 사회로부터 격리하기 위해 만들어진 곳입니다. 그런 감옥소를 우리가 왜 알아야 할까요? 그 이유는 당시 서대문형무소 안에 수감된 사람들은 죄인이 아니었기 때문입니다.

일제가 조선의 사법권을 강탈하고 가장 먼저 한 일은 서대문형무소 같은 대형 감옥을 만드는 일이었습니다. 그런데 역설적인 것은 우리 민족을 탄압하고 우리의 독립의지를 꺾기 위해 지어진 이곳 형무소로 인해 더 많은 애국지사가 생겨났고 결국 서대문형무소는 독립정신 발산의 중심지 같은 곳이 되었습니다.

1945년 해방 때까지 서대문형무소는 조국 광복을 위해 항일투쟁을 했던 유관순, 도산 안창호, 백범 김구, 만해 한용운 등 수많은 애국지사들이 수감되고 고문당하고, 형장의 이슬로 사라졌던 장소였습니다.

•• 우리의 국권은 어떻게 빼앗겼나

서대문형무소의 역사를 이해하기 위해서는 먼저 우리나라가 국권을 빼앗긴 과정을 알아야 합니다. 그 과정이 바로 서대문형무소 역사의 시작이기 때문입니다.

한반도를 둘러싼 일본과 청나라 그리고 러시아의 세력 팽창 등 1800년대 말 극동아시아의 정세는 하루가 다르게 변하고 있었습니다. 그러던 중 1894년 조선의 동학농민운동에 출병하는 문제로 청일전쟁이 발발하고, 결국 이 전쟁에서 일본이 승리함으로써 일본이 조선 침략의 주도권을 갖게 됩니다.

이런 상황에서 고종 황제와 명성황후가 러시아와 손을 잡으려 하자 일제는 명성황후를 잔인하게 살해하는 을미사변을 일으키며 한반도에서 친러 세력을 밀어내게 됩니다. 그리고 1904년에 러시아와 전쟁을 일으켜 주변의 예상을 깨고 승리함으로써 주변국들에게 조선 침략을 인정받았습니다. 이후 1905년 고종 황제의 동의도 없이 조선의 외교권을 일본이 갖는 을사늑약을 체결합니다.

고종 황제는 마지막 희망으로 헤이그에서 열린 만국평화회의에 특사를 파견하지만 일제의 방해로 실패함으로써 일제는 이를 트집 잡아 고종 황제를 강제로 퇴위시키고 정미7조약을 체결해 대한제국의 군대마저 해산시키게 됩니다. 이 같은 군대 해산은 많은 의병활동이 일어나는 계기가 되었고, 일제는 의병활동을 진압하면서 1908년 경성감옥(서대문감옥)을 건립해 한국인들에게 공포감을 조성하였습니다. 그리고 순종 황제의 날인 없는 불법 한일병합조약을 조작해 결국 조선왕조를 멸망시키기에 이릅니다.

●● 제3대 일본 총독의 암살을 시도한 강우규 열사

1919년 3·1운동이 전국으로 퍼질 때 남대문역(지금의 서울역)에서는 엄청난 폭발음이 들렸습니다. 순간 식장은 아수라장으로 변하고 여기저기에서 신음 소리가 들렸습니다. 그날은 새로운 일본 총독이 부임하는 날이었습니다. 그리고 폭발의 주인공은 강우규 열사였습니다.

강우규 열사는 1911년 북간도로 망명해 독립운동을 펼치다 1919년 3·1운동 소식을 들은 뒤 일본 총독 등을 저격하기로 결의하고 그해 7월에 러시아인으로부터 영국제 수류탄 1개를 구입하여 서울에 잠입했습니다. 그리고 9월 2일, 남대문역에서 제3대 총독으로 부임하는 사이토 마코토〔齋藤實〕에게 수류탄을 던졌습니다. 수류탄의 위력은 매우 커서 환영식에 나온 총독부 관헌, 일본 경찰 등 37명에게 중경상을 입혔으나 결정적으로 총독 암살에는 실패하고 말았습니다.

일우(日愚)
강우규

강우규 열사(1855~1920). 1919년 조선총독으로 부임하는 사이토 마코토를 죽이기 위해 폭탄을 던졌으나 실패하고 체포되어 서대문형무소에서 순국하였다.

재빨리 현장에서 빠져나온 강우규는 지인의 집에 피신해 있다 결국 9월 17일 일제의 앞잡이 김태석에게 붙잡혀 서대문형무소에 수감됩니다. 그는 60세가 넘은 노구의 몸으로 수감기간 동안 심한 고문을 당하면서도 재판정에서는 오히려 한국 독립의 당위성을 일제의 판사들에게 당당히 설명하고 그들에게 호통까지 쳤다고 합니다.

1920년 11월 29일, 강우규는 사형 선고를 받게 됩니다. 당시 심정을 묻는 일본 검사에게 강우규 열사는 '단두대 위에는 봄바람이 불 뿐 이 몸은 나라 없는 자이니 어찌 무슨 생각이 있겠나' 라는 시 한 수를 써주었다고 합니다.

그의 유해는 감옥 공동묘지에 있다가 해방 이후 동작동 국립묘지로 이장되었습니다. 지금도 서대문형무소를 가면 강우규 열사의 쩌렁쩌렁한 목소리가 들리는 듯합니다.

•• 매국노 이완용을 암살하려 했던 이재명 열사

이재명 열사(1890~1910). 1909년 명동 성당에서 벨기에 황제 레오폴트 2세의 추도식을 마치고 나오던 이완용을 습격하였으나 실패하고 서대문형무소에서 순국하였다.

이토 히로부미가 안중근 의사에 의해 저격당하자 이재명은 이완용을 암살하려는 계획을 세웠습니다. 그리고 1909년, 이완용을 암살하려 한 죄로 서대문형무소에서 사형 선고를 받았습니다.

당시 우리 민족의 원수라 불리는 인물이 바로 이토 히로부미와 이완용이었습니다. 그렇다면 이완용은 과연 어떤 인물일까요? 얼마나 매국행위를 했기에 민족의 원흉에 일본인이 아닌 우리나라 사람 이완용이 언급되었을까요?

첫째, 이완용은 1905년 조선의 외교권, 즉 주권을 일본에 넘기겠다는 을사늑약을 체결하는 데 결정적인 역할을 했습니다. 이토 히로부미마저 이완용의 도움으로 을사조약을 체결했다고 할 정도였으니까요.

둘째, 1907년 헤이그특사 사건 이후 일제보다 더 강력하게 고종의 퇴위와 일본인도 조선의 관리가 될 수 있다는 차관정치, 사법권과 경찰권을 일본이 가져간다는 정미7조약 체결 등을 주도했으며, 당시 전국에서 일어난 무장의병투쟁에 대해 강력히 대응을 해달라고 일제에 요청했습니다.

셋째, 그는 1909년 이토 히로부미가 안중근 의사에게 저격당했다는 소식에 안중근을 맹비난하고, '이토는 나의 스승'이라며 그의 죽음에 통곡했다고 합니다. 그리고 1910년 한일병합조약을 순종 황제의 허가도 받지 않은 채 체결함으로써 대한제국을 멸망케 함과 동시에 36년간의 일제치하 암흑기를 만들었습니다.

이외에도 1919년 3·1운동을 폭동으로 간주하고 그 해결책을 구체적으로 일본에 제안하기도 했습니다. 또 1921년에는 조선왕조 500년 역사의 산물인 창덕궁을 일본 천황에게 헌납하자고 주장했습니다. 그가 죽을 때 친일행각으로 일본에게 받은 돈으로만 300만 원(현재 시세로 600억 원이며, 당시 조선에서 두 번째 갑부였음)에 달했으나 그는 단 1원도 사회 공헌을 위해 쓰지 않았습니다. 이런 행각을 펼쳤던 이완용을 제거하려던 인물이 바로 이재명 열사였습니다.

1909년, 20살 청년 이재명은 항일운동을 위해 원산을 거쳐 블라디보스토크로 건너갔습니다. 그해 안중근의 이토 히로부미 저격 소식에 고무되어 곧 다시 귀국을 한 그는 이동수, 김정익 등과 함께 친일 매국노 이완용, 송병준, 이용구 등의 암살을 계획하고 기회를 기다렸습니다. 그러던 차에 1909년 12월 22일 명동 천주교 성당에서 있을 벨기에 황제 레오폴트 2세의 추도식에 이완용이 참석한다는 신문보도를 접하고, 군밤장수로 가장하여 성당 문밖에서 기다리다가 식을 마치고 나오는 이완용을 찔러 복부와 어깨에 중상을 입히고 대한독립만세를 외친 뒤 일본 경찰에 체포되었습니다.

체포된 뒤에도 재판정에서 그는 이완용이 왜 죽어야 하는지 그의

수많은 민족 애국지사들이 서대문형무소 사형장에서 형장의 이슬로 사라져갔고, 이들의 순국은 자주독립의 밑거름이 되었다.

친일행각에 대한 죄목을 우렁찬 목소리로 재판관에게 나열했습니다.

"들으시오. 그가 범한 죄는 첫 번째, 을사조약을 체결해 나라의 외교권을 넘기고 통감부를 설치한 죄! 두 번째, 고종 황제를 협박해 강제로 물러나게 만든 죄! 세 번째, 정미7조약을 체결하고 강제로 군대를 해산시킨 죄! 그리고 마지막 끝까지 반성하지 않은 죄! 이런 죄인이 살아 있는 건 같은 민족으로서 수치가 아니오! 난 단지 그런 민족의 원흉을 끝까지 죽이지 못한 것이 억울할 뿐이요."

그는 결국 사형 선고를 받고 1910년 서대문형무소에서 20세의 나이로 순국하였습니다.

•• 서대문형무소에서 순국한 3·1운동 열사들

　1919년, 민족대표들은 오후 2시 인사동의 태화관이란 음식점에 모였습니다. 태화관은 나라를 팔아먹은 이완용이 살던 집을 수리해 음식점이 된 곳이며 이곳에서 이완용

태화관에 모여 독립선언을 준비하는 민족대표 33인

이 이토 히로부미와 을사늑약을 논하던 장소로 유명했습니다. 바로 이곳을 민족대표들은 의도적으로 선택했고 이곳에서 독립선언을 했습니다.

　…이에 우리 조선이 독립한 나라임과 조선 사람이 자주적인 민족임을 선언하노라. 이로써 세계 모든 나라에 알려 인류가 평등하다는 큰 뜻을 똑똑히 밝히며 자손만대에 일러 민족의 독자적 생존의 정당한 권리를 영원히 누리도록 하노라…. 반만 년 역사의 권위를 의지하여 이를 선언함이며 이천만 민중의 충성을 모아 이를 두루 펴 밝히며… 이는 하늘의 분명한 명령이며 시대의 큰 추세이며 온 인류가 더불어 같이 살아갈 권리의 정당한 발동이기에 하늘 아래 그 무엇도 이를 막고 억누르지 못할 것이니라… 조선 나라를 세운 지 사천이백오십이년이 되는 해 삼월 초하루.

- 민족대표 33인

민족대표들은 독립선언을 떳떳하게 일본 경찰에게 알렸습니다. 그리고 오후 4시, 그들은 3·1운동의 함성을 들으면서 일본 경찰들에 의해 체포되고 모두 서대문형무소에 수감됩니다. 그들이 수감된 그때도 만세운동은 계속되었고 감옥은 매일 잡혀오는 민간인과 학생들로 이미 수용 인원이 넘쳐나고 있었습니다.

민족대표들은 수감생활 동안에도 한민족의 자존심을 지키려 노력하였는데, 당시의 증언을 보면 "아침저녁 점호 때 무릎을 꿇고 인사를 하는 것이 규칙이지만 어느 누구도 이를 지키지 않았다. 불교 대표 한용운은 늘 앉아서 참선을 하다가도 점호 때면 가부좌를 튼 자세로 일본 간수를 빤히 쳐다보았고, 어떤 이는 담당 일본 간수를 볼 때마다 '이게 어떻게 너희 잘못이겠는가. 우리는 조선 사람이기 때문에 잃어버린 나라를 찾으려는 것뿐이었다'라고 타이르곤 했으며, 그 일본 간수는 감옥 밖 상황을 알려주기도 하고 때론 밥 속에 쪽지를 넣어도 걸리지 않는 방법을 가르쳐주기도 하였다"라는 기록이 나옵니다.

한용운은 사형이 내려질 것이라는 소문이 옥중에 돌았을 때도 독립운동을 하고도 살 줄 알았더냐며 의연함을 보였고, 변호사를 대지 말 것, 보석을 신청하지 말 것, 사식을 먹지 말 것이라는 옥중 투쟁 3원칙을 정해 실천하기도 했습니다.

•• 독립운동의 아이콘, 유관순 열사

3·1운동 하면 가장 먼저 생각나는 인물이 바로 유관순 열사입니다. 유관순 열사는 1902년생으로 지금으로부터 매우 가까운 시대에 살아 있었던 인물입니다. 그녀의 애국심은 이곳 서대문형무소에 아직도 남아 있습니다. 바로 독립만세를 외치다 일제의 고문에 의해 죽음을 당한 곳이 서대문형무소이기 때문입니다.

유관순 열사는 1916년 미국인 선교사의 도움으로 이화학당 보통과 3학년에 입학했습니다. 그러다 1919년 3·1운동이 일어나자 3월 5일 만세 시위에 참가한 뒤 총독부의 임시휴교령으로 3월 8일 고향으로 돌아와 시위를 주도하였습니다. 4월 1일, 수천 명의 군중이 모인 가운데 시위가 시작되자 그녀는 시위대 선두에서 독립만세 시위를 벌였습니다. 그러나 일제의 무력진압으로 시위 도중 아버지와 어머니가 피살당하고 자신은 주동자로 잡혀 공주지방법원에서 징역 3년형을 언도받았습니다.

아버지와 어머니를 잃은 유관순의 마음은 불타올랐습니다. 17살 소녀 유관순은 재판장에게 자신의 투쟁이 정당함을 역설하고 의자를 집어 던지는 의지까지 보였습니다. 그런 그녀에게 법정은 모욕죄까지 가산하여 징역 7년형을 선고했습니다. 당시 민족대표들이 받은 형량에 비하면 중형이었습니다.

유관순은 서대문형무소에서도 틈만 나면 독립만세를 외쳤는데, 그때마다 갖은 고문을 받았고, 특히 1920년 3월 1일 3·1운동 1주년 때

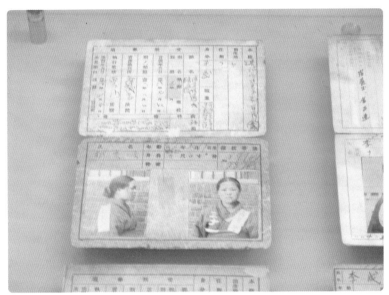

유관순 열사(1902~1920)의 수감기록카드. 이화학당 고등과 1년생으로 3·1운동에 참가한 뒤, 고향인 천안에 내려가서 아우내 장날을 기하여 만세를 심창하며 시위하다 왜경에 체포된 후 서대문형무소에서 옥중 순국하였다.

에는 가장 열심히 만세를 불러 많은 독립지사들에게 용기와 위로를 주었습니다. 이 사건으로 유관순은 다시 끌려가 복막이 터지는 등 어린 소녀가 감당하기엔 너무 심한 고문을 당하다 결국 그해 10월 12일 18살의 어린 나이로 서대문형무소에서 옥사하였습니다.

  이 소식을 전해 들은 이화학당 교장은 서대문형무소 당국에 시신 인도를 요구했으나 일제는 거부했고, 이에 교장이 이 사실을 국제 언론에 알리겠다고 하자 마지못해 일제는 승낙하여 석유통을 그들에게 주었습니다. 교장이 석유통을 열어보니 그곳엔 유관순의 시신이 토막 나 있었다고 합니다.

•• 〈백범일지〉에 기록된 서대문형무소

서대문형무소에 대한 기록은 생각보다 많지 않습니다. 많은 부분이 일제에 의해 관리, 감독되었기 때문입니다. 그런 와중에 당시 감옥 안의 모습을 생생히 묘사한 기록이 있는데, 바로 백범 김구 선생의 일기인 〈백범일지〉입니다.

… 수감자들은 판결 전에는 자기의 의복을 입거나 또는 청색 옷을 주워 입었다가 판결 이후에는 붉은 옷을 입었다. 겨울에는 면복을 입고 여름에는 얇은 옷을 입고 병든 수감자는 흰색 옷을 입혔다. 식사는 1일 3회 하는데 음식 재료는 그 지방에서 제일 싼 곡물을 썼다. 밥은 콩이 50%, 좁쌀 30%, 현미 20% 정도가 섞여 있었다. 밥을 먹을 때에는 간수가 수감자들의 무릎을 꿇게 하고 고개를 숙이게 한다. 그리고 왜놈 간수가 '바로'라고 하면 머리를 일제히 든다. 그리고 다시 간수가 '식사 시작'이라 외치면 그때서야 수감자들이 밥을 먹을 수 있었다. 밥을 먹을 때 왜놈 간수는 '식사는 천황이 너희 죄인을 불쌍히 여겨서 주는 것이니 머리를 숙여서 천황에게 예를 하고 감사의 뜻을 표하라'라고 했다.
그런데 매번 경례를 할 때마다 수감자들은 뭐라 중얼거리는데, 물어보니 '일본 법전에는 자기들 왕이나 왕비가 죽으면 죄인들을 풀어준다고 하니 명치(일본천황의 이름)란 놈을 즉사시켜 주소서'라고 기도를 하는 것이라고 했다. 그 말을 들으니 심히 기뻐 나도 그렇게 하기

1946년 환국 후 서대문형무소를 방문한 김구와 동지들. 김구의 〈백범일지〉에는 수감 당시의 상황이 잘 묘사되어 있다.

시작했다. 매번 식사 때마다 '동양의 대 악괴인 왜왕을 나에게 전능을 베풀어 내 손에 죽게 합시사……'

… 한여름 감옥은 수감자들의 땀과 호흡에서 증기가 나 서로 얼굴을 분간 못하고 때론 똥오줌에서 나오는 가스 때문에 질식하는 사람도 부지기수다. 그래서 여름에 수감자들은 매우 힘들어 하고 많은 이들이 죽어나갔다. 한겨울에는 20명이 있는 방에 4개의 솜이불을 주었는데, 추위에 버선 없는 발과 무릎은 태반이 동상에 걸려 발가락, 손가락이 불구가 되는 수감자들을 많이 보았다. …

백범은 서대문형무소 생활에서 많은 것을 생각하게 되고 또 앞으로 어떻게 이 나라의 독립에 이바지할 것인지 구상하게 되는데, 지금의 백범이란 호 역시 서대문형무소 수감 시절에 지었다고 합니다.

··· 그럭저럭 내가 서대문감옥에서 지낸 것이 3여 년이고 잔기는 불과 2년이다. 이제 세상에 나가서는 무슨 사업을 할까 밤낮으로 생각하고 또 생각했다. 그리고 내가 이름을 김구(龜)에서 김구(九)로 바꾼 것은 왜민적(일본이 관리하는 조선 백성의 호적)에서 떨어져나가기 위함이요, 호를 백범으로 고친 것은 비록 백정(白丁, 소나 돼지를 잡는 천민들)이나 범부(凡夫, 평범한 남자들)들이라도 애국심만큼은 나의 정도는 되어야 완전한 독립군민이 될 것이기에 이를 열망하기 위해 백정의 '백', 범부의 '범'을 따 '백범'이라 고쳤다···

1 서대문형무소 전경.
2 일명 유관순굴이라고도 하는 이곳 지하 독방에서 일제의 잔혹한 고문과 영양실조로 1920년 10월 2일 유관순 열사는 옥중 순국하였다.
3 수많은 애국지사들의 한이 스민 사무문.
4 애국지사들의 형무소 수감 기록카드.
5 햇빛 한 줄기 없는 한겨울 독방의 수감자.

서대문형무소역사관의 첫 모습은 담장과 망루입니다. 원래 망루는 길이가 1,161m가 넘는 어마어마한 규모였으나 현재 남아 있는 담장은 약 79m 정도입니다.

1층에는 상설전시장과 영상관이 있는데 5분 정도의 영상을 보면 형무소의 역사 등을 자세히 알 수 있습니다. 그리고 2층 민족저항실에는 일제 식민지기간 동안의 항일투쟁 역사와 서대문형무소의 역사가 중요 사건별로 설명되어 있습니다.

옥중생활실에서는 일제의 고문과 탄압에 관한 옥중생활의 실상을 자세히 전시하고 있으며, 당시 지하 독방을 관람객들이 직접 체험해볼 수 있습니다. 일제의 당시 탄압과 고문은 세계적으로 유래를 찾아볼 수 없을 만큼 악랄했다고 합니다. 소, 돼지보다도 못한 수감 생활을 하면서 영양실조와 잔인한 고문 그리고 한겨울에는 얼어 죽고 한여름에는 전염병으로 생을 마감한 독립투사들이 부지기수였습니다.

전시관 지하체험실은 한여름에도 온기라곤 조금도 느껴지지 않는 곳입니다. 지하체험실에서 물고문, 성고문, 전기고문 등 일제가 저지른 만행을 보고 있노라면 그들의 잔인함에 손끝이 떨릴 정도입니다.

서대문형무소의 가장 구석에는 작은 목조건물이 한 채 있는데 바로 1923년 일제가 지은 사형장입니다. 이곳에서 수많은 애국지사들이 형장의 이슬로 사라져갔습니다. 사형장에는 사형수의 목을 매는 동아줄이 내려져 있고 앞면에는 사형을 집행할 때 배석자들이 앉는 공간이 그대로 보존되어 있습니다.

사형장 앞에는 미루나무 한 그루가 있는데 많은 애국지사들이 사형집행 전 이 나무를 붙들고 통곡을 했다고 해서 이 미루나무는 잘 자라지 않는다는 일화가 있습니다.

일본인도
감동시킨 애국정신

_ 안중근의사기념관

내가 죽은 뒤에 나의 뼈를 하얼빈 공원 곁에 묻어두었다가 우리 국권이 회복되거든 고국으로
반장해다오. 나는 천국에 가서도 또한 마땅히 우리나라의 회복을 위해 힘쓸 것이다. 대한독
립의 소리가 천국에 들려오면 나는 마땅히 춤추며 만세를 부를 것이다.

손가락 마디가 잘린 안중근 의사의 손도장은 오늘날 우리에게 태극기
만큼 강한 애국심의 상징으로 여겨집니다. 그것을 보면 마음이 뭉클
해집니다. 그만큼 우리의 가슴속엔 안중근이란 인물 그리고 그의 애
국정신이 스며 있기 때문입니다.

안중근은 용맹한 군인이며 동시에 위대한 사상가였습니다. 그리고
이를 실천하려는 실천가였습니다.

•• 손가락을 잘라 나라에 바치다

안중근 의사의 중근공 엽서. 가운데 모자를 벗고 있는 사람이 이토 히로부미다. 그는 몇 분 후 안중근 의사의 총탄에 의해 절명한다.

1909년 3월 연해주의 한 마을, 안중근을 비롯한 몇몇의 청년들은 단지동맹의 취지문을 읽어나갔습니다.

"오늘날 우리 한국인이 국가가 위급하고 국민이 멸망할 지경에 당면하고 있다. 우리 이천만 동포가 일심단체하여 생사를 불고한 연후에야 국권을 회복하고 생명을 보전할지라. 그러나 우리 동포는 말로만 애국이니 일심단체이니 하고 실지로 뜨거운 마음과 간절한 단체가 없으므로 특별히 한 조직을 만드니 그 이름은 동의단지회라. 우리가 손가락 하나씩 끊음은 비록 조그마한 일이나 첫째는 국가를 위하여 몸을 바치는 증거요, 둘째는 일심단체의 표시이다."

안중근과 11명의 동지들은 손가락 한 마디를 절단하고 그 피로써 태극기 앞에 네 글자를 써내려갔습니다.

안중근은 그해 10월, 이토 히로부미가 러시아 대장 대신 코코프체프와 만나 동양 침략정책을 협상하기 위해 북만주를 시찰한다는 소식을 듣고 거사 일정을 잡습니다.

마침내 1909년 10월 26일 오전 9시 20분, 삼엄한 경계망을 편 하얼빈역에 특별 열차가 도착했습니다. 이토 히로부미는 열차에서 내려 도열하는 의장대를 사열하고 각국 사절단 앞으로 나가 인사를 받기 시작합니다. 안중근 의사는 마음속으로 '조금만 더 가까이……'를 외치며 러시아 의장대 뒤에서 기회를 노리고 있었습니다. 흰 수염을 기른 자그마한 노인 이토가 사열을 마치고 일본인 환영단 쪽으로 다시 돌아가기 위해 두어 걸음을 옮겼을 때였습니다.

　오른손에 쥐어진 블로닝 권총은 이토의 가슴 쪽으로 향했고, 3발의 총탄은 정확히 그의 복부에 명중했습니다. 순간 아수라장이 되었고 러시아 관헌대는 그를 덮쳤습니다. 수 명의 장정이 그의 몸을 짓누르고 있는 사이에도 안중근의 눈은 이토를 향하고 있었습니다. 그리고 이토가 쓰러지는 순간, 그제서야 안중근은 큰 소리로 외쳤습니다.

　"코리아 우라(만세를 뜻하는 러시아어)! 코리아 우라! 코리아 우라!"

　1909년 10월 26일 하얼빈역의 시계는 9시 30분을 가리키고 있었습니다. 수행원들은 곧바로 이토를 침대로 옮기고 응급치료를 했습니다. 탄환은 몸을 관통하지 않고 모두 몸에 박힌 상태였습니다. 한 발은 오른팔을 뚫고 왼쪽 가슴에, 두 번째 총탄은 가슴과 배를 뚫고 왼쪽 갈비뼈 밑에, 그리고 세 번째 총탄은 왼쪽 복부에 박혔습니다. 피격 30분 후인 오전 10시, 한민족에게 너무나도 큰 상처를 안긴 이토 히로부미는 그렇게 31세 청년 안중근에 의해 68세의 생을 마감했습니다.

•• 독립의 소리가 들려오면 천국에서라도 춤을 출 것이다

쇠사슬에 묶이고 꿇어앉은 모습의 안중근 의사. 한 일본인 사진작가가 의사를 비하하기 위해 제작한 엽서였으나 제작 의도와 달리 불티나게 팔려 일제가 판매금지 조치를 내리고 회수한 것으로 전해진다.

일제는 현장에서 체포된 안중근의 신병을 국제법을 무시한 채 신속하게 처리합니다.

"범행 동기가 무엇인가?"

"우리는 지금 전쟁 중이다. 나는 독립군으로서 적군을 사살했을 뿐이다. 전쟁 중 적군을 사살하는 것이 문제인가? 나는 전쟁포로이다."

안중근 의사는 수차례의 재판 과정에서도 논리정연한 언변으로 일본인 재판관들을 당황시켰다고 합니다. 이는 그가 단지 말을 잘해서가 아닙니다. 정확한 사상과 신념이 있었기 때문이었죠. 그러나 결국 1910년 2월, 안중근은 사형 선고를 받습니다.

"피고 안중근은 1909년 10월 26일 오전 9시경 하얼빈 정거장에서 이토 공을 명중시켜 죽음에 이르게 했다. 피고 안중근이 이토 공을 살해한 행위는 그 결의가 개인적인 원한에 의한 것이 아니라 하더라도 심사숙고한 계획 끝에 삼엄한 경호를 뚫고 저명 인사가 모인 장소에서 감행한 것이기에 살인죄로 극형에 처하는 것이 당연하다고 인정된다. 따라서 본 법정은 피고 안중근을 사형에 처한다."

홍석구 신부와 동생들에게 유언을 하는 안중근 의사.

　당시의 상황을 1901년 2월 16일자 아사히신문은 "사형 선고를 받은 순간에도 안중근은 너무나 태연했다"라고 적고 있습니다. 예견된 선고지만 사형 선고를 받고 감방으로 돌아온 안중근은 조금씩 분노가 치밀기 시작했습니다. 갑자기 15년 전의 사건이 생각났기 때문이었습니다.

　'1895년 일본공사 미우라는 군대를 이끌고 무단으로 경복궁을 습격해 국모인 명성황후를 무자비하게 시해하는 만행을 저질렀음에도 불구하고 그들은 모두 석방되었다. 한 나라의 국모를 시해한 일인데도 증거 불충분으로 석방한 바로 그런 사람들에게 내가 사형 선고를 받다니…'.

　그의 이런 심정은 억울함이 아닌 분노였습니다. 그러나 시간이 없었습니다. 안중근은 형이 확정된 후 남은 삶이 얼마 안 되기에 자신의 자서전인 《안응칠의 역사》(안응칠은 안중근의 개명 전 이름임)의 탈고를 서두르는 한편 《동양평화론》을 집필하기 시작합니다.

순국 하루 전인 3월 25일, 안중근의 두 동생인 안정근과 안공근 형제가 마지막 면회를 왔습니다. 삼형제는 잠시 기도를 한 뒤 서로의 손을 꼭 잡았습니다. 두 동생들의 눈에는 눈물이 가득 고여 있었죠. 안중근 의사는 어머니와 부인, 가족들을 위한 유서를 동생에게 전합니다. 그리고 동생들에게 다음과 같이 말했습니다.

"내가 죽은 뒤에 나의 뼈를 하얼빈 공원 곁에 묻어두었다가 우리 국권이 회복되거든 고국으로 반장해다오. 나는 천국에 가서도 또한 마땅히 우리나라의 회복을 위해 힘쓸 것이다. 너희들은 돌아가서 동포들에게 각각 모두 나라의 책임을 지고 국민 된 의무를 다하며 마음을 같이 하고 힘을 합치어 공로를 세우고 업을 이르도록 해라. 대한 독립의 소리가 천국에 들려오면 나는 마땅히 춤추며 만세를 부를 것이다."

•• 일본인도 감동시킨 안중근 의사

1910년 3월 26일, 안중근 의사의 사형이 집행되는 날이 왔습니다. 이날 여순의 하늘엔 아침부터 부슬비가 음산하게 내리기 시작했습니다. 아침 일찍 안중근 의사는 어머님이 보내주신 하얀 명주 한복으로 갈아입고 때를 기다리고 있었고, 간수 치바 토시치는 부동의 자세로 그의 감방을 지키고 있었습니다.

그런데 여기서 치바 토시치라는 인물에 대해 살펴볼 필요가 있습니다. 지금도 일본 미야기현의 대림사라는 절에 가면 세 명의 영정사진을 볼 수 있는데 왼쪽에는 안중근 의사, 그 옆에는 바로 치바토시치의 사진 그리고 그의 부인 기츠요 사진입니다. 왜 이 시골의 작은 사찰에 안중근 의사와 치바의 영정이 나란히 있을까요?

사형이 집행되는 날 어머니가 보내주신 명주 한복을 입고 앉아 있는 안중근 의사.

치바는 일본군 헌병이면서 안중근을 감시하는 형무소 간수이도 했습니다. 그는 처음에는 다른 일본인들처럼 일본인의 우상인 이토를 살해한 살해범인 안중근에 대해 분노의 마음을 가지고 있었습니다. 그러나 시간이 지나면서 안중근 의사가 단순한 살해범이 아닌 진정한 동양의 평화를 생각하는 굳은 의지와 높은 인품의 소유자라는 것을 알게 되죠.

둘의 인연은 이렇게 시작됩니다. 그런데 그들 둘은 너무나 안 어울리는 만남이었습니다. 한국 독립군과 일본군, 사형수와 감옥의 간수, 가톨릭 신자와 불교 신자. 이렇게 절대 어울릴 수 없는 두 사람은 오히려 서로 존경하며 깊은 우정을 나누게 됩니다. 그의 회고록에는 안중근이 사형 선고를 받던 날을 이렇게 쓰고 있습니다.

안중근 의사가 일본인 간수 치바 토
시치에게 써준 글.

일본인들은 이 사람에게 좀 더 배워야 한다. 나는 굳은 마음을 먹고 안중근을 향해 머리를 숙였다.

"안중근 씨! 일본이 당신의 조국을 짓밟게 된 것에 대해서는 뭐라 드릴 말씀이 없습니다. 일본인의 한 사람으로서 사과드립니다."

그러자 안중근은 "치바 씨 송구스럽습니다. 역사의 흐름은 개인의 힘으로는 어쩔 수 없는 것인지 모르겠습니다. 또 한일 관계가 이렇게 불행하게 된 것도 이토 한 사람의 책임이 아닐지 모릅니다. 폭도 같은 나의 이번 행동은 가까운 미래에, 아니 먼훗날이 될지도 모르겠지만 한국 동포들에게 독립심을 불러일으킬 수 있는 계기가 될 것입니다…"

"안중근 씨 나는 일본의 군인으로서 당신같이 훌륭한 분을 중대 범인으로 감시한다는 것이 너무나 괴롭습니다."

그러자 안중근은 따뜻한 눈길을 보내며 이렇게 말했다.

"아닙니다. 당신은 군인으로서 당연히 임무를 수행하고 있는 것이고 이미 재판에서 진술했듯이 나는 한국 군대가 이토에 의해 굴욕적으로 해산 당했기 때문에 동지들과 같이 한국독립 의병군에 참여하여 참모 중장의 임무를 받았고 내가 이토를 죽인 것도 내 임무를 수행하기 위함이었습니다. 나라를 지키되 유사시에 나라를 위해 몸을 바치는 것이 군인의 본분입니다. 그러니 서로가 각자의 입장에서 자신의 임무에 최후까지 충실한 것이 중요하지 않겠습니까?"

그리고 사형 당일 날, 안중근은 내가 전에 부탁한 글씨에 대해 "치바씨, 전에 제게 부탁한 것 있지 않습니까? 지금 써드리겠습니다"라고 했다. 나는 놀라지 않을 수 없었다. 이제 조금 있으면 죽음을 맞이할 사람이 어찌 저리 평온하고 침착할 수 있을까?

"안중근 씨 괜찮으시겠습니까?"

그는 웃으면서 단숨에 글씨를 써내려갔다.

"爲國獻身 軍人本分(나라 위해서 몸을 바침은 군인의 당연한 본분이다) - 경술 3월 여순옥중에서 대한민국 안중근 근배."

그리고 동지들과 맹세로 왼손 약지가 잘려나간 손바닥에 먹을 묻혀서 손도장을 찍었다. 나는 숨이 멎는 듯했다. 안중근은 내게 이렇게 얘기했다.

"그동안 친절하게 대해주셔서 진심으로 감사합니다. 동양에 평화가 찾아오고 한일 간에 우호가 화복되는 날 다시 태어나서 만나고 싶습니다."

나는 어떤 말도 하지 못했다. 그저 내 두 손은 합장만 하고 있을 뿐이었다.

'고맙습니다. 그리고 잘 가세요, 안중근 씨……'

그때가 바로 처형 5분 전이었다.

치바 토시치는 군대를 제대하고 고향 센다이에서 철도원으로 일하면서 안중근 의사의 위패와 안중근 의사가 생을 마감하면서 선물한 그 유묵을 모셔놓고 평생 그의 명복을 빌어줬다고 합니다. 그리고 1980년에 이 유묵은 안중근의사기념관으로 기증되었습니다.

•• 우리는 죄인입니다

형장에 도착한 안중근은 검찰관, 변호인 등이 입회한 가운데 교수대의 계단에 올랐습니다. 교수대에 오른 안중근은 잠시 마지막 기도의 시간을 갖습니다. 그리고 사형집행문의 낭독이 끝나고 집행부는 최후의 유언을 묻습니다.

"나의 이 거사는 동양평화를 위하여 결행한 것이므로 오늘 임검한 일본 관헌들도 앞으로 한일 화합에 힘써 동양의 평화에 이바지하기 바랍니다."

이것이 이생에서 그가 남긴 마지막 말이었습니다. 3월 26일 오전 10시 4분, 예정대로 사형은 집행됐고, 10시 15분에 안중근 의사는 순국합니다. 검시가 끝나고 안중근의 유해는 작은 통 속에 넣어져 여순 감옥 묘지의 차가운 땅 속에 매장됩니다.

형제들의 간곡한 탄원과 절규에도 불구하고 안중근 의사의 유해는 유족에게 인도되지 못했습니다. 일제는 안중근 의사의 유해가 한국인의 손에 넘어갈 경우 분명 그의 묘소가 독립운동의 성지가 될 것이고,

이로 인해 많은 저항이 따를 것을 두려워한 나머지 이를 거부한 것입니다.

효창공원 내에 있는 삼의사 묘에는 봉분이 하나 더 있다. 바로 안중근 의사의 비어 있는 무덤이다.

100년이 지난 지금까지도 안중근 의사의 유해는 정확한 소재조차 파악하지 못하고 있습니다. 국권이 회복되면 고국으로 반장해달라는 유언을 아직도 우리는 지키지 못하고 있는 것입니다.

지금 효창공원에 가면 김구 선생의 주선으로 만들어진 삼의사 묘가 조성되어 있습니다. 그러나 무덤의 수는 4개인데 그곳에 영면한 분들은 이봉창, 윤봉길, 백정기 의사뿐입니다. 왼쪽의 비석 없는 무덤이 바로 안중근 의사의 빈 무덤입니다.

안중근의사기념관은 서울 남산에 위치해 있습니다. 남산은 한때 우리에게 치욕적인 장소로 남아 있는 곳이기도 합니다. 우리 민족과 동양의 평화를 무차별 파괴시킨 이토 히로부미가 안중근 의사에 의해 저격당한 뒤 일제는 그를 위한 추모사찰(박문사)을 짓는데, 그곳이 바로 남산에 있었기 때문입니다. 그렇기 때문에 안중근의사기념관이 이곳 남산에 있다는 것은 나름대로 또 다른 의미가 있는 듯합니다.

안중근의사기념관은 실내전시실과 안중근 의사 광장으로 이루어져 있습니다. 실내전시실에는 안중근 의사의 일생과 하얼빈 의거, 재판 과정 등을 다룬 영상물과 옥중생활을 볼 수 있는 감옥을 재현해놓았습니다. 이밖에 안중근 의사가 사용했던 유묵과 유물 등이 전시되어져 있고, 안중근 의사 광장에서는 그의 인품, 기개, 사상 등을 느낄 수 있는 동상과 어록비 등을 볼 수 있습니다.

안중근의사기념관은 안중근 의사 서거 100주년을 기념해 곧 지상 2층, 지하 2층의 새로운 기념관으로 이전해 개관할 예정이라고 합니다.

1 2010년 7월에 완공 예정인 안중근의사기념관 조감도.
2 안중근의사기념관의 내부 전경.
3 안중근 의사의 동상.

한국인보다 한국을 더 사랑했던 외국인

_ 양화진외국인선교사묘원

I would rather be buried in Korea than in Westminster Abbey.
나는 웨스트민스터 사원보다 이곳 한국 땅에 묻히기를 바란다.
- 한국인의 친구 헐버트

박물관 기행에 묘원이 등장한 것을 의아해하는 독자들이 있을 것입니다. 그것도 우리나라 사람이 아닌 외국인 묘원을요. 하지만 왕릉이나 궁궐이 박물관이 될 수 있듯, 우리가 주목할 만한 역사의 흔적이 있는 곳이라면 묘원 역시 박물관이 될 수 있기 때문입니다. 물론 궁궐은 건물 자체에 그 의미가 있지만, 묘원의 경우는 이곳에 계신 분들의 훌륭한 업적을 되새길 때 그 의미가 더 와닿을 것입니다.

우리나라는 봉건국가(왕과 백성이 주종 관계인 국가)였던 조선왕조에서 근대국가인 대한제국으로 넘어가는 '개항기'라는 시기가 있었습니다. 이 시기에 많은 외국인들이 한국의 근대화에 영향을 주었습니다.

조선 백성의 아픔을 내 몸처럼 여겼던 미국인 의사 헤론(Heron), 지금의 연세대학교를 만든 교육자 언더우드(Underwood) 일가, 우리나라 최초의 근대 국립학교 배재학당을 세운 교육의 개척자 아펜젤러(Appenzeller), 한국인보다 한국을 더 사랑한 헐버트(Hulbert), 언론의 힘으로 항일운동을 했던 영국인 베델(Bethell), 평생 한국의 고아들을 위해 헌신한 일본인 소다 가이치(曾田 嘉伊智) 등 많은 외국인들이 우리나라의 근대화에 큰 공적을 남겼습니다.

비록 우리의 위인열전에는 빠져 있지만 선교사라는 한 종교의 전파자를 떠나, 이들은 분명 우리의 아픈 곳을 치유해주었던 사람들이었습니다.

•• 조선인의 영원한 친구 헐버트

1949년 7월 29일 인천항. 미국에서 온 '프레지던트 헤스' 호에서 백발이 성성하고 키가 작은 87세의 미국인 노인이 국군 의장대의 사열을 받으며 내렸습니다. 1909년 한국을 떠난 지 40년 만에 다시 밟는 한국 땅이었습니다. 그러나 건강이 악화된 그는 그날 밤 병원에 입원했고, 말 한마디 남기지 못한 채 일주일 후인 8월 5일 영면하였습니다. 조선인보다 조선을 더 사랑했다는 헐버트(1863~1949)입니다.

헐버트의 묘. 묘비에 '나는 웨스트민스터 성당보다 이곳 한국 땅에 묻히기를 원한다'는 문구가 새겨져 있다.

헐버트의 묘비에는 '나는 웨스트민스터 성당보다 이곳 한국 땅에 묻히기를 바란다. -한국인의 친구 헐버트' 라는 비문이 새겨져 있습니다. 영국의 웨스트민스터 사원은 런던에 있는 1,000년 역사의 사원으로 대관식, 결혼식, 장례식 등 왕실의 행사가 치러지는 곳이며, 왕족이나 시인, 선교사, 음악가, 정치인 등 유명인들이 묻힌 곳이기도 합니다. 이런 최고의 사원보다 자신이 사랑하는 한국에 묻히고 싶다는 그의 유언에서 알 수 있듯 그는 진정한 한국인의 친구였고 스승이었습니다.

한국인의 영원한 친구 헐버트.

교육자 헐버트는 1886년 길모어(Gilmore), 벙커(Bunker)와 함께 당시 조선에 새로 생긴 한국 최초의 근대식 공립교육기관인 육영공원에서 영어교사로서의 활동과 《사민필지》 등 한국인들을 위한 다양한 교재를 만들었습니다. 이 책은 학교 교재뿐만 아니라 당시 서양을 몰랐던 우리 국민들에게 세계로 눈을 뜨게 하는 길잡이 역할을 했습니다. 특히 역사학자였던 헐버트는 1891년 《대동기년》, 1905년에는 《한국사》라는 역사서를 발간해 한국 근대사를 시대순으로 정리하기도 했습니다.

　언어학자로서의 헐버트는 한국 생활이 계속될수록 한국의 문화, 특히 한글에 심취했습니다. 1892년에 출간된 우리나라 최초의 영문 월간지인《Korean Repository》창간호 첫 장에서 헐버트는 'Korean Alphabet'이라는 제목의 한글 연구 논문을 게재했습니다. 이후 한글에 대한 많은 논문을 기고했는데, 특히 중국어, 일본어, 이두 등과 비교하면서 한글은 한국인이 직접 만든 독창적인 글이라고 칭송했습니다.

　헐버트는 당시 워싱턴의 스미스소니언 협회 1892년 연례보고서(Annual Report, Smithsonian Institute)에 'The Korean Language'라는 제목으로 특별 기고한 논문을 발표했으며, 이 논문은 미국 의회와 대통령 및 행정부에 보내졌습니다. 기고 마지막 부분에서 헐버트는 '한글은 대중언어의 매개체로서 영어보다 훨씬 우수하다'고 쓰고 있습니다. 아마 이 기고문은 한글의 우수성을 국제적으로 알린 최초의 논문일 것입니다.

　헐버트는 고종에게 한글 보급 운동본부를 설치하자고 제안하기도 했습니다.《사민필지》서문에서 헐버트는 "슬프다. 조선 언문(한글)이 중국 글자에 비하여 크게 요긴하건만 사람들은 그걸 모르고 오히려 업신여기니 어찌 아깝지 아니하리오. 그래서 이 책에는 한글로써 세계 각국의 지도와 다양한 정보를 기록한다"라며 안타까워했습니다.

　또한 우리가 몰랐던 사실 중 하나는 우리 민족의 대표곡인 '아리랑'에 숨겨진 이야기입니다. 당시까지만 해도 구전으로 전해진 이 노래가 가사와 함께 악보에 실리게 된 것이 바로 헐버트의 노력으로 이루어졌습니다.

헐버트가 우리와 가까운 가장 큰 이유는 그가 다른 무엇보다도 조선의 독립을 위해 노력했다는 점입니다. 1905년, 친일파들과 일본제국주의는 대한제국의 외교권을 박탈하기 위해 불법적인 을사늑약을 체결하였습니다. 헐버트는 세계사에서 유래를 찾아보기 힘든 이 조약의 부당함을 세계에 알리고자 노력하였습니다.

"비방이 극에 이르고 정의가 차츰 사라지는 이때에 나의 지극한 존경의 표시와 변함없는 충성의 맹세로서 대한제국 황제폐하께 … 그리고 지금은 자신의 역사가 종말을 고하는 모습을 목격하고 있지만, 장차이 민족의 정기가 어둠에서 깨어나면 잠이란 죽음의 가상이기는 하나죽음 그 자체는 아니라는 것을 증명하게 될 대한제국 국민에게 이 책을 드립니다."

위 내용은 바로 1906년 그가 저술한 《대한제국 멸망사》의 서문으로, 그가 일제의 침략에 맞서 대한제국의 부활을 위해 얼마나 노력했는지 알 수 있는 대목입니다. 또한 그는 고종의 특사로 미국 대통령에게 대한제국 황제의 친서를 전달하려 하였습니다.

지금의 우리는 역사의 일부로 100년 전 사건을 편히 보고 있지만, 당시 일본의 방해를 피해 친서를 들고 미국행 배를 탄 헐버트와 고종황제의 심정은 어떠했을까요? 조선왕조 500년의 운명이 그의 손에 달려 있었으니 말입니다.

그가 고종 황제의 친서를 들고 미국 대통령을 만나려 한 이유는 1882년 이미 체결된 조미수호조약 제1조인 '미국과 조선 중 어느 한 나라가 제3국의 침략을 받을 경우 상대 국가는 우호적으로 이를 해결해주어야 한다'라는 조항 때문이었습니다. 그러나 이는 불행히도 일제의 철저한 방해공작으로 미 정부에 전달될 수 없었습니다. 설령 전달되었다 하더라도 때는 늦었을 것입니다. 왜냐하면 이미 일본과 미국은 가쓰라 태프트(Taft-Katsura Agreement) 비밀조약(1905년 7월 미국은 필리핀을, 일본은 한국에 대한 이권을 서로 보장하는 비밀조약)으로 미국은 일본의 만행을 알면서도 묵인하고 있었기 때문입니다.

헐버트는 비통한 심정을 감출 수 없었습니다. 그의 심정은 그의 수기에 잘 나와 있습니다.

"후대에 가서 역사가들이 과거를 돌이켜볼 때 우리 미국 정부가 한국 민족의 생존 문제에 대해 이 같이 모욕적이며 경솔한 행동을 한 점을 어떻게 보겠는가? 공정한 눈으로 관찰할 때 그들은 미국인의 역사에 찬사를 던지는 말은 절대 할 수 없을 것이다."

그의 이런 노력에도 불구하고 미국은 끝내 등을 돌리게 됩니다. 그리고 2년 후 일제의 불법적인 침략을 세계만방에 호소할 수 있는 마지막 기회가 오게 되는데 바로 네덜란드 헤이그에서 열리게 될 만국평화회의였습니다.

당시 헐버트는 이미 일본제국주의자들에게 눈엣가시였습니다. 평회회의 때 그가 나설 것은 불을 보듯 뻔했으니 헐버트는 감시의 대상이 되었습니다. 이를 고종 황제도 모를 리 없었습니다. 이에 고종 황제는 은밀히 이준을 특사로 파견하였습니다. 이때 헐버트는 이준, 이상설 등 고종의 헤이그 밀사 파견 계획이 발각될 것을 우려해 고의적으로 자신이 특사가 되었다는 것을 퍼뜨렸습니다. 이는 일제의 감시를 헐버트 자신에게 쏠리게 함으로써 안전하게 헤이그 밀사들이 회의에 참석할 수 있게 하려는 의도였습니다.

당시 만국평화회의 관련 일본 정부의 기밀문서에 헐버트에 관한 글이 많다는 점을 보면 일제가 그를 얼마나 철저히 감시했는가를 알 수 있습니다. 헤이그 특사는 일제의 방해로 인해 비록 회의장엔 들어가지 못했으나 당시 세계의 많은 나라들이 일제의 부당한 침략을 알 수 있게 된 계기가 되었습니다. 하지만 이 일로 인해 그는 한국에서 추방을 당하게 되고 해방 때까지 한국으로 돌아오지 못하게 되었습니다.

해방 후 1948년, 대한민국 정부가 수립되면서 이승만 대통령은 헐버트를 국빈 자격으로 초대하였습니다. 당시 헐버트의 나이는 84세의 고령이었습니다. 그는 힘들어도 한국의 광복을 보고 싶어 했고 주변의 만류에도 한국행 배에 몸을 실었습니다. 그토록 독립을 원했던 고종 황제를 끝까지 보필하지 못한 것, 한국을 일본으로부터 지켜내지 못한 것을 스스로의 죄로 생각한 헐버트. 그는 1949년 8월 5일, 그가 그토록 원했던 한국 땅에 묻히게 되었습니다.

＊＊《대한매일신보》를 창간한 항일 언론의 기수, 베델

항일 언론의 기수 베델(1872~1909).

일본인에 의해 강제로 도굴당한 《경천사지십층석탑》은 베델의 언론 활동에 힘 입어 다시 우리 품으로 돌아올 수 있었다.

헐버트의 묘지를 지나면 또 한 명의 위대한 외국인이 잠들어 있습니다. 바로 영국에서 온 언론인 베델입니다.

1888년 일본에서 무역업을 하다 1904년 러일전쟁 당시 런던의 한 신문사 특파원 자격으로 한국에 오게 된 베델은 고종 황제의 대한제국 정부와 비밀리에 접촉해 《대한매일신보》와 《코리아 데일리 뉴스》를 창간하였습니다. 당시 일제는 한국 언론을 노골적으로 탄압하였으나 《대한매일신보》는 그럴 수가 없었습니다. 그 이유는 사장인 베델이 영국인이기 때문이었습니다.

이는 자연스럽게 《대한매일신보》가 항일 언론의 중심으로 자리잡는 계기가 되었으며, 이 신문의 언론 활동은 《경향신문》, 《황성신문》 등 국내의 다른 항일 민족지에도 영향을 주었습니다. 물론 여기엔 고종 황제의 비밀 지원이 많은 역할을 하게 되는데 고종 황제는 헤이그 밀사 사건으로 일제에 의해 모든 통치권이 이미 박탈당한 상태였지만, 1906년 2월 베델에게 신문과 통신의 전권자로 위임한다는 특별위임

장을 내리며 많은 지원금을 하사하
였습니다.

베델의 묘.

　이러한 상황을 가만둘 리 없는 일
제는 말도 안 되는 이유를 들며 베
델을 추방하려 했습니다. 그들이 내
세우는 황당한 이유로 첫째는 1907
년 9월 21일자 기사에 일본국 황태자의 한국 방문 기사를 무례하게
썼다는 것, 둘째는 9월 18일자에는 일본군의 의병 토벌에 대한 야만
성과 잔인성을 너무 노골적으로 기사화했다는 것이었습니다. 일제는
갖은 외교력을 동원해 《대한매일신보》를 압박했으며 그들의 입맛에
맞지 않는 기사를 낸 신문사는 폐간하거나 모두 압수하였습니다. 그
결과 1909년에 압수된 부수만 3백만 부에 이르며 그중 《대한매일신
보》는 가장 많이 압수를 당했다고 합니다.

　이 같은 베델의 활발한 항일 언론활동에 일제는 결국 외교적 압박
을 가해 영국고등법원으로 하여금 그에게 상해에서 3주간의 금고형
과 6개월간의 근신 명령을 내렸습니다. 그 후 다시 한국으로 오게 된
베델은 병상에 눕게 되고 1909년 5월 1일 37세의 나이로 숨을 거두
었습니다.

　그의 추도식에서 안창호는 "우리나라 사람이 아닌 영국인 베델 씨
가 우리나라에 바친 것이 이와 같을진대 어찌 우리가 가만히 있을 수
있겠는가"라며 그의 죽음을 안타까워했습니다.

　그가 죽은 지 1년 후인 1910년 6월, 장지연(1864~1921, 한말 언론인)

이 지은 묘비문이 세워졌으나 일제는 이 묘비문을 망치로 쪼아 지워 버렸습니다. 그러다 해방 후 한국 언론인들의 성금으로 다시 비석을 세웠습니다.

●● 사랑으로 한국인을 감동시킨 소다 가이치

소다 가이치와 부인 다끼 여사의 묘.

이곳 외인 묘지에는 낯선 이름의 묘지가 하나 있습니다. 대부분이 영어 이름인데 반해 이 묘지의 주인공은 바로 일본 사람입니다. 바로 소다 가이치라는 인물이 그 주인공입니다.

소다는 1905년에서 1945년까지 40여 년을 한국에서 살았으며, 일본으로 건너가 90세가 넘는 나이에 다시 제2의 고향 한국으로 돌아와 이곳 외인묘지에 영면하였습니다.

소다는 젊었을 때 대만, 홍콩 등을 떠돌며 부랑자 같은 생활을 했다고 합니다. 그러다 우연히 술을 마시고 추위에 쓰러진 자신을 구해준 한국인을 못 잊어 한국 땅을 밟게 되고, 한국에서 일본어 강사로 YMCA에서 일을 하면서 선교사로서의 활동을 시작하였습니다.

당시 1910년대는 일제가 무자비하게 한국을 통치할 때였습니다. 이런 어처구니없는 일제의 만행에 같은 일본 사람으로서 너무나 수치스러웠던 소다는 독립투사들의 석 방에 온 힘을 쏟는 한편 곳곳에 일 제의 만행을 비판하였습니다. 그러 던 소다는 한 보육원을 인계받게 되 는데, 이를 계기로 소다 부부는 해 방 전까지 무려 1,000명의 한국 고 아들을 자식 키우듯 돌보았습니다.

한국 고아들의 아버지였던 소다 가이치와 그의 부인

당시 어려운 환경 속에서 고아들을 돌보는 일은 결코 쉬운 일이 아 니었을 것입니다. 특히 소다 부부를 힘들게 한 것은 한국과 일본 양쪽 에서의 곱지 않는 시선이었습니다. 하지만 그의 일생을 바친 노력은 사람들로 하여금 많은 이들에게 따뜻한 감명을 주었습니다.

1945년 해방이 된 후 소다는 일본으로 건너가 전국을 돌며 일본인 들에게 한국에 대한 국민적 참회를 역설하였습니다. 그 후 1961년에 한국으로 돌아온 그는 그토록 보고 싶어 했던 한국의 어린이들과 마 지막 여생을 보내게 됩니다. 그리고 1962년 3월 28일, 96세의 나이로 양화진 묘원에 안장되었습니다.

그가 세상을 뜬 지 3년 뒤 한일 국교정상화가 이루어졌으며 한국 정부는 그에게 일본인 최초로 문화훈장을 추서하였습니다. 정치인은 아니었지만 사랑의 실천으로 한국인들을 감동시켰으며 진심의 눈물 로 일본인들에게 사죄를 요구한 그는 분명 한일 국교정상의 역사적 사건에 가장 큰 공헌자임이 분명할 것입니다.

•• 우리나라 최초의 청각장애인학교를 만든 홀 일가

홀 일가란 윌리엄 제임스 홀(William James Hall)과 그의 아내인 로제타 홀(Rosetta Sherwood Hall) 그리고 그의 아들 셔우드 홀(Sherwood Hall)을 말합니다. 홀의 한국 생활은 그리 길지 않았습니다. 하지만 그에게 한국은 남다른 애정을 갖는 곳이었음이 분명합니다. 부인 로제타를 만난 곳이 바로 한국이기 때문입니다.

홀은 선교사이기 전에 의사였습니다. 캐나다인인 그는 1891년 한국에 와 자신과 같이 선교사이며 의사였던 아내 로제타와 갓난 아들을 데리고 평양으로 갔습니다. 당시만 해도 선교사를 낯설어 했던 평양 사람들은 그들을 경계하였으나, 그들의 헌신적인 의료봉사에 조금씩 마음의 문을 열어갔습니다. 그러던 홀은 전염병을 앓게 되고 서울

성자 같은 의사 윌리엄 홀과 그의 일가.

로 이송되었으나 결국 1894년 11월 24일 세상을 등지기엔 아까운 35세의 나이로 이곳 양화진에 묻혔습니다.

윌리엄 홀과 가족들의 묘.

그의 죽음을 지켜봤던 아내 로제타는 홀의 유산과 조의금 등으로 평양에 기홀병원을 개원하였습니다. 그리고 로제타는 어려서부터 공부했던 점자법을 한글에 맞춰 만들어 맹인들을 위한 교과서 책자 등을 만들었습니다. 이것이 우리나라 최초의 맹인 점자교육이었으며, 1907년에는 우리나라 최초의 창각장애인학교를 세우기에 이릅니다. 이후 30여 년 동안 한국의 청각장애인들을 위해 봉사한 그녀는 1940년 한국을 떠나 1951년 미국에서 85세의 나이로 세상을 떠났습니다. 그리고 그녀의 유언에 따라 유골은 남편이 잠든 양화진에 뿌려졌습니다.

홀 일가의 한국 사랑은 여기서 그치지 않습니다. 그들의 아들인 셔우드 홀 역시 한국을 위해 평생을 바쳤습니다. 그의 고향은 미국이 아닌 바로 한국이었습니다.

1893년 11월 10일 서울에서 태어난 그는 어릴 적부터 의료봉사를 했던 부모님의 영향을 받아 의과대학을 졸업한 뒤 한국에서 의료봉사를 하게 되는데, 해주에 폐결핵요양원을 개설하고 1923년에는 한국 최초로 크리스마스실을 발행하는 등 부모님의 의료봉사를 이어갔습니다. 그 후 크리스마스 씰 운동은 성공을 거두었지만, 1940년 발행

연도를 일본 연호로 바꾸라는 일제의 압력이 계속되다 결국 1940년 11월 일본 경찰에 의해 추방되고 말았습니다. 이에 셔우드 홀은 인도로 건너가 그곳에서 결핵퇴치에 힘쓴 뒤 1963년 은퇴 후 고국인 캐나다로 돌아갔습니다. 그리고 1991년 4월 5일 향년 98세의 나이로 별세한 그는 역시 부모님이 있는 이곳 양화진에 잠들길 원해 1991년 4월 17일 양화진에 안장되었습니다.

박물관 둘러보기

양화진외국인선교사묘원에는 외국인 선교사들을 기리는 기념
관이 있습니다. 기념관은 우리나라 선교의 역사를 한눈에 볼 수 있
는 연표가 전시되어 있고 주요 인물들에 대한 소개를 하고 있는데,
그중 입구의 오른쪽을 장식하는 있는 전시공간이 홀 가족실입니다.
이곳에는 윌리엄 홀과 부인인 로제타 홀 여사 그리고 아들인 셔우
드 홀에 대한 간단한 설명과 사진이 전시되어 있으며, 특히 로제타
여사가 심혈을 기울인 시각장애인들을 위한 점자 성경책과 아들인
셔우드 홀이 발행한 우리나라 최초의 크리스마스 씰 그리고 그가
집필한 자서전이 전시되어 있습니다.

우리나라 최초의 씰에는 숭례문이 그려졌는데 원래의 도안은
임진왜란 때 조선을 지켰던 거북선 그림이었다고 합니다. 거북선의
대포는 조선인들의 적인 결핵을 향해 발포하는 장면이었으나 임진
왜란 때 큰 패배를 안겨준 거북선이 일본인들은 반가울 리 없었을
것입니다. 그래서 일본의 방해로 숭례문으로 바뀐 것이라고 합니다.
거북선이 그려져야 할 도안이 비록 숭례문으로 바뀌었지만 우리나
라 최초의 크리스마스 씰을 우리는 이곳에서 볼 수 있습니다.

1 우리나라 최초의 크리스마
스 씰. 원래는 거북선 도안이
었으나 일제의 반대로 숭례문
이 되었다.
2 기념관 실내 전경.
3 기념관 실외 전경.

다른 한쪽에는 우리나라의 선교 역사를 한눈에 볼 수 있는 연표가 있으며 주요 인물들의
행적이 전시되고 있습니다. 우리나라 최초의 근대식 병원의 창시자인 알렌, 조선인을 위해 콜
레라와 싸운 의사 에비슨, 조선의 여인들을 위해 평생을 받친 여의사였던 호튼, 근대교육의 아
버지로 불리는 언더우드와 아펜젤러 그리고 헐버트까지 그들의 일대기를 일목요연하게 살펴볼
수 있습니다.

약소국의
서러운 외교 역사

저희는 동방의 작은 나라 한국에서 온 특사입니다. 한국은 산이 많고 골짜기 하나하나가 천
연 요새입니다. 우리 이천만 국민은 한국을 동북아의 스위스로 만들 수 있었습니다. 우리는
평화를 사랑하는 민족이었고 전쟁을 원하지 않았습니다.
- 헤이그특사의 만국평화회의 기자단 연설문 중에서

외교란 '다른 나라와 정치적, 경제적, 문화적 관계를 맺는 일'을 말합
니다. 또한 우리는 외교를 '총성 없는 전쟁'이라고도 합니다. 그만큼
외교관의 말 한마디에 정치, 경제, 문화가 들썩이기도 하기 때문이죠.

한 나라가 다른 나라와 외교 관계를 맺는 가장 큰 이유는 뭔가 이득
이 있기 때문입니다. 아직도 빈민자 수가 헤아릴 수 없이 많은 중국이
아프리카 여러 나라에 천문학적인 돈을 지원하고 있다고 합니다. 그

것이 과연 고통 받고 있는 아프리카인들을 위한 진정한 인애(人愛) 정신일까요? 안타깝지만 진실은 그렇지 못합니다. 더 궁극적인 이유는 바로 아프리카의 풍부한 자원과 그곳에서 장사를 하는 중국 상인, 즉 화상(華商)들의 경제적 기득권을 확보시켜주기 위한 중국 정부의 외교정책이기 때문입니다.

이처럼 외교는 나라의 운명을 좌우하는 아주 중요한 정치 기술입니다. 곰곰이 생각해보면 우리가 일제에 의해 나라를 강탈당한 것은 다름 아닌 외교술의 부재에서 비롯되었고, 일제치하 36년 동안 수많은 애국 지사들이 목숨을 걸고 찾으려 했던 것도 바로 우리의 외교권이었습니다.

●● 타국에서 생명을 던진 32세의 젊은 외교관

1905년 5월 11일, 영국 런던의 한 사진관에는 한 젊은 조선인의 눈망울이 젖어 있었습니다. 의연한 모습이었습니다. 그리고 다음 날, 동쪽 작은 변방국에서 온 이 젊은이는 싸늘한 주검으로 발견되었습니다. 그의 옆에는 다음과 같은 내용이 담긴 한 장의 종이가 놓여 있었습니다.

"슬프다! 나라는 주권이 없어지고 사람은 평등을 잃어버려 모든 외교에 치욕이 망극하니, 진실로 핏기를 가진 이라면, 어찌 이를 참을 수

이한응 열사의 사진, 친필 일지, 여권 그리고 고종 황제의 치제문(액자 사진으로부터 시계방향).

있으리오! 슬프다! 종묘사직이 폐허가 될 것이고 민족이 장차 노예가
될 것이라. 구차히 살자 하면, 욕됨만 더하리니, 눈 감아 몰라버리는
것이 나으리로다! 이렇게 결단하고 나니 더 할 말이 없노라!"

　이 주검의 주인공은 바로 이한응 열사입니다. 왜 그는 32세의 젊은
나이에 삶을 접은 것일까요? 무엇이 젊은 외교관을 죽음으로 내몰았
을까요?

　이한응은 1892년 관립영어학교를 졸업한 뒤 같은 학교에서 교관으
로 일하던 중 1901년 3월, 영국에 있는 벨기에공사관 3등 참사관으로
임명되어 영국 런던에 부임하게 됩니다. 당시 조선은 주변 열강의 복
잡한 외교 관계에 휩싸여 그 운명이 풍전등화와 같았습니다. 1895년

에는 국모인 명성황후를 살해하고 국왕을 협박하는 등 일본의 조선 침략이 더욱 노골적이었습니다. 결국 고종은 주권의 상징이었던 경복궁을 버리고 러시아 공사관으로 피신을 하게 됩니다. 바로 우리가 아관파천이라 부르는 사건입니다.

아관파천은 러시아를 새로운 세력으로 급상시켰고, 일본의 입장에서는 러시아가 조선 침탈의 가장 큰 걸림돌이 되었습니다. 이에 일본은 당시 러시아의 세력 확장에 긴장한 영국과 손을 잡고, 5년간 러시아를 공동의 적으로 하여 동아시아의 이권을 분할하기로 한 영일동맹(1902년)을 체결하였습니다.

하지만 변방에서 온 젊은 외교관은 다시 뛰었습니다.

"아직까지 희망은 있다…… 그래, 달리자…."

그는 수많은 사람을 만나고 수많은 시간을 들여 설득을 하였습니다. 풍전등화에 놓인 2천만 대한제국의 운명은 어쩔 수 없이 제3국의 힘을 빌리지 않으면 안 돼는 난국이었고, 그가 할 수 있는 일은 한반도의 현실을 세계만방에 알리는 일이었습니다.

그러나 그때 청천벽력 같은 비보가 날아듭니다. 1904년, 한일의정서가 일제에 의해 강제로 체결되었다는 소식이었습니다. 협약의 내용은 '대한제국 정부와 일본제국 정부는 상호의 승인을 거치지 않고는 본 협정의 취지에 위반되는 협약을 제3국과 체결할 수 없다'는 것이었습니다. 결국 일본의 허락 없이는 외교 활동을 할 수 없다는 뜻이었습니다. 이는 곧 대한제국의 외교권이 일본으로 넘어갔다는 것을 의미했습니다.

소식을 들은 이한응의 눈에는 눈물이 흘렀습니다.

"지난 3년을 쉬지 않고 뛰었건만…… 어찌 이 눈물이 내 눈물일 수 있겠는가, 황제폐하의 눈물이요, 2천만 국민의 눈물 아니던가…… 안 된다. 이대로 내 나라를 포기할 수 없다. 어떤 나라인가, 수천 년을 외세에 맞서 꿋꿋이 이어온 내 나라 아닌가…."

이한응은 다시 뛰었습니다. 각국에 주재하는 한국 공사들에게 연락을 취하고 재외한국공관이 공동으로 노력하여 주권 수호에 힘쓸 것을 호소하였습니다. 하지만 1905년, 한국에서의 지도, 감독, 보호를 인정하는 새로운 영일동맹(제2차 영일동맹)을 맺으려는 영국과 일본 간의 비밀외교는 이미 진행되고 있었습니다. 이에 이 조약이 동양 평화를 침해하는 것이라 하여 그는 강력히 항의하였으나 영국 정부의 반응은 냉담할 뿐이었고, 오히려 일본과 비밀리에 연락을 취하여 그를 축출하려 했습니다.

결국 나라의 주권이 남의 나라에 의해 결정되는 힘없는 약소국의 젊은 외교관이 할 수 있는 일은 아무것도 없었습니다. 그러자 1905년 5월, 이한응은 중대한 결심을 하게 됩니다.

'내 한 몸을 바쳐 지금 창밖 거리를 다니는 단 한 사람일지라도 일본 침탈의 부당함을 알 수 있다면, 이 길이 최선의 길이라면……'

그렇게 대한제국의 외교관 이한응은 만리타국에서 죽음으로써 외교관의 마지막 임무를 다하게 됩니다. 타국에서 순결한 구한말 최초의 애국지사 이한응은 그 어떤 한마디 말보다도 자기 한 몸의 희생으로 대한제국의 입장을 세계만방에 알리고 고국 동포들의 경각심을 촉구하였던 것입니다.

그의 자결은 《대한매일신보》 등 국내 민족언론기관에 상세히 보도되어 일제 침략에 반대하는 민족운동을 격발시키는 데 큰 자극을 주었습니다. 또한 그의 죽음은 국권 박탈에 대한 최초의 자결이었으며, 나라의 관원들이 일제 침략에 대하여 죽음으로 대항할 것을 촉구하는 시발점이 되기도 하였습니다.

뒷날 그의 순절 소식을 본국 정부에 알린 명예 총영사 영국인은 아래와 같은 보고문을 보냈습니다.

"이공(李公)은 외교관으로서의 성실한 생활을 여실히 말해주는 가장 공정한 대표자입니다. 그의 일상생활은 학문에 충실 근면한 모범적인 인물로서 영국에 주재하는 동안에는 그의 지위를 잘 보전하는 영광을 가졌습니다. 또한 많은 사람들이 그의 죽음으로 대한제국을 알게 되었고 일본의 침략을 알게 되었습니다. 실로 외교관으로서 최고의 본보기를 보여준 분이십니다."

비보를 접한 고종 황제는 매우 애통해하였습니다. 1905년 고종실록에는 "조령을 내리기를, 주영 서리공사(駐英署理公使) 이한응이 명을 받든 지 여러 해 동안 성과가 많았는데 이국 땅에서 죽었으니 매우 가엾다. 증직(贈職)하는 은전을 베풀고 지방관을 보내 장사를 지내게 하라"고 기록되어 있습니다.

우리가 이한응 열사를 주목해야 할 이유는 그의 순국이 바로 독립을 위한 도화선이 되었기 때문입니다. 그의 자결은 7개월 후 민영환 선생의 순절로, 또 2년 후 이준 열사의 헤이그 순절로 이어졌습니다. 그의 순절은 많은 사람들을 감화시키고 훗날 많은 독립투사를 낳았으며 대한독립의 초석이 되었던 것입니다.

●● 헤이그 특사 3인방, 그 망국의 한

1907년 3월 24일 밤, 극비리에 덕수궁(당시 경운궁) 중명전에서 대황제를 배알한 이준은 황제의 하문에 봉답한 후 물러나면서 이 한 몸 다 바쳐 조국에 보답하리라고 굳게 다짐합니다. 그리고 그는 다시금 돈유문(교지를 내려 신하가 노력하도록 권하던 임금의 말)을 읽어나갔습니다.

'내가 경에게 마음이 쏠리며, 경이 나에게 다른 뜻 없이 참됨은 이것이 어찌 예사로운 만남에 비할 바랴. 이에 장차 경으로 하여금 만리 해외로 보냄은 우리나라의 사직을 평안하게 하며 국민을 구제함이 이 일에 있기 때문이다. 경은 나의 뜻을 잇기를 바란다. 그리하여 나라의 위태로움과 어려움으로부터 구하게 하기 위해 여러 나라로 하여금 믿고 감동하는 길을 열게 함이 있으면 그 이상 큰 다행이 없는 줄 안다. 자세한 것은 다시 말하지 않는다. 경은 깊이 양해하기를 바라는 바이다.'

당시 대한제국의 외교권은 이미 일본으로 넘어간 상태였습니다. 하지만 을사보호조약은 일본국이 총칼로 위협하여 늑정(늑정 : 억지로 작정하게 함. 따라서 '을사보호조약'이 아니라 '을사늑약'이라 하는 것이 옳다)했기 때문에 무효이며, 네덜란드 헤이그에서 열릴 제2차 만국평화회의가 대한제국의 사정을 전 세계에 고할 마지막 기회라고 생각한 고종 황제는 측근 이준을 일제의 눈을 피해 비밀리에 부른 것이었습니다.

헤이그 만국평화회의 밀사(왼쪽으로부터 이준, 이상설, 이위종)와 헤이그 만국평화회의장 전경(1907년). 고종 황제의 특사로 일본의 감시 속에 평화회의장에 도착하지만 결국 이들은 일본의 방해로 들어가지 못했다.

만국평화회의는 러시아 황제 니콜라스 2세의 주창으로 열리는 회의로 40여 개 국의 대표 225명이 참석하는데, 주로 중재재판, 육해전 법규 등을 논의하지만 사실상은 열강 간의 식민지 쟁탈전에 따르는 분규를 해결하기 위한 국제법 회의였습니다.

그렇다면 당시 고종 황제가 세계만방에 알리려는 사실은 무엇이었을까요? 이는 헤이그특사 위임장을 통해 알 수 있습니다.

헤이그특사 위임장

– 대한제국 특파위원 전 의정부 참찬 이상설, 전 평리원 검사 이 준, 전 주아 공사관 참서관 이위종에게 주는 위임장.

대황제는 칙칙(황제의 명령을 적은 문서)하여 가로되, 아국의 자주독립은 이에 천하열방天下列邦(세계 여러 나라)의 공인하는 바라, 짐이 지난번 여러 나라로부터 조약을 맺고자 하여 서로 우방으로서 긴밀함을 가진 즉, 이제 세계 여러 나라가 평화를 위하여 한자리에 모이기에 응당 참석함이 마땅한 것인데, 1905년 11월 18일에 있어서 일본이 아국에 대하여 나라 사이의 법을 어기고 도리에 어긋난 협박으로 우리의 외교권을 빼앗아 우리의 우방과의 외교를 단절케 하였다. 일본의 모욕적인 침략은 이르지 않은 곳이 없을 뿐더러 그 침략적 야심은 인도에도 위배되는 것이기에 좋게 기록할 수가 없다. 짐의 생각이 이에 미치니 참으로 가슴 아픔을 느끼는 바이다. 이에 여기 종이품 전 의정부 참찬 이상설, 전 평리원 검사 이준, 전 주아 공사관 참서관 이위종을 특파하여 화란(네덜란드) 헤이그 평화회의에 나가서 본국의 모든 실정을 온 세계에 알리고 우리의 외교권을 다시 찾아 우리의 여러 우방과의 외교 관계를 원만하게 하도록 바라노라. 짐이 생각건대 이번 특사들의 성품이 충실하고 강직하여 이번 일을 수행하는 데 가장 적임자인 줄 안다.

대한 광무 11년 4월 20일, 한양경성 경운궁에서 서명하고 옥새를 찍노라.
대황제 수결手決(사인) 어황보제

1907년 4월 22일, 이준은 일제의 감시 때문에 부인에게조차 사실을 얘기하지 못하고 몰래 러시아 블라디보스토크로 떠났습니다. 떠나기 전 이준 열사는 다음과 같은 비장함이 담긴 시를 썼습니다.

海牙密使一去後 唯何盃酒靑山哭

헤이그 밀사로 갔다 뜻을 이루지 못

하고 죽음을 택하게 되면

어느 누가 청산에 와서 술잔 부어 놓고 울어주려나.

　　러시아에 도착한 이준은 동지 이상설을 만났습니다. 이상설과 이준은 시베리아 기차에 몸을 싣고, 당시 러시아의 수도인 상트페테르브르크로 향했습니다. 그곳에서 전 러시아 공사인 이범진을 만나게 됩니다. 을사늑약 후 대한제국의 외교권을 박탈한 일본은 외국의 모든 한국 공사를 폐쇄해버렸습니다. 그러나 러시아 공사 이범진은 일본의 지시를 따르지 않고 계속 러시아에 남아 있었습니다. 그 자리에서 이범진은 아들 이휘종을 그들에게 소개시켰습니다.

　　이휘종은 공사관인 아버지를 따라 외국에서 생활을 해 러시아와 불어, 영어까지 능통했던, 당시로서는 국제적인 시각을 갖춘 젊은 인재였습니다. 또한 이상설은 을사늑약이 강제로 체결될 때 모든 상황을 직접 목격한 인물이었습니다. 이준은 법률가로 이주국제법적 관점에서 을사늑약의 법적인 부당함을 잘 파악하고 있었습니다.

네덜란드 헤이그로 떠나기 전 특사 일행은 러시아에서 며칠을 더 보냈습니다. 그 이유는 러시아의 황제 니콜라스 2세를 만나 도움을 요청하기 위해서였습니다. 그러나 불행히도 그들은 황제를 만나지 못했습니다.

당시의 정황을 보면, 이전까지만 해도 러시아는 일본을 견제하기 위해 조선의 독립을 지지했으나, 당시 일본이 조선을 합방한다면 러시아와 직면한다는 문제가 또다시 생겨날 것이었습니다. 러일전쟁에서 패한 러시아는 더 이상 일본과의 마찰을 원하지 않았고, 그 결과 일본이 원하는 한국에 대해서는 자동적으로 포기를 하게 되었습니다. 이 사실을 알지 못한 밀사들은 결국 황제를 대면하지 못한 채 고종 황제의 친서만을 전달하고 바로 네덜란드 헤이그로 떠나게 됩니다.

1907년 6월 25일, 헤이그에 도착한 일행은 드용호텔에 여장을 풀고 다음 날 태극기를 게양하면서 대한제국의 특사로서 활동을 시작했습니다. 그러나 그들이 도착했을 때 만국평화회의는 이미 시작한 지 10일이 지났고, 회의장 문은 그들에게 열리지 않았습니다. 일제에 의해 외교권을 박탈당한 대한제국의 외교관들은 정식 초청을 받지 못했기 때문이었습니다.

하지만 이준 일행은 거기서 좌절하지 않았습니다. 어떻게든 을사늑약의 부당함을 알려야 하기에 각국의 대표들을 회의장 밖에서 한 명한 명 만나며 호소문을 전달하였습니다.

> '대한제국은 일본의 외교권 침탈로 인해 세계 각국과의 외교 관계가 단절되었으므로 우리는 각국 대표들에게 회의에 참석할 수 있도록 도움을 요청합니다. 또한 일본의 무자비한 침탈로부터 우리의 권리를 지킬 수 있도록 중재해주시기를 간청하는 바입니다.'

대한제국의 마지막 희망임을 안 그들은 필사적인 정신으로 호소를 합니다. 결국 그들의 호소는 국제 언론의 주목을 받게 되었고, 6월 30일에 만국회의 의장인 볼폴트를 만날 수 있었습니다.

당시 볼폴트의 일기를 보면 "그들은 한국에서 왔고 생김새는 중국인과 비슷했다. 그중 한 명은 불어를 유창하게 했으며 그들은 네덜란드 정부에 많은 기대를 하고 있는 듯했다. 그들은 사기꾼 같지 않았다. 그래서 네덜란드 정부와 상의하도록 회의 참가를 요청하는 공문을 보내라고 말했다"고 적혀 있습니다.

이후에도 헤이그 특사들은 치열하게 회의장 장외 외교 활동을 벌였습니다. 그러나 그런 그들을 일본이 가만둘 리 만무했습니다. 당시 회의 참여국 중 최대 인원을 파견한 일본은 을사조약을 통해 한국의 외교권이 일본에 있음을 알려 방해공작을 펼쳤습니다.

하지만 그러한 방해에도 불구하고 우리의 장외 외교는 회의기간 중 세계 언론의 주목을 받게 됩니다. 특히 가장 영향력이 있었던 언론매체 《만국평화회의보》에도 한국의 특사들에 대한 기사가 1면에 실리

헤이그 밀사 파견에 관한 일본 측 문서들. 일본은 치밀한 외교전으로 헤이그 밀사들을 끝까지 방해했다.

게 됩니다.

이윽고 1907년 7월 8일, 그들은 공식적으로 기자단에게 연설을 할 수 있는 기회를 갖게 되었습니다. 한국 특사들을 대표해 연단에 선 이 휘종은 거침없는 어투와 강력한 호소력으로 일본의 만행을 토로하였습니다.

"저희는 동방의 작은 나라 한국에서 온 특사입니다. 한국은 산이 많고 골짜기 하나하나가 천연 요새입니다. 우리 이천만 국민은 한국을 동북아의 스위스로 만들 수 있었습니다. 우리는 평화를 사랑하는 민족이었고 전쟁을 원하지 않았습니다. 그런데 결과는 어떤가요? 지금 일본은 한국을 집어 삼키려 하고 있습니다. 하지만 외세가 침략했다고 쉽게 무릎을 꿇을 우리 대한제국이 아닙니다."

이후 서방 언론들은 대한제국의 사정을 보도하기 시작했습니다. 헤이그 특사들의 외교활동은 위기의 한국을 전 세계에 알리는 계기가 되었습니다.

그러나 1907년 7월 14일 저녁, 갑작스런 비보가 들려왔습니다. 바로 헤이그 특사의 수장격인 이준 열사가 돌연사를 한 것입니다. 당시 서방 언론에는 그의 자살설이 실렸습니다. 그리고 7월 16일, 그들의 일거수일투족을 매일 보고했던 일본은 이런 전문을 보냈습니다.

'한국인 이준의 얼굴에 난 종기를 절개한 결과 단독에 걸려 어제 사망해 오늘 아침에 매장, 자살했다는 소문이 있지만 '단독'으로 죽었다는 사실이 세상에 알려질 것으로 믿음.'

아직까지 이준 열사의 사인은 정확하게 알려져 있지 않습니다. 하지만 여러 정황으로 보면 자결설에 무게가 실립니다. 우선 일본 측 기록에 나온 그의 사인인 '단독'이란 피부에 난 상처가 곪아 염증이 나는 피부병입니다. 또한 단독으로 사망할 수 있는 가능성은 환자가 면역성이 떨어진 중환자일 경우에 해당됩니다. 하지만 당시 신문에 보도된 그의 얼굴은 절대 중환자의 얼굴이 아니었습니다.

그런데 왜 유독 일본은 이준이 병사했다고 주장을 하는 것일까요? 그 이유는 아주 자명합니다. 당시 서방 언론들은 장외 외교를 펼치고 있는 그들을 주목하고 있었습니다. 그리고 그들이 말하는 일본 제국주의의 부당한 협약에 대해서도 관심을 갖기 시작했습니다. 이런 상황에서 대한제국에서 온 특사가 자결을 했다면 큰 반향을 일으킬 수 있는 요소가 되며, 다시 한 번 서방 언론의 관심을 살 수 있기 때문이었습니다. 그래서 일본은 이준 열사의 자결을 단순 병사로 여기고 소문을 퍼트린 것입니다.

만국평화회의 이후 이상설과 이휘종은 이미 계획된 여정인 각국 순방외교에 나서 한국의 독립과 영세중립화를 역설하며 각자 독립활동을 벌였습니다. 그러나 일본은 궐석재판을 통해 이들에게 각각 사형과 종신형을 내렸습니다. 이로 인해 결국 이상설과 이휘종 열사는 한국으로 돌아오지 못하고 타국에서 독립운동을 하며 생을 마감하게 되었고, 이준 열사의 유해 역시 훗날에서야 한국으로 돌아오게 되었습니다.

박물관 둘러보기

외교사료관은 서초구 양재동 외교센터 별관 1층에 위치하며, 1876년 병자수호조약으로 우리나라가 외세에 개방된 이후부터 오늘날까지의 외교 역사를 보여줍니다.

외교사료관에는 전시장 입구에 걸려 있는 주요 외교 연표를 비롯해 세계 각국과의 조약서류, 외교사절의 신임장, 각국 정상 간의 친서, 외교활동 관련 사진, 외교 관련 용품 등 구한말부터 현재까지의 외교 관련 자료 170여 점이 전시되어 있는데, 이 중에는 조독수호통상조약(1882)과 조일양국맹약(1894), 제네바정치회담 공동선언문(1954), 대한제국 황제가 미국 루즈벨트 대통령 앞으로 보내는 전문(1905) 등 역사적 사건의 중요 자료들이 다수 소장되어 있습니다. 또한 여권의 시대별 변천 과정도 볼 수 있는데, 한표욱 대사가 주미 한국대사관 1등 서기관으로 재직시 사용했던 여권(1951년 발급, 대한민국 여권 40호) 등 우리나라 여권의 시대별 변천 과정과 관련 자료들도 볼 수 있습니다.

1 외교사료관 전경.
2 외교사료관 실내 전경.
3 중앙정보부장 김종필과 일본 외상 오히라 마사요시 간에 체결된 비밀합의각서.

이외에도 1962년 한국의 중앙정보부장 김종필과 일본 외상 오히라 마사요시 간에 체결된 비밀 합의각서가 이곳에 전시되어 있

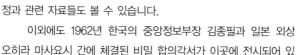

습니다. 당시 군사독재 정부는 갈수록 확대되는 반일·반국교 정상화 움직임에 맞서 한일회담을 조속히 성사시키기 위해 김종필 중앙정보부장에게 특명을 내려 일본에 파견하였습니다. 김종필은 일본에서 외상 오히라와 비밀회담을 하였는데, 1962년 11월 12일, 결국 일본을 상대로 한 청구권 문제를 종결짓고 합의를 보았습니다. 그 내용으로는 일본이 무상으로 3억 달러를 10년간 지불하고, 경제협력 명목으로 정부 간 차관 2억 달러를 연리 35%, 7년 거치 20년 상환이라는 조건으로 10년간 제공하며, 민간 상업 차관으로 1억 달러 이상을 제공한다는 것이었습니다. 이 합의 각서 때문에 당시 강제징용을 당해 지금도 고생하고 있는 많은 사람들은 일본 정부를 상대로 어떠한 피해 보상도 받을 수 없게 되었습니다.

박물관보다
더 재미있는
박물관 뒷이야기

4

박물관에 가면 멋진 조명을 받으며 놓여 있는 화려하고 웅장한 유물을 볼 수 있습니다. 신라의 화려한 금관을 보기도 하고, 살아 움직일 듯 생동감 있는 고미술을 보기도 합니다.

그런데 이 유물들이 처음 발견되었을 때부터 이렇게 화려했을까요? 물론 아닙니다. 금관 같은 유물은 보통 수백 년, 수천 년을 땅 속에 묻혀 있다가 발굴됩니다. 그러니 발굴 당시에는 그 형체가 쉽게 드러나지 않을 정도로 상태가 좋지 않습니다.

고미술은 어떨까요? 요즘은 대부분 화학 성분이 포함된 물감이나 종이가 많아 쉽게 썩질 않지만, 옛날에는 그림을 그리는 종이도, 물감도, 도자기를 굽는 흙도 모두 친환경 재료들, 즉 자연에서 쉽게 구할 수 있는 재료들을 사용했기 때문에 시간이 지날수록 점점 썩을 수밖에 없습니다. 또한 이런 고미술, 특히 회화 작품은 대대손손 전해져 내려오는 게 일반적이기 때문에 박물관 수장고에 처음 들어올 때는 그 상태가 매우 좋지 않지요. 따라서 도자기나 매우 단단한 석조물이 아닌 이상, 대부분의 유물들은 박물관에서 반드시 인위적인 작업을 거쳐야 생명을 얻을 수 있게 됩니다.

이처럼 시간이 지나 자연으로 돌아간다는 그 순리를 인위적으로 멈추게 하거나 시간을 연장하는 일이 '문화재 보존학'입니다.

문화재 복원과 보존은 최근 들어 생긴 단어가 아닙니다. 문화재 복원이란 의미는 이미 조선시대 이전부터 존재했죠. 영조 임금은 경기전(조선을 개국한 태조 이성계의 초상화를 모셔두는 곳)에 태조 임금 어진의 앞면 몇 군데가 들뜨고 얼굴 부분에 좀 자국이 생긴 것을 알았는데, 이는 300여 년이라는 시간 탓이라는 것과 그간 뒷부분을 몇 군데 덧대었지만 덧댄 비단의 색이 많이 변했기 때문이라는 보고를 받았다고 합니다. 이런 기록을 미루어보면 조선시대 이전부터 문화재 보존에 대한 논의가 있었음을 알 수 있습니다.

•• 신라 금동관의 발굴과 복원

    지금 국립중앙박물관 기증실에는 1,500년 된 신라시대의 금동관이 전시되어 있습니다. 그러나 전시 중인 신라시대의 금동관은 발굴 당시 1,500년이 넘는 세월을 이기지 못하고 형태나 색을 쉽게 알아볼 수 없을 정도로 상태가 좋지 못했습니다.

    그렇다면 이 금동관이 어떤 과정을 거쳐 새로운 생명을 얻게 되는지 살펴볼까요?

    연구원들은 먼저 금동관이 묻힌 땅 속 흙을 조심스레 붓으로 제거합니다. 집중과 인내심을 요하는 작업일 것입니다. 이렇게 붓질을 하면 어느 정도 금동관의 형체가 보이기 시작합니다. 그러면 연구원들은 금동관이 묻힌 주변의 땅까지 그대로 파서 연구실로 가져갑니다. 나무의 뿌리를 상하지 않게 하기 위해 나무가 심겨진 주변 땅을 한꺼번에 퍼서 옮기는 것과 비슷하다고 할 수 있습니다.

    이렇게 옮겨진 금동관은 엑스레이를 통해 흙 속에 숨겨진 정확한

국립중앙박물관에 기증된 신라 금동관으로 부식이 심해 금관의 형태조차 알아보기가 힘들다.

부식이 생기지 않도록 표면 처리와 함께 없어진 부분을 복제해 붙이는 보존 처리 과정.

보존 처리 후 1,500년 전 본래 모습을 회복한 금동관.

모습을 파악합니다. 물론 오랜 시간 동안 땅 속에 묻혀 있었던 유물이 온전할 수는 없을 것입니다.

이런 금동관의 경우에는 많은 장식들이 있기 때문에 조심스럽게 유물의 모양을 관찰하고 그려가야 합니다. 그렇게 원래의 모습을 그려 낸 후 유물의 모든 조각들은 하나씩 해체가 됩니다. 그 이유는 워낙 약하고 녹이 많이 슬어 있기 때문에 더 이상 녹이 슬지 않도록 화학 처리를 하기 위해서입니다.

다음 단계는 손실된 부분을 메우는 작업입니다. 대부분의 유물은 발굴 당시 많은 부분이 이미 녹슬어 없어진 상태이기 때문에 떨어져 나간 부분을 인위적으로 만들어주는 복원을 하게 됩니다. 그리고 여 기에는 부식을 막는 다양한 화학 약품이 사용됩니다. 이렇게 1,500년 동안을 땅속에 묻혀 있었던 금동관은 몇 년간의 꼼꼼한 복원 과정을 거치면서 다시 생명을 얻게 됩니다.

●● 21세기에 재탄생한 그림들

간송미술관에 있는 신윤복의 〈미인도〉는 우리나라 미술 작품 중 최고의 걸작으로 손꼽힙니다. 실제 〈미인도〉를 보면 이 그림이 200여 년이 되었다는 것이 믿기지 않을 정도로 선명하고 상태가 좋습니다. 우리가 이런 걸작을 최고의 상태로 감상할 수 있는 이유는 바로 오랜 기간 동안 여러 단계의 보존 처리를 했기 때문입니다.

복원 전의 〈여지도〉 모습.　　　　종이를 덧대는 배접 작업.　　　　보존 처리 후 〈여지도〉의 모습.

또한 150년이 넘은 〈여지도〉(보물 제1592호)는 접힌 부분이 마찰로 마모되고 해충에 의해 많은 부분에 구멍이 뚫린 아주 심각한 상태로 국립중앙박물관에 들어왔습니다.

이 지도를 복원하기 위해서 우선 근접 촬영으로 상태를 아주 자세히 파악합니다. 근접 촬영을 통해 물감이 떨어져나간 부분, 바랜 부분 등을 아주 자세히 관찰할 수 있기 때문입니다.

촬영 후에는 본격적으로 복원작업에 들어갑니다. 구멍 뚫린 부분은 천연 염색한 한지를 조심히 덧대어 메워나갑니다. 그리고 종이의 질이나 상태에 따라 얇은 종이를 조심히 붙여 더욱더 튼튼히 하는데, 이를 '배접'이라고 합니다.

배접 작업은 창틀에 한지를 붙이고 물을 뿌린 후 말리면 한지가 팽팽해지는 원리로, 조심히 원 그림 뒤에 붙인 뒤 말리면 원 그림이 두꺼워지면서 팽팽해집니다. 이는 그림을 복원할 때 가장 중요한 과정 중 하나입니다.

이렇게 많은 이들의 노력과 최첨단 장비로 우리의 문화재는 복원되어 새로운 생명을 얻게 됩니다.

해양 보물과
수장고 이야기

해저에서 발견되는 보물들은 가치가 매우 높은 편입니다. 하지만 수백 년 만에 바닷속에서 건져낸 고려청자의 외형은 뻘과 조개류가 다다다닥 붙어 있어 얼핏 봐서는 고려청자인지 해안가의 돌인지 구분조차 어려울 정도의 상태가 대부분입니다.

영화 '타이타닉'의 첫 장면은 100여 년 전 북극해에 침몰했던 타이타닉의 잔해에서 보물을 인양하는 모습입니다. 그 사람들이 그토록 찾고 싶어 했던 것은 바로 100캐럿짜리 다이아몬드였습니다. 그 작은 보물을 찾기 위해 엄청난 돈과 노력을 버린 것입니다. 그만큼 지구의 바닷속은 역사와 보물을 간직한 박물관 같은 곳입니다.

얼마 전에는 남중국해의 보물선 인양 관련 뉴스가 있었습니다. 송나라 때의 무역선이 발견된 것이었죠. 그 무역선에는 6~8만 점에 이르는 도자기와 금은보석이 들어 있었다고 합니다.

이 보물선을 운반하기 위해 중국 정부는 약 200억 원의 자금이 투자된 '광둥실크로드박물관'의 특별실인 '수정궁'을 만들었습니다. 이 수정궁은 수족관 모양의 초대형 유리관으로 난하이 1호가 침몰한 바다와 똑같은 환경으로 만들어져 자외선과 부패를 최대한 막을 수 있도록 특수 설계되었다고 합니다.

더 대단한 일은 보물선의 인양이었습니다. 해양 보물은 일반적으로 잠수부들에 의해 인양되어야 하는데, 이 경우에는 보물선이 묻힌 그 주변을 아예 통째로 파서 흙과 함께 그대로 특수 제작한 대형 컨테이너에 담았습니다. 한마디로 바다 밑을 그대로 옮겨 담은 것입니다. 컨테이너의 크기가 길이만 30m에 건물 3층 높이로, 그렇게 옮겨진 보물섬은 정밀한 조사와 보존을 통해 수정궁에 영구히 보존된다고 합니다.

물론 이런 이야기가 중국에만 있는 것은 아닙니다. 삼면이 바다로 둘러싸인 우리나라 역시 많은 양의 문화재가 바닷속에 있을 것으로 추정됩니다. 왜냐하면 우리나라처럼 산이 많은 지형에서 물자를 땅으로 옮긴다는 것은 매우 힘든 일이기 때문입니다.

우리 선조들은 대부분 바닷길을 이용했습니다. 그러다 보니 때로는 태풍을 만나 배가 침몰하기도 했을 것입니다. 침몰한 배는 장사를 하는 무역선일 수도 있고, 세금을 실어 나르는 조역선일 수도 있을 것입니다.

해저에서 발견되는 보물들은 가치가 매우 높은 편입니다. 그 이유는 수중 속의 환경은 육지보다 큰 변화가 없기 때문입니다. 물론 그렇다고 해서 온전한 모양으로 발견되는 것은 절대 아닙니다. 수백 년 만에 바닷속에서 건져낸 고려청자의 외형은 뻘과 조개류가 다닥다닥 붙어 있어 얼핏 봐서는 고려청자인지 해안가의 돌인지 구분조차 어려울 정도의 상태가 대부분이죠.

이런 상태의 보물들은 발견 즉시 옮겨진 뒤 세척과 탈염을 먼저 합니다. 탈염이란 미세한 틈에 끼어 있는 모든 소금 성분을 제거하는 작업입니다. 그렇게 소금과 뻘을 빼낸 후 도자기 표면에 붙은 조개류를 제거해야 합니다. 표면의 조개를 모두 제거함과 동시에 탈색 처리를 하고 초음파 세척기로 미세한 이물질까지 모두 제거합니다. 이런 과정을 거친 고려청자는 800년 전 모습 그대로 다시 돌아오게 됩니다.

우리의 해양 발굴은 신안 앞바다 보물선 인양작업을 했던 지난 1980년대 이후 많은 성과를 올렸는데, 그래서인지 우리나라의 해양 발굴 유물 보존 처리 능력 또한 세계적이라고 합니다.

●● 수장고는 왜 지하에 있을까?

발굴된 곳이 해양이든 육지든 보존 처리된 유물들은 곧바로 박물관 수장고로 옮겨집니다. 수장고란 박물관에서 유물을 보관하는 장소입니다.

수장고는 매우 강한 콘크리트 구조로 되어 있으며 화재와 지진, 기타 외부의 충격으로부터 완벽하게 유물을 보존할 수 있도록 설계되어 있습니다. 그래서 국립박물관 등 대형 박물관은 건물 중심부 지하에 수장고를 만듭니다. 심지어 일부 나라에서는 핵전쟁에 대비해 문화재를 보존할 수 있는 벙커를 지하 수백 미터 밑에 만들었다고도 합니다.

서울대학교규장각 지하 수장고. 국보 제151호 〈조선왕조실록〉이 오동나무로 만든 함에 최적의 상태로 보관되어 있다.

이처럼 수장고는 지하에 설치하는 경우가 많은데, 그렇기 때문에 통풍과 습기 문제가 늘 발생하게 됩니다. 그래서 지하에 설치할 경우에는 완벽한 습기와 온도, 통풍시설을 갖추는 것을 전제로 합니다. 이는 유물의 보존에 가장 중요한 사항으로, 온도는 18~22도, 습도는 45~65%를 유지시켜야 합니다.

수장고는 박물관 내에서도 성지로 통하는 곳입니다. 박물관 직원들 중에서도 수장고에 들어갈 수 있는 인원은 그리 많지 않을 뿐더러, 수장고 주변에는 CCTV나 지문감식기 등 몇 겹의 보안장치가 설치되어 있습니다. 또한 수장고는 박물관의 규모에 비해 매우 크게 만들기 마련인데, 시간이 지날수록 박물관의 유물도 조금씩 늘어나기 때문입니다.

박물관 전시 유물은 모두가 복제품?

복제 기술은 문화재의 대중화에 많은 공헌을 했지만 한편으로 가짜 논란에 휩싸일 수 있는 문제가 있습니다. 실제로 고종 황제의 아버지인 흥선대원군의 난초 그림, 추사 김정희의 글씨는 대부분이 가짜라고 합니다.

〈숭례문〉 화재 사건과 마찬가지로, 만약 서울대학교규장각에서 그와 같은 일이 벌어진다면 어떻게 될까요? 절대 그런 일이 있어서는 안 되겠지만, 정말 이런 일이 일어난다면 전시되어 있는 〈조선왕조실록〉과 〈의궤〉는 모두 불타 없어지는 것일까요?

생각만 해도 끔찍한 일이지만 다행히 크게 걱정할 필요는 없습니다. 서울대학교규장각에 전시되어 있는 〈조선왕조실록〉과 〈의궤〉는 실제 진품과 똑같이 모사된 복제품이기 때문입니다.

그렇다면 '전시품이 가짜인가?' 라고 실망할 수도 있을 것입니다. 하지만 국보급 유물 특히 옛 그림이나 책은 온도와 습도에 민감하기 때문에 전시한다는 것 자체가 쉽지 않은 일입니다. 더욱이 365일 전시는 더욱 힘든 일이겠지요.

•• 문화재는 한 개여도 전시는 여러 곳에서

박물관의 모든 유물을 영인본(복제품)으로 전시하는 것은 아닙니다. 문제는 진품을 전시할 경우에는 1년 365일 전시를 할 수 없다는 데 있습니다. 특히 그림이나 글씨 등 종이류의 보물들은 전시기간이 길지 못합니다. 그래서 옛 서적이나 그림 등 종이류의 국보급 문화재 중 가치가 높아 365일 전시를 해야 할 보물이 있다면 그대로 다시 그리거나 인쇄를 한 복제품을 만들어 전시를 하는 것입니다. 물론 설명서에는 반드시 '복제품(영인본)' 또는 '필사본' 이라는 표시가 되어 있습니다.

고려대학교박물관에 가면 정면으로 국보 제249호인 〈동궐도〉가 눈앞에 들어옵니다. 그러나 이 〈동궐도〉 역시 진품을 그대로 다시 그린 '모사본' 입니다. 많은 사람들이 〈동궐도〉를 보기 위해 고려대학교박물관에 온다고 해서 소중한 보물을 365일 조명 빛에 노출시킨다는 것은 결과적으로 그림의 수명을 단축시키는 일이 될 수밖에 없기 때문입니다.

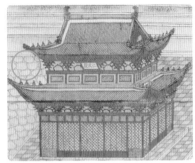

〈동궐도〉 원본(좌)과 복제품(우). O부분이 명확히 다르다는 것을 알 수 있다.

그렇다면 진품은 과연 어디에 보관되어 있을까요? 바로 지하 수장고에서 최상의 조건으로 안전하게 보관되어져 있습니다.

이런 안전상의 이유 이외에도 사람이 직접 그리거나 거의 진품과 같은 색감을 내는 초정밀 프린트로 복제품을 만드는 또 다른 목적이 있습니다. 바로 여러 곳에서 전시를 하기 위한 목적입니다.

〈동궐도〉의 경우에는 고려대학교박물관 이외에도, 국립중앙박물관, 국립고궁박물관, 인천공항 내 한국문화박물관, 서울대학교규장각 등에 전시되어 있는데, 〈동궐도〉 원본은 고려대학교박물관과 부산 동아대박물관이 소장하고 있으며, 나머지 박물관에서는 모두 복제품을 전시하고 있습니다.

이런 복제의 기술은 문화재의 대중화에 많은 공헌을 했지만 한편으로는 가짜 논란에 휩싸일 수 있는 문제가 있습니다. 인쇄를 한 복제품(영인본)은 육안으로도 확인될 수 있겠지만 사람이 그대로 베껴낸 것은 일반인이 구분하기가 쉽지 않기 때문입니다. 실제로 고종 황제의

아버지인 흥선대원군의 난초 그림, 추사 김정희의 글씨는 대부분이
가짜라고 합니다.

•• 모사품도 또 하나의 예술 작품이다

공익을 위한 문화재의 복제는 문
화재청이나 국립중앙박물관의 검
사를 받아야 합니다. 그리고 작품에
반드시 행한 사람의 이름이나 사인
등을 남기게 되어 있는데, 전시된
작품들 중에는 의도적으로 진품과
다르게 모사하는 경우도 아주 많습
니다. 그것은 범죄에 악용되는 것을
방지하는 차원과 모사한 화가의 분
위기를 넣음으로써 모사본도 작품
으로서의 가치를 지닐 수 있게 한
것입니다.

왼쪽 페이지에 있는 〈동궐도〉의
일부를 볼까요? 창덕궁 〈인정전〉
부분인데 하나는 진품으로 박물관
수장고에 보관되어져 있는 것이고,

고려대학교박물관 〈동궐도〉.

국립고궁박물관 〈동궐도〉.

국립중앙박물관 〈동궐도〉.

하나는 복제품으로 현재 전시되고 있는 모사품입니다. 얼핏 보면 같아 보이지만 박석(바닥에 깔린 돌)의 형태는 다릅니다. 이는 모사한 작가가 의도적으로 조금씩 다르게 그린 것입니다.

복제품은 분명 가짜이지만 진품의 보호 차원에서 꼭 필요한 것이며, 모사품 역시 수백 년 후에는 하나의 예술 작품으로 인정받을 수 있을 것입니다.

초상화 속 세종대왕은 진짜가 아니다?

문헌을 보면 세종대왕은 당뇨와 고혈압 그리고 눈병 등으로 많은 고생을 했다고 전해집니다. 이런 자료들을 바탕으로 학자들이 상상하는 세종대왕의 모습은 뚱뚱하면서도 후덕한 모습입니다. 그런데 조선 최고의 성군인 세종대왕을 뚱뚱하게 그리기엔 난감했을 것입니다.

세종대왕은 정말 우리가 늘 봐왔던 어진 속의 모습일까요? 사진이 없었던 조선시대의 영정, 즉 초상화는 그 인물을 직접적으로 말해주는 아주 중요한 매개체입니다. 이순신 장군의 영정을 보고 있으면 적선 수백 척을 물리친 기개와 부하들을 사랑하는 인자함 그리고 냉철한 카리스마까지 느낄 수 있으니까요.

〈대동여지도〉를 만든 김정호의 영정을 보고 있으면 역시 힘든 역경

우리 민족의 영웅 이순신 장군.

조선시대 서화가 신사임당.

동양 최고의 의서를 저술한 허준.

속에서 〈대동여지도〉라는 걸작을 만들어낸 그의 열정을 느낄 수 있습니다. 허준 역시 동양 최고의 의서를 편찬한 천재의사로서 그 카리스마가 느껴집니다.

그런데 우리가 보는 영정 중에는 실제로 당시의 인물을 그렸던 영정들도 있지만 대부분의 영정들이 상상화라는 사실입니다. 그리고 이렇게 상상화를 제작하는 이유는 교육적인 목적이 많은 부분을 차지하죠.

우리가 한산대첩에서 적군을 무찌르는 이순신 장군의 일기와 전기를 읽으면서 그의 모습을 전혀 상상할 수 없다면, 즉 보여지는 모습 없이 그의 이름과 행적만을 공부한다면 잘 와닿지 않을 것입니다. 또 수많은 사람들이 제각기 다른 이순신 장군의 모습을 그리는 것도 바람직하지 않습니다.

그렇기 때문에 역사적으로 위대한 인물에 대해서는 문화체육관광부의 영정심의위원회를 거쳐 영정이 제작되는데, 이를 '표준영정'이라고 합니다. 다시 말하면 지금의 허준과 이순신은 실제 모습이 아니라, 여러 역사적인 자료를 바탕으로 작가의 상상력이 동원되어 만들어진 모습인 것이지요.

•• 세종대왕을 그린 화가와 화가를 닮은 세종대왕

세종대왕에 관한 사료는 많지만 정작 그의 용안을 알 수 있는 그림은 남아 있질 않습니다. 그래서 1973년, 운보 김기창 화백에 의해 지금의 세종대왕 어진이 그려졌습니다.

우선 전체적인 포즈는 태조 이성계의 어진(지금 남은 태조의 어진은 고종 황제 때 다시 모사한 것이 전해짐)에 나오는 자세로, 옷은 조선시대 임금의 전통 의상인 홍룡포로 그렸습니다. 그런데 문제는 체격과 얼굴이었습니다.

여러 문헌들을 보면 세종대왕은 당뇨와 고혈압 그리고 눈병 등으로 많은 고생을 했다고 전해집니다. 이런 자료들을 바탕으로 학자들이 상상하는 세종대왕의 모습은 뚱뚱하면서도 후덕한 모습입니다. 하지만 조선 최고의 성군인 세종대왕을 뚱뚱하게 그리기엔 난감했을 것입니다. 그래서 작가인 김기창 화백은 성군의 이미지가 있으면서도 포근한 이미지를 컨셉으로 작업을 진행했습니다.

정조 임금의 어진. 학문을 숭상했던 군주답게 정조의 얼굴은 매우 부드럽다.

그런데 실제 운보 김기창 화백의 얼굴과 1만원권 지폐에 있는 세종대왕의 얼굴을 비교해보면 왠지 비슷한 느낌이 듭니다. 결국 화가는 화가 자신의 모습을 반영해 오늘날의 세종대왕 영정을 만들게 된 것입니다.

•• 성격과 달리 유순하게 그려진 정조의 영정

《선원보략》에 나온 정조 임금의 초상. 여러 기록을 종합해 보면 실제 정조의 모습은 이렇게 네모난 턱에 장수 같은 모습으로 전해진다.

정조 임금의 영정 역시 상상화입니다. 그림을 보면 정조의 모습은 학문을 사랑하는 인자한 군주의 모습입니다. 그러나 기록에 의하면 정조는 무예를 학문만큼 사랑했고 생김새 역시 각진 얼굴에 무인다운 기질이 많았다고 합니다.

그렇다면 영정도 그렇게 그려야 하지 않을까요? 그럼에도 불구하고 조선 후기 르네상스를 이끈 최고의 문예군주 정조 임금을 강조하기 위해 표준영정은 좀 유순하게 그려진 듯합니다.

역대 임금의 용안을 대강 그려놓은 《선원보략》에 그려진 정조 임금은 무섭게 생긴 장수 같은 느낌입니다.《선원보략》에 나온 임금의 모습을 실제 모습이라 단정지을 수는 없지만 정조 임금에 대한 자료를 종합해보면 지금의 영정은 분명 그의 업적에 치우쳐 그려진 듯합니다.

박물관의 꽃, 학예사를 만나다!

조세박물관 최윤희 학예사

Q. 학예사는 어떤 일을 하는 사람인가요?

하나의 전시는 많은 학예사(큐레이터)들의 노력 끝에 기획이 됩니다. 그래서 많은 이들이 학예사를 '박물관의 꽃'이라 말하며 그 위치도 매우 중요합니다. 규모가 큰 박물관에는 학예사 중에서도 많은 전문 분야들이 있지만, 작은 규모의 박물관에서는 학예사가 모든 것을 처리하는 경우가 많습니다. 그래서 학예사는 박물관과 그 박물관이 소장하고 있는 소장품의 모든 것을 알고 있어야 합니다.

Q. 어떻게 하면 학예사가 될 수 있나요?

학예사가 되려면 전공, 경력, 자격증 등이 필요합니다. 그리고 지속적으로 공부해야 하는 직업입니다. 일반적으로 박물관 관련 학과(고고학, 사학, 미술사학 등)를 졸업하고 경력 인정 대상기관이 되는 박물관이나 미술관에서 실무 경력(인턴십이나 자원봉사 등)을 쌓은 뒤 국립중앙박물관의 심사를 받아 학예사 자격증을 취득할 수 있답니다. 그리고 학예사로 취업을 하기 위해서는 박물관 관련 학과를 졸업한 후 1년 이상 경력을 쌓은 학예사 자격증 소지자여야 합니다.

Q. 학예사로서의 하루 일과는?

아침에 출근해서 관람 예약 등을 체크하고(예약 관리 및 확인 연락은 해설사가 맡아서 함), 청소년 진로체험이나, 어린이 세금교실에 참여하는 인원 등 오늘의 행사를 체크합니다. 단체관람객이 많이 방문하는 5월과 방학 때에는 하루에 2회 정도 교육프로그램을 진행하죠. 교육프로그램에 앞서서 강당 예약 확인, 활동지 및 체험 관련 자료 준비 등을 체크하고, 어린이들에게 하나씩 나눠줄 방문 기념품도 해설사와 상의해서 미리 준비해둡니다.

기획전시가 계획되면 유물 해제에 대한 내용을 비롯해 관련 자료를 공부해야 하고 다른 박물관에서 대여할 유물에 대한 것도 알아봐야 한답니다. 물론 전시와 관련된 도록, 리플릿, 포스터 등의 제작 준비도 함께 합니다. 이외에도 틈나는 대로 체험프로그램 문의에 대한 응대, 신문사나 잡지사 및 박물관 관련 출판물 담당자와 협조 관련 업무, 홈페이지 관리 등을 합니다.

박물관 관람, 에티켓은 기본!

1. 유물 정보는 미리 알고 가자!

박물관은 수천 개의 이야깃거리가 있는 곳입니다. 그러나 문제는 전시된 유물들이 그것을 모두 말해주진 못한다는 것입니다. 그러니 답사 전에 관련 홈페이지나 책을 통해서 어느 정도 그 유물이 말해주는 이야기를 접하고 간다면 수많은 재미있는 이야기를 들을 수 있습니다.

2. 발걸음은 가볍게!

조용한 곳이니 만큼 소리 나는 신발보다는 편안한 운동화가 좋겠지요. 특히 대형 박물관은 동선(관람객이 움직이는 방향)이 매우 길기 때문에 운동화처럼 가벼운 신발이 좋습니다.

3. 메모는 필수, 나도 기자가 되자!

메모용 필기도구와 노트를 가져간다면 더욱 알찬 관람이 됩니다. 간단하게라도 적을 것을 준비해 최소한 내가 관람한 유물의 이름과 그 느낌 정도를 적어본다면 더 많은 것을 얻을 수 있습니다.

4. 관람 안내를 요청하자!

박물관에는 관람 안내를 도와주시는 분들이 계십니다. 직원일 수도 있고, 자원봉사자들일 수도 있습니다. 그분들은 여러분들이 모르는 많은 이야기를 알고 있습니다. 그러니 관람 안내를 부탁해보세요. 혼자서 관람하는 것보다 몇 배는 더 유익한 정보를 얻을 수 있을 것입니다.

5. 예의 있게 사진 찍기

박물관에서의 사진 촬영은 반듯이 허가를 받아야 하며, 촬영시에도 매우 신중해야 합니다. 멋진 사진도 햇빛 아래 놓아두면 색이 바래는 것처럼, 플래시의 강한 빛은 그림이나 서화 작품 등의 전시 유물에 매우 좋지 않은 영향을 미칠 수 있기 때문입니다.

6. 음식물 안 먹기는 기본!

박물관의 유물은 단순한 전시품이 아닙니다. 우리 선조들이 사용하고 당신들의 정신이 담긴 문화재입니다. 따라서 유물을 보는 것이 아니라 조상을 뵙는다는 마음가짐으로 관람을 하는 것이 좋겠지요? 주위 사람들과 시끄럽게 소란을 피우는 일도 당연히 없어야 합니다.

나오며

세상에 하나뿐인
가족박물관을 만들자

세상 사람들 대부분이 박물관 하면 국립중앙박물관처럼 나라의 보물들이 있는 국립박물관이나 개인이 일생을 바쳐 모은 소장품이 있는 사립박물관 정도를 생각합니다. 그리고 박물관의 유물들은 왠지 비싸고 값어치가 있으며 또 오래되어야 한다는 생각을 합니다.

하지만 한편으로는 '꼭 그 무엇인가가 있어야 유물이 되고 가치가 있는 것일까?' 라는 의문을 가져봅니다. 물론 유물이란 분명 가치가 있는 물건입니다. 그렇다면 그것이 남에게 중요치 않아도, 나에게 중요하다면 그건 분명 국보급 유물만큼이나 가치가 있지 않을까 생각합니다.

박물관에 관심을 갖기 시작하면서 제겐 이상한 버릇이 생겼습니다.

바로 가족들, 특히 부모님의 물건을 모으기 시작한 것입니다.

어느 날, 집에 있는 창고를 정리하던 중 우연히 종이 한 장을 발견했습니다. 자세히 보니, 바로 제가 태어난 산부인과에서 어머니께 준 신생아 카드였습니다. 카드에는 '아기 이름 송용진'이라는 글자가 선명히 박혀 있었습니다. 그 낡은 카드 한 장이 남들에겐 평범한 종이에 불과하지만, 제 개인적으로는 어떤 국보급 보물보다 더 소중한 종이였습니다.

그 뒤, 이런 생각을 해보았습니다. 앞으로 10년 뒤, 50년 뒤, 100년 뒤, 최소한 내 자녀에게, 손자에게 그리고 이후 후대에게 이 종이 한 장은 할아버지의 중요한 유물이 될 수 있겠다는 생각을요.

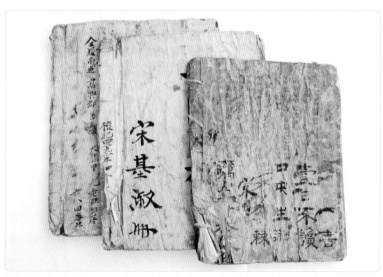

쏭내관의 아버지가 어렸을 적 서당에서 쓰셨던 공책. 사소한 물건 하나라도 시간이 지나면 가족박물관의 훌륭한 유물이 될 수 있다.

저에게 아버지, 어머니는 세종대왕이나 이순신 장군 이상으로 소중한 존재입니다. 물론 저뿐만 아니라 이 세상 모든 사람들이 그렇게 생각할 것입니다. 그렇기에 그들의 작은 물건 하나도 최소한 저와 제 후대들에게는 중요한 유물이 될 수 있다고 생각합니다. 비록 국립중앙박물관 같은 수장고는 없지만, 그런 멋진 전시관도 없지만, 저는 그렇게 조금씩 조금씩 제 개인 수장고를 채우고 있답니다.

여러분은 어떤가요?
누구든 청소하다 발견되는 어릴 적 사진이나 물건들을 보면서 향수에 잠겼던 경험이 있듯, 지금부터 여러분의 물건들 또는 여러분 부모님과 조부모님의 물건을 하나둘씩 모아보세요. 할아버지의 고장 난 시계도 좋고, 어렸을 때 받은 성적표도 좋아요. 그렇게 모은 그 작은 물건들 하나 하나는 훗날 여느 국립박물관보다도 더 소중한, 세상에 단 하나뿐인 훌륭한 가족박물관이 될 수 있을 것입니다.

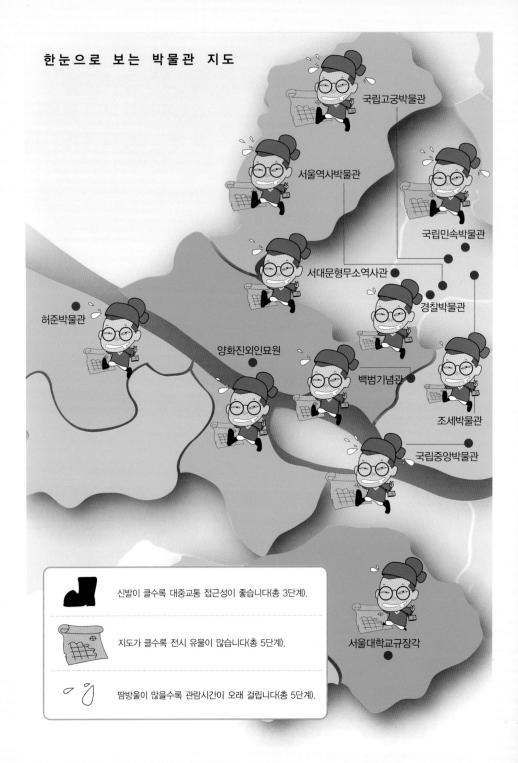

한눈으로 보는 박물관 지도

국립고궁박물관

서울역사박물관

국립민속박물관

서대문형무소역사관

경찰박물관

허준박물관

양화진외인묘원

백범기념관

조세박물관

국립중앙박물관

신발이 클수록 대중교통 접근성이 좋습니다(총 3단계).

지도가 클수록 전시 유물이 많습니다(총 5단계).

땀방울이 많을수록 관람시간이 오래 걸립니다(총 5단계).

서울대학교규장각

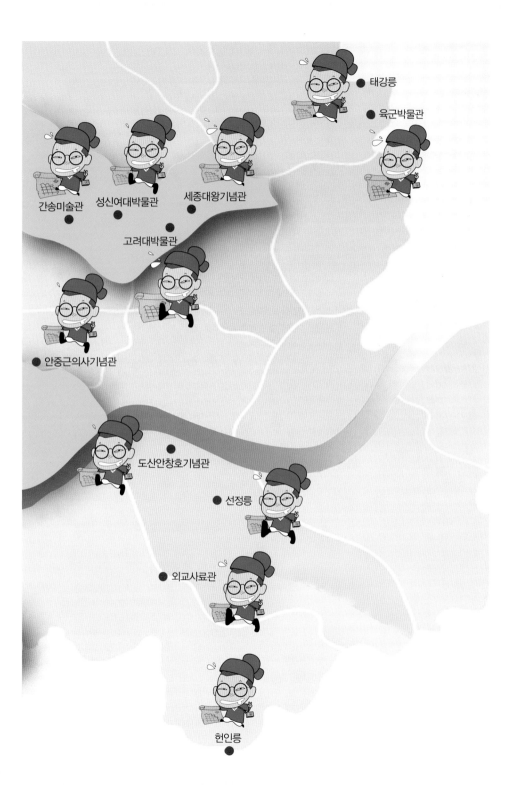

태강릉

육군박물관

간송미술관 성신여대박물관 세종대왕기념관

고려대박물관

안중근의사기념관

도산안창호기념관

선정릉

외교사료관

헌인릉

박물관 홈페이지	주소 주요 전시물	전화번호
가회박물관	종로구 가회동 11-103	02.741.0466
www.gahoemuseum.org	민화, 부적, 무신도, 벽사그림	
건국대학교박물관	광진구 화양동 1번지 건국대학교	02.450.3880~2
museum.konkuk.ac.kr	동국정운, 율곡 이이의 분재기	
경찰박물관	종로구 신문로 2가 58번지	02.2002.5090~3
www.policemuseum.go.kr	차일혁 총경 유품 등 경찰 관련 유물 및 자료	
경희대자연사박물관	동대문구 회기동 1번지 경희대학교	02.961.0143
nhm.khu.ac.kr	암석, 포유류, 조류, 곤충 등 각종 자료와 박제품	
경희대한의학역사박물관	동대문구 회기동 1번지 경희대학교	02.964.3190
경희대박물관	동대문구 회기동 1번지 경희대학교	02.961.0141
museum.khu.ac.kr	조선시대 회자총통, 추사 김정희 글씨, 자기류와 무기류	
고려대학교박물관	성북구 안암동 고려대학교	02.3290.1514
museum.korea.ac.kr	동궐도, 유길준 및 민영환 열사 유품	
관세박물관	강남구 논현2동 서울세관	02.510.1082
www.customs.go.kr	조선 영국 간 조약서, 조선통상삼관무역책, 조선관세법규	
국립고궁박물관	종로구 세종로 1-57	02.3701.7500
gogung.go.kr	영조 임금 어진, 자격루 등 조선왕실 유물	
국립민속박물관	종로구 세종로 1-1	02.3704.3114
www.nfm.go.kr	의식주, 농업, 상업 등 민속자료 유물	
국립서울과학관	종로구 와룡동 2번지	02.3668.2200
www.ssm.go.kr	조류, 고생물, 지질, 어류, 패류, 갑각류 및 파충류 표본	
국립중앙박물관	용산구 용산동 6가 168-6	02.2077.9045~7
www.museum.go.kr	원각사지 십층석탑, 분청사기모란무늬병, 김홍도 민속화	
국민대박물관	성북구 정릉동 861-1 국민대학교	02.910.4212
museum.kookmin.ac.kr	윤봉길 의사 사진과 유품 자료	
국악박물관	서초구 서초동 700	02.580.3130
www.ncktpa.go.kr	악학궤범, 대악후보 등 조선시대 악보 및 각종 국악기	
김치박물관	강남구 삼성동 159번지 COEX MALL 지하2층	02.6002.6456
www.kimchimuseum.co.kr	김치 제조 도구, 저장독 등 김치 관련 자료	
농업박물관	중구 충정로1가 75번지 농협중앙회	02.771.4195~6
museum.nonghyup.com	농사직설, 경제유서, 농업 관련 기구	
덕성여대박물관	도봉구 쌍문동 419번지 덕성여자대학교	02.901.8131
museum.duksung.ac.kr	조선시대 복식 및 각종 자기류	

동덕여대박물관 museum.dongduk.ac.kr	성북구 하월곡2동 23-1 동덕여자대학교 조선시대 장신구, 서화, 의복	02.940.4231~2
동림매듭박물관 www.shimyoungmi.com	종로구 가회동 11-7 장식용 매듭에서부터 실, 끈, 장신구	02.3673.2778
매헌기념관 www.yunbonggil.or.kr	서초구 양재동 236 윤봉길 의사의 일기, 편지, 한시 등 관련 유물	02.578.3388
백범기념관 www.kimkoomuseum.org	용산구 효창동 255 백범 선생의 일대기와 관련한 각종 기록과 자료	02.799.3431-2
사육신묘공원 sca.visitseoul.net/korean/relics/i_mausoleum09005.htm	동작구 노량진1동 155-1 사육신 묘소	02.813.2130
삼육대박물관 museum.syu.ac.kr	노원구 공릉2동 26-21 삼육대학교 기독교 관련 유물	02.3399.3096
상명대박물관 museum.smu.ac.kr	종로구 홍지동 상명대학교 민속가구와 공예품, 불상과 금속공예품	02.2287.5281
서강대박물관 sogmuse.sogang.ac.kr	마포구 신수동 서강대학교 조선 후기 근대 작가들의 미술 작품과 서예 작품들	02.705.8215
서대문자연사박물관 namu.sdm.go.kr	서대문구 연희3동 산5-58 동식물 박제, 공룡화석 및 암석	02.330.8899
서대문형무소역사관 www.sscmc.or.kr/culture2	서대문구 현저동 101번지 사형장, 유관순 지하옥사 등 형무소 유물 및 고문자료	02.360.8590~1
서울교육사료관 www.edumuseum.seoul.kr	종로구 화동 2번지 문방제구와 개화기, 민족저항기의 유물	02.736.2859
서울대박물관 museum.snu.ac.kr	관악구 신림동 산56-1 서울대학교 문효세자책봉의례도, 정조의 묵매도 등	02.880.5333
서울대학교규장각 e-kyujanggak.snu.ac.kr	관악구 신림동 산56-1 서울대학교 조선왕조실록, 승정원일기, 의궤	02.3438.1690
서울시립대박물관 museum.uos.ac.kr	동대문구 전농3동 서울시립대학교 조선 관련 서양 국가들의 각종 자료	02.2210.2285
서울여대박물관 museum.swu.ac.kr	노원구 공릉동 126번지 서울여자대학교 옷과 장신구 등 조선시대 생활사 유물	02.970.5319
서울역사박물관 museum.seoul.kr	종로구 새문안길 50 경국대전, 한성전도, 용비어천가 등 서울의 역사 관련 유물	02.724.0114
선정릉 seonjeong.cha.go.kr	강남구 선릉 아래길 7 조선 성종 선릉, 성종 왕비 정현왕후릉, 조선 중종 정릉	02.568.1291

성균관대박물관	종로구 명륜동3가 성균관대학교	02.760.1216~7
wiz.skku.edu/museum	성균관 관련 자료 및 제례악 악기들, 각종 도자기류	
성신여대박물관	성북구 동선동3가 성신여자대학교	02.920.7325
museum.sungshin.ac.kr	대동여지도, 천문도 등 각종 지도류	
세종박물관	서광진구 군자동 98번지 세종대학교	02.3408.3077
museum.sejong.ac.kr	조선시대 각종 민속품, 목공예, 의상, 장신구, 도자기, 서화 등	
세종대왕기념관	동대문구 청량리1동 산 1-57	02.969.8851
www.sejongkorea.org	세종대왕의 어진, 한글 관련 각종 기록물	
숙명여대박물관	용산구 청파동2가 숙명여자대학교	02.710.9133~4
museum.sookmyung.ac.kr	고종 황제 어진 및 조선시대 복식 자료	
숭실대박물관	동작구 상도5동 1-1 숭실대학교	02.820.0752
www3.ssu.ac.kr/museum	다뉴세문경, 청동기용범, 안중근 의사 유묵 등	
안중근의사기념관	중구 남대문로5가 471(남산공원 내)	02.771.4195
www.patriot.or.kr	안중근 의사 영정 및 흉상, 관련 기록물	
안창호기념관	강남구 신사동 649-9	02.541.1800
www.ahnchangho.or.kr	안창호의 국내 활동 및 동우회, 흥사단 활동 각종 사진	
약령시한의학박물관	동대문구 용두동 787번지 동의보감타워	02.3299.4900~3
	각종 조선시대 약재 및 의학시설 용품	
양화진외국인선교사묘원	마포구 합정동 145-8	02.332.9174
yanghwajin.net	구한말 외국 선교사들의 묘 및 유물	
연산군묘	서울 도봉구 방학동 산77	
	연산군과 부인 거창 신씨의 무덤	
연세대동은의학박물관	서대문구 신촌동 134번지 연세대학교 의과대학 4층	02.2228.2550
	알렌의 진단서, 제중원 의학 교과서, 관리부 학교 의학 교과서	
연세대중앙박물관	서대문구 신촌동 134번지 연세대학교	02.2123.2114
	조선시대와 고려시대 각종 질그릇	
옹기박물관	도봉구 쌍문1동 497-15호	02.900.0900
www.onggimuseum.org	양념4단지, 항아리, 소줏고리, 등잔집, 어미독, 젓갈독 등 조선시대 옹기류	
외교사료관	서초구 서초2동 1376-2 외교안보연구원내	02.571.1097
www.diplomaticarchives.go.kr	이한응 열사, 헤이그 특사, 한국전 휴전협정서 관련 자료	
우리은행은행사박물관	중구 회현동 1가 203 우리은행 본점 지하 1층	02.2002.5098
www.woorimuseum.com	상평통보, 조선통보 등 조선시대 각종 화폐 관련 유물	
운현궁	종로구 운니동 114-10	02.766.9090
www.unhyungung.com	흥선대원군 관련 유물 및 당시 건물	
울트라건축박물관	양천구 신정1동 1031-9번지	02.2642.0831
www.ultramuseum.com	고건축 관련 건축기구	

육사박물관	노원구 공릉동 사서함 77-1 육군사관학교	02.2197.5990
museum.kma.ac.kr	선사시대부터 광복 이전까지의 군사 관련 각종 유물	
의학박물관	종로구 연건동 28번지 서울대학교병원	02.2072.2635~6
www.medicalmuseum.org	구한말 의학기구, 종두기계	
이화여자연사박물관	서대문구 대현동 이화여자대학교	02.3277.3155
nhm.ewha.ac.kr	어패류 및 포유류 박재, 양치류 등	
이화여대박물관	서대문구 대현동 이화여자대학교	02.3277.3152
museum.ewha.ac.kr	토기 영락장식 투각고배, 황갈유철화, 당초무늬 수반	
전기박물관	서초구 서초동 1355	02.2105.8190~2
kepco.co.kr/museum	구한말 개화기 당시 전기 관련 자료 및 유물	
전쟁기념관	용산구 용산동1가 8번지	02.2002.5090~3
www.warmemo.or.kr	조선시대 전쟁의 역사 및 한국전쟁 관련 유물	
절두산순교박물관	마포구 합정동 96-1	02.3142.4434
www.jeoldusan.or.kr	정약용, 정약전 형제 관련 자료 및 조선시대 천주교 관련 유물	
정양양자수박물관	용산구 효창원길 52	02.710.9133~4
museum.sookmyung.ac.kr	통일, 청동거울, 직금해치흉배 등	
조세박물관	종로구 청진동길 44 국세청	02.397.1635~6
www.nts.go.kr/museum	삼국사기, 양안, 결부제 조세 관련 자료 및 유물	
출판박물관	종로구 구기동 126-4	02.394.6544
www.ssmop.org	월인석보, 용비어천가, 서유견문록 등 출판인쇄 관련 유물	
한국금융사박물관	중구 태평로1가 62-12	02.738.6806
www.shinhanmuseum.co.kr	조선시대 수결 및 계 관련 자료	
한국은행화폐금융박물관	중구 남대문로3가 110번지	02.759.4881~2
museum.bok.or.kr	상평통보, 세계 각국 화폐, 일제침략기 조선의 화폐제도, 금괴 등	
한상수자수박물관	종로구 가회동 11-32	02.744.1545
hansangsoo.com	국내외 자수, 직물, 인염, 편물 등	
한양대박물관	성동구 행당동 17번지 한양대학교	02.2220.1394~6
museumuf.hanyang.ac.kr	연천 전곡리 유적 구석기시대 유물, 영종도 유적 신석시시대 유물 등	
허준박물관	강서구 가양동 26-5	02-3661-8686
www.heojun.seoul.kr	동의보감, 언해두창집요, 언해구급방, 조선시대 한의학 관련 등	
헌인릉	서초구 내곡동 산 13-1	02.445.0347
heonin.cha.go.kr	태종과 원경왕후의 능인 헌릉, 순조와 순원왕후의 능인 인릉	
호림박물관	관악구 신림11동 1707	02.858.2500
www.horimmuseum.org	고려청자, 청자양각유로수금문정병, 겸재정선 동경산수도 등	
화장박물관	강남구 신사동 627-8 스페이스 씨	02.547.9177
www.spacec.co.kr	남녀 화장도구를 비롯한 화장용기, 장신구 및 생활문화 관련 유물	

쏭내관의 재미있는 **박물관기행**
ⓒ 송용진

1판 1쇄 발행 2009년 6월 25일
2판 15쇄 발행 2016년 10월 25일

지은이 송용진
발행인 윤을식

펴낸곳 도서출판 지식프레임
출판등록 2008년 1월 4일 제 2016-000017호
주소 서울시 서초구 효령로26길 9-12, B1
전화 (02)521-3172 | **팩스** (02)6007-1835

이메일 editor@jisikframe.com
홈페이지 http://www.jisikframe.com
블로그 http://blog.naver.com/jisikframe

ISBN 978-89-960655-1-7 03910